李建林 著

税务会计实务与案例
Tax Accounting Practice and Cases

经济科学出版社
Economic Science Press

图书在版编目（CIP）数据

税务会计实务与案例/李建林著. —北京：经济科学出版社，2016.3
ISBN 978-7-5141-6698-9

Ⅰ.①税… Ⅱ.①李… Ⅲ.①税务会计－会计实务 Ⅳ.①F810.42

中国版本图书馆 CIP 数据核字（2016）第 054566 号

责任编辑：李晓杰
责任校对：杨　海
版式设计：齐　杰
责任印制：李　鹏

税务会计实务与案例

李建林　著

经济科学出版社出版、发行　新华书店经销
社址：北京市海淀区阜成路甲 28 号　邮编：100142
总编部电话：010-88191217　发行部电话：010-88191522
网址：www.esp.com.cn
电子邮件：esp@esp.com.cn
天猫网店：经济科学出版社旗舰店
网址：http://jjkxcbs.tmall.com
北京季蜂印刷有限公司印装
710×1000　16 开　19.25 印张　340000 字
2016 年 3 月第 1 版　2016 年 3 月第 1 次印刷
ISBN 978-7-5141-6698-9　定价：48.00 元
（图书出现印装问题，本社负责调换。电话：010-88191502）
（版权所有　侵权必究　举报电话：010-88191586
电子邮箱：dbts@esp.com.cn）

序　言

　　税收是国家财政收入的主要来源，也是国家宏观调控的重要手段。在深入学习、贯彻党的十八大文件精神，全面推进依法治国，自觉践行科学发展观的新形势和新常态下，加强企业相关人员的纳税意识，加强税收征管，堵塞税收征管漏洞，全面推进依法治税，阳光执法，文明执法、和谐执法，实现全面建设小康社会、实现"中国梦"的宏伟目标具有积极的意义。

　　随着市场经济的快速发展和社会主义公有制为主体，多种所有制经济共同发展的基本经济制度的建立，纳税人的经济类型、经营方式、组织方式日趋复杂，在纷繁的经济现象中，加强税收政策的宣传、教育，使广大的纳税人能够自觉的依法纳税，减少偷税漏税现象，是广大税务工作人员的责任，也是广大纳税人的义务。另一方面，积极有效地对纳税户和税源变化情况进行适度监控，及时掌握纳税人经营情况、经营方式、核算方式的变化是税收征管的基础，只有打牢这个基础，才能创建一种新型的税收征收、管理、稽查、宣传、服务等一系列"产品"，形成一套科学的管理形式和行之有效的管理方法。

　　本书针对企业涉税会计的账务处理、税收检查的方法做了详细论述，同时收集整理了41个税收稽查真实案例，从案件稽查终结到适用税法、案例点评、思考题，旨在帮助财务工作者在日常涉税工作处理和税收征、管、稽查人员在税源的征纳、检查过程中起到辅助作用。同时，通过阅读本书，提高广大的纳税人对税收政策的了解，提高依法纳税意识、增强法制观念将起到积极的作用。

作者写于雁山良丰河畔

2015 年 10 月 8 日

目 录

第一部分 涉税会计核算实务

第一章 我国现行税收制度和税收优惠制度 ·················· 3
  第一节 我国现行税收制度 ································ 3
  第二节 我国税收优惠制度 ································ 8

第二章 涉税会计核算 ···································· 13
  第一节 涉税会计主要会计科目的设置 ···················· 13
  第二节 生产企业涉税会计核算 ·························· 17
  第三节 商品流通企业的涉税核算 ························ 36

第三章 纳税审查方法 ···································· 45
  第一节 纳税审查的基本方法 ···························· 45
  第二节 纳税审查的基本内容 ···························· 46
  第三节 账务调整的基本方法 ···························· 55

第四章 流转税纳税审查实务 ······························ 62
  第一节 增值税纳税审查实务 ···························· 62
  第二节 消费税纳税审查实务 ···························· 75
  第三节 营业税（营改增）纳税审查实务 ·················· 82

第五章 所得税纳税审查代理实务 ·························· 93
  第一节 企业所得税纳税审查代理实务 ···················· 93
  第二节 外商投资企业和外国企业所得税纳税审查代理实务 ···· 106

第三节　个人所得税纳税审查代理实务 ················· 111

第六章　其他税种纳税审查实务 ······················· 117
第一节　印花税、土地增值税纳税审查实务 ··············· 117
第二节　房产税、城镇土地使用税纳税审查实务 ············ 123
第三节　资源税纳税审查代理实务 ····················· 125

第二部分　经典案例分析

某市工业研究所偷税违法案 ·························· 133
某市机电中心偷漏税案 ···························· 136
某市在线科技有限公司偷税案 ························ 139
某市某电器有限公司故意滞后取得对方企业的增值税专票进行虚假抵扣偷税案 ······ 141
某市某卫材经营部偷税案 ··························· 144
某运输集团有限责任公司待处理财产损溢未在账上作进项税额转出偷税案 ······· 148
某药业有限责任公司对需要退回发票作废重开的增值税应抵扣进项税漏税案 ······ 152
某市某被服厂非正常损失的购进货物少调整进项税漏税案 ············ 155
某市阀门总厂待处理财产损溢偷税案 ····················· 159
某市某电动车工业有限公司故意滞后取得增值税专票进行虚假抵扣偷税案 ······ 163
某县A电子有限公司虚开增值税专用发票案 ················· 167
某建设集团有限公司某市分公司虚假发票偷税案 ··············· 171
某市某贸易有限责任公司虚开增值税专用发票案 ··············· 175
某市某贸易有限公司虚开增值税专用发票账外经营偷税案 ············ 180
某市某餐饮有限公司账外经营偷税案 ····················· 185
某市某房地产开发有限公司以甲方供应钢材虚增成本方式偷税案 ········· 190
某市某汽车有限公司账外账隐瞒收入偷税案 ················· 194
某市××村某采石场偷税案 ·························· 198
某市世纪地产开发有限责任公司企业所得税偷税案 ··············· 201
某市某混凝土有限公司偷税案 ························ 206
某市某粮油食品有限公司接受虚开增值税专用发票抵扣税款偷税案 ········ 209
某纸业有限公司接受虚开增值税专用发票偷税案 ··············· 214
某市某建筑机械有限公司隐瞒收入偷税案 ··················· 217

某市某房地产开发有限公司企业所得税偷税案 …………………… 222
某市某家私制造有限公司账外账隐瞒收入偷税案 ………………… 227
某省某空调电器设备有限公司某市分公司账外经营偷税案 ……… 231
某市某玻璃有限责任公司账外经营偷税案 ………………………… 235
某市刃具厂接受虚开发票抵扣进项税偷漏税案 …………………… 238
某市某摩托车公司偷税案 …………………………………………… 242
某市某食品有限公司偷税案 ………………………………………… 246
某市某木业加工厂偷税案 …………………………………………… 249
某市某科技发展有限公司"体外循环"不申报偷税案 …………… 252
某市某电动自行车经销部偷税案 …………………………………… 255
某市某计算机科技有限公司发票违法案 …………………………… 258
某市某贸易有限责任公司偷税案 …………………………………… 262
某市某车业有限公司偷税案 ………………………………………… 267
某市某房地产开发有限公司企业所得税偷税案 …………………… 272
某市某酒业有限公司偷税案 ………………………………………… 281
某市某融资性担保有限公司偷税案 ………………………………… 285
某市 C 实业有限责任公司补税案 …………………………………… 289
某市商业银行少缴所得税案 ………………………………………… 295

第一部分
涉税会计核算实务

第一章 我国现行税收制度和税收优惠制度

第一节 我国现行税收制度

一、我国现行税收制度的沿革

税收制度是国家各种税收政策法令和征收管理办法的总称,包括法律、法规、条例和实施细则等。它规定了国家同纳税人之间的征纳关系,是国家怎样向纳税人征税以及征多少税的法律依据。税收制度的核心是税法。改革开放30多年来,随着国民经济的高速发展,我国税收制度经过几次较大的改革,税收制度日趋完善。改革开放初期的税制改革是以适应对外开放需要,建立涉外税收制度为突破口的。1983年、1984年又先后分两步实施国营企业"利改税"改革,把国家与企业的分配关系以税收的形式固定下来。1994年,国家实施了新中国成立以来规模最大、范围最广、成效最显著、影响最深远的一次税制改革,即分税制。这次改革围绕建立社会主义市场经济体制的目标,积极构建适应社会主义市场经济体制要求的税制体系。分税制改革是一个逐步推进、逐渐完善的过程,虽然取得了一定的成效,但也存在着一系列问题,比如:政府间事权划分不够清晰;收入划分不太适当;税收的立法权过于集中,不利于财权与事权的统一,不利于调动地方的积极性;转移支付制度不够规范等等。2003年以来,特别是加入WTO以后,政府职能转变势在必行,按照科学发展观的要求,围绕完善社会主义市场经济体制和全面建设小康社会的目标,分步实施了改革农村税费,完善货物和劳务税制、所得税制、财产税制等一系列税制改革和出口退税机制改革。几经变革,我国逐步建立了与社会主义经济发展相适应的税收管理制度。

二、我国现行税种

目前，我国共有增值税、消费税、营业税、企业所得税、个人所得税、资源税、城镇土地使用税、房产税、城市维护建设税、耕地占用税、土地增值税、车辆购置税、车船税、印花税、契税、烟叶税、关税、船舶吨税等 18 个税种。其中，16 个税种由税务部门负责征收；关税和船舶吨税由海关部门征收，另外，进口货物的增值税、消费税也由海关部门代征。

1. 增值税

对在我国境内销售货物或者提供加工、修理修配劳务以及进口货物的单位和个人征收。增值税纳税人分为一般纳税人和小规模纳税人。对一般纳税人，就其销售（或进口）货物或者提供加工、修理修配劳务的增加值征税，基本税率为 17%，低税率为 13%，出口货物为 0（国务院另有规定的除外）；对小规模纳税人，实行简易办法计算应纳税额，征收率为 3%。增值税的纳税期限一般为 1 个月。另外，根据纳税人应纳增值税额的大小，还有 1 日、3 日、5 日、10 日、15 日、1 个季度等其他六种应纳税期限，其中 1 个季度的规定仅适用于小规模纳税人。纳税人应在次月的 1～15 日的征期内申报纳税，不能按照固定期限纳税的，可以按次纳税。

2. 消费税

对在我国境内生产、委托加工和进口应税消费品的单位和个人征收。征税范围包括烟、酒和酒精、化妆品、贵重首饰和珠宝玉石等 14 个税目。消费税根据税法确定的税目，按照应税消费品的销售额、销售数量分别实行从价定率或从量定额的办法计算应纳税额。消费税的纳税期限与增值税的纳税期限相同。

3. 营业税

对在我国境内提供应税劳务、转让无形资产和销售不动产的单位和个人征收。应税劳务包括交通运输业、建筑业、金融保险业等 7 个税目。营业税按照应税劳务或应税行为的营业额或转让额、销售额依法定的税率计算缴纳。除了娱乐业实行 20%（其中台球、保龄球适用 5%）的税率外，其他税目的税率为 3% 或 5%。营业税的纳税期限与增值税、消费税相同。

4. 营业税改增值税

2011 年，经国务院批准，财政部、国家税务总局联合下发营业税改增值税试点方案。从 2012 年 1 月 1 日起，在上海交通运输业和部分现代服务业开展营业税改征增值税试点。至此，货物劳务税收制度的改革拉开序幕。自 2012 年 8

月1日起至年底,国务院扩大营改增试点至10省市。截至2013年8月1日,"营改增"范围已推广到全国试行。2013年12月4日国务院总理李克强主持召开国务院常务会议,决定从2014年1月1日起,将铁路运输和邮政服务业纳入营业税改征增值税试点。自2014年6月1日起,又将电信业纳入营业税改征增值税试点范围。

在营改增前期试点已取得积极成效的形势下,2016年1月,李克强主持召开座谈会,决定将营改增作为深化财税体制改革的重头戏。2016年3月18日国务院常务会议审议通过了全国推开"营改增"试点方案,会议明确自2016年5月1日起,在全国范围内全面推开营改增试点,将建筑业、房地产业、金融业、生活服务业纳入试点范围。其中,建筑业和房地产业税率确定为11%,金融业和生活服务业则确定为6%。至此,营业税完成了使命,退出了历史舞台。

5. 企业所得税

在中国境内的一切企业和其他取得收入的组织(不包括个人独资企业、合伙企业),为企业所得税纳税人。企业分为居民企业和非居民企业。居民企业应当就其来源于中国境内、境外的所得缴纳企业所得税。非居民企业根据其是否在中国境内设立机构、场所,以及所得是否与境内机构、场所有实际联系确定应纳税所得额。企业所得税以企业每一纳税年度的收入总额,减除不征税收入、免税收入、各项扣除以及允许弥补的以前年度亏损后的余额,为应纳税所得额。税率为25%。企业所得税按纳税年度计算,纳税年度自公历1月1日起至12月31日止。企业所得税实行按月或按季预缴、年终汇算清缴、多退少补的征收办法,即企业应当自月份或者季度终了之日起15日内,向税务机关报送预缴企业所得税纳税申报表,预缴税款。企业应当自年度终了之日起5个月内,向税务机关报送年度企业所得税纳税申报表,并汇算清缴,结清应缴应退税款。

6. 个人所得税

以个人取得的各项应税所得(包括个人取得的工资、薪金所得,个体工商户的生产、经营所得等11个应税项目)为对象征收。除工资、薪金所得适用3%~45%的7级超额累进税率,个体工商户(注:个人独资企业和合伙企业投资者比照执行)的生产、经营所得和对企事业单位的承包经营、承租经营所得适用5%~35%的5级超额累进税率外,其余各项所得均适用20%的比例税率。自2011年9月1日起,工资、薪金所得减除费用标准从每月2000元提高到每月3500元。纳税期限是:扣缴义务人每月所扣和自行申报纳税人每月应纳的税款,在次月15日内缴入国库;个体工商户生产、经营所得应纳的税款,按年计算,分月预缴,年度终了后3个月内汇算清缴,多退少补;对企事业单位承包经营、承租经营所得应纳的税款，按年计算，年度终了后 30 日内缴入国库；从中国境外取得所得的，在年度终了后 30 日内，将应纳的税款缴入国库。年所得 12 万元以上的纳税人，在年度终末的后 3 个月内自行向税务机关进行纳税申报。

7. 资源税

对在我国境内开采各种应税自然资源的单位和个人征收。征税范围包括原油、天然气、煤炭、其他非金属矿原矿、黑色金属矿原矿、有色金属矿原矿、盐等 7 大类。资源税采用从价定率和从量定额的方法征收。原油、天然气产品的资源税税率为销售额的 5%～10%。资源税其他税目因资源的种类、区位不同，税额标准为每吨 0.3～60 元不等。

8. 城镇土地使用税

以在城市、县城、建制镇和工矿区范围内的土地为征税对象，以实际占用的土地面积为计税依据，按规定税额对使用土地的单位和个人征收。其税额标准依大城市、中等城市、小城市和县城、建制镇、工矿区分别确定，在每平方米 0.6～30 元之间。城镇土地使用税按年计算、分期缴纳，具体纳税期限由各省、自治区、直辖市人民政府根据当地的实际情况确定。

9. 房产税

以城市、县城、建制镇和工矿区范围内的房屋为征税对象，按房产余值或租金收入为计税依据，纳税人包括产权所有人、房屋的经营管理单位（房屋产权为全民所有）、承典人、代管人、使用人。其税率分为两类：按照房产余值计算应纳税额的，适用税率为 1.2%；按照房产租金收入计算应纳税额的，适用税率为 12%，但个人按市场价格出租的居民住房，减按 4% 的征收率征收。房产税按年征收、分期缴纳。自 2009 年 1 月 1 日起，外商投资企业、外国企业和组织以及外籍个人（包括港澳台资企业和组织以及华侨、港澳台同胞）依照《中华人民共和国房产税暂行条例》缴纳房产税。

10. 城市维护建设税

对缴纳增值税、消费税、营业税的单位和个人征收。它以纳税人实际缴纳的增值税、消费税、营业税为计税依据，区别纳税人所在地的不同，分别按 7%（在市区）、5%（在县城、镇）和 1%（不在市区、县城或镇）三档税率计算缴纳。城市维护建设税分别与增值税、消费税、营业税同时缴纳。

11. 耕地占用税

对占用耕地建房或者从事其他非农业建设的单位和个人，依其占用耕地的面积征收。其税额标准在每平方米 5～50 元之间。纳税人必须在经土地管理部门批准占用耕地之日起 30 日内缴纳耕地占用税。

12. 土地增值税

以纳税人转让国有土地使用权、地上建筑物及其附着物所取得的增值额为征税对象，依照规定的税率征收。它实行4级超率累进税率，税率分别为30%、40%、50%、60%。纳税人应当自转让房地产合同签订之日起7日内向房地产所在地主管税务机关办理纳税申报，并在税务机关核定的期限内缴纳土地增值税。由于涉及成本确定或其他原因，而无法据以计算土地增值税的，可以预征土地增值税，待项目全部竣工，办理结算后再进行清算，多退少补。

13. 车辆购置税

对购置汽车、摩托车、电车、挂车、农用运输车等应税车辆的单位和个人征收。车辆购置税实行从价定率的方法计算应纳税额，税率为10%。计税价格为纳税人购置应税车辆而支付给销售者的全部价款和价外费用（不包括增值税）；国家税务总局参照应税车辆市场平均交易价格，规定不同类型应税车辆的最低计税价格。纳税人购置应税车辆的，应当自购置之日起60日内申报纳税并一次缴清税款。

14. 车船税

以在我国境内依法应当到车船管理部门登记的车辆、船舶为征税对象，向车辆、船舶的所有人或管理人征收。分为乘用车、商用车等6大税目。各税目的年税额标准在每辆36~5400元不等，或自重（净吨位）每吨3~60元之间，游艇为艇身长度每米600~2000元。车船税按年申报缴纳。

15. 印花税

对在经济活动和经济交往中书立、领受税法规定的应税凭证的单位和个人征收。印花税根据应税凭证的性质，分别按合同金额依比例税率或者按件定额计算应纳税额。比例税率有1‰、0.5‰、0.3‰和0.05‰四档，比如购销合同按购销金额的0.3‰贴花，加工承揽合同按加工或承揽收入的0.5‰贴花，财产租赁合同按租赁金额的1‰贴花，借款合同按借款金额的0.05‰贴花等；权利、许可证等按件贴花5元。印花税实行由纳税人根据规定自行计算应纳税额，购买并一次贴足印花税票的办法缴纳。股权转让书据按其书立时证券市场当日实际成交价格计算的金额，由立据双方当事人分别按3‰的税率缴纳印花税（即证券交易印花税）。

16. 契税

以出让、转让、买卖、赠与、交换发生权属转移的土地、房屋为征税对象，承受的单位和个人为纳税人。出让、转让、买卖土地、房屋的税基为成交价格，赠与土地、房屋的税基由征收机关核定，交换土地、房屋的税基为交换价格的差额。税率为3%~5%。纳税人应当自纳税义务发生之日起10日内办理纳税申报，并在契税征收机关核定的期限内缴纳税款。

17. 烟叶税

对在我国境内收购烟叶（包括晾晒烟叶和烤烟叶）的单位，按照收购烟叶的金额征收，税率为20%。纳税人应当自纳税义务发生之日起30日内申报纳税。具体纳税期限由主管税务机关核定。

需要说明的是，尽管中国税法规定有18种税（含关税和船舶吨税），但并不是每个纳税人都要缴纳所有的税种。纳税人只有发生了税法规定的应税行为，才需要缴纳相应的税收，如果没有发生这些应税行为，就不需要缴纳相应的税收。从实际情况来看，规模比较大、经营范围比较广的企业涉及的税种一般在10个左右，而大多数企业缴纳的税种在6~8个。

第二节 我国税收优惠制度

税收优惠的基本原则：促进科技进步，鼓励基础设施建设，鼓励农业发展、环境保护与节能，支持安全生产，统筹区域发展，促进公益事业和照顾弱势群体等，有效地发挥税收优惠政策的导向作用，进一步促进国民经济全面、协调、可持续发展和社会全面进步，有利于构建和谐社会。

按照上述原则，现行税收优惠政策已将过去以区域优惠为主，调整为以产业优惠为主、区域优惠为辅的税收优惠格局。

一、税收优惠方式

税收优惠包括减税、免税、出口退税及其他一些内容。

（1）减税。即依据税法规定减除纳税义务人一部分应纳税款。它是对某些纳税人进行扶持或照顾，以减轻其税收负担的一种特殊规定。一般分为法定减税、特定减税和临时减税三种方式。

（2）免税。即对某些特殊纳税人免征某种（或某几种）税收的全部税款。一般分为法定免税、特定免税和临时免税三种方式。

（3）延期纳税。是对纳税人应纳税款的部分或全部税款的缴纳期限适当延长的一种特殊规定。

（4）出口退税。是指为了扩大出口贸易，增强出口货物在国际市场上的竞争力，按国际惯例对企业已经出口的产品退还在出口前各环节缴纳的国内流转税

（主要是增值税和消费税）税款。

（5）再投资退税。即对特定的投资者将取得的利润再投资于本企业或新办企业时，退还已纳税款。

（6）即征即退。即对按税法规定缴纳的税款，由税务机关在征税时部分或全部退还纳税人。与出口退税先征后退、投资退税一并属于退税的范畴，其实质是一种特殊方式的免税和减税规定。目前，中国采取即征即退政策仅限于缴纳增值税的个别纳税人。

（7）先征后返。即对按税法规定缴纳的税款，由税务机关征收入库后，再由财政部门按规定的程序给予部分或全部退税或返还已纳税款。它属于财政补贴范畴，其实质也是一种特定方式的免税或减免规定。目前，中国采取先征后返的办法主要适用于缴纳流转税和企业所得税的纳税人。

（8）税收抵免。即对纳税人来源于国内外的全部所得或财产课征所得税时，允许以其在国外缴纳的所得税或财产税税款抵免应纳税额。它是解决国际间所得或财产重复课税的一种措施。税收抵免是世界各国的一种通行做法。

（9）加计扣除。是对企业为开发新技术、新产品、新工艺发生的研究开发费用和企业安置残疾人员及其他国家鼓励安置就业人员所支付的工资，在实际发生数额的基础上，再加成一定比例，作为计算应纳税所得额时的扣除数的一种优惠政策。

（10）加速折旧。即按税法规定对缴纳所得税的纳税人，准予采取缩短固定资产折旧年限、提高折旧率的办法，加快折旧速度，减少当期应纳税所得额。

（11）减计收入。是指对企业综合利用资源取得的收入按一定比例计减应税收入。

（12）投资抵免。是指对创业投资企业从事创业投资的投资额和企业购置用于环境保护、节能节水、安全生产等专用设备的投资额，按一定比例抵免应纳税所得额。

（13）起征点。即对征税对象开始征税的起点规定一定的数额。征税对象达到起征点的就全额征税，未达到起征点的不征税。税法对某些税种规定了起征点。比如，根据财政部《关于修改〈中华人民共和国增值税暂行条例实施细则〉和〈中华人民共和国营业税暂行条例实施细则〉的决定》（财政部令第65号）规定，自2011年11月1日起，个人销售货物或应税劳务的，增值税起征点幅度为月销售额5000～20000元；按次纳税的，增值税起征点为每次（日）销售额300～500元。确定起征点，主要是为了照顾经营规模小、收入少的纳税人而采取的税收优惠。

(14) 免征额。即按一定标准从课税对象全部数额中扣除一定的数额，扣除部分不征税，只对超过的部分征税。

二、我国现行主要税收优惠政策

1. 促进区域协调发展的税收优惠政策

对深圳、海南、珠海、汕头、厦门和上海浦东新区实行企业所得税过渡期优惠政策，自 2008 年 1 月 1 日起，原享受低税率优惠政策的企业，在新《企业所得税法》施行后 5 年内逐步过渡到法定税率。其中，享受企业所得税 15% 税率的企业，2008 年按 18% 税率执行，2009 年按 20% 税率执行，2010 年按 22% 税率执行，2011 年按 24% 税率执行，2012 年按 25% 税率执行；原执行 24% 税率的企业，2008 年起按 25% 税率执行。原享受企业所得税定期减免税优惠的企业，新《企业所得税法》施行后继续按原优惠办法享受至期满为止；对新疆部分地区和西藏等地区实行特殊的税收优惠政策，如，在 2010～2020 年期间对在新疆困难地区新办的属于重点鼓励发展产业目录范围内的企业，给予企业所得税"两免三减半"的优惠政策等；实施西部大开发战略的税收优惠政策，对设在西部地区的鼓励类产业企业，自 2011 年起至 2020 年底，减按 15% 的税率征收企业所得税。同时，民族自治地方的自治机关对本民族自治地方的企业应缴纳的企业所得税中属于地方分享的部分，可以决定减征或者免征。

2. 促进构建社会主义和谐社会的税收优惠政策

服务"三农"的税收优惠政策。对农业生产者销售自产农产品免征增值税。对个人或个体户从事种植业、养殖业、饲养业、捕捞业所得暂不征收个人所得税。对一些涉农项目，如农业机耕、排灌、病虫害防治等免征营业税。对承担粮食收储任务的国有粮食购销企业销售的粮食免征增值税，其他粮食企业经营军队用粮、救灾救济粮、水库移民口粮、退耕还林还草补助粮免征增值税。企业从事税法规定的农作物、中药材和林木种植、农作物新品种选育、牲畜和家禽饲养、林产品采集、远洋捕捞以及农、林、牧、渔服务业项目的所得，减免企业所得税。对金融机构的涉农贷款给予税收优惠政策。

支持教育事业发展的税收优惠政策。对从事学历教育的学校提供教育劳务、学生勤工俭学提供劳务、托儿所和幼儿园提供养育服务取得的收入免征营业税。对政府举办的高等、中等和初等学校举办进修班、培训班取得的收入和职业学校取得的符合规定条件的收入免征营业税。对特殊教育学校举办的企业比照福利企业享受税收优惠政策。对个人取得的教育储蓄存款利息以及教育奖学金，免征个人所得税。对高等院校后勤制度改革后的部分项目收入给予营业税等方面税收优惠政策。

促进文化、卫生、体育事业发展的税收优惠政策。对宣传文化单位，如出版社、演出团体等，给予增值税、营业税优惠政策。对改革试点地区的文化单位、经营性文化事业单位转制为企业，在一定期限内减免企业所得税。支持未成年人思想道德建设，对动漫产业比照软件集成电路产业给予增值税、营业税优惠政策。对符合规定条件的医院、诊所以及其他医疗机构提供的医疗服务免征营业税。对在我国举办的奥运会、残奥会等大型体育运动赛事的组织者、参与者，在增值税、营业税、企业所得税、进口环节关税等方面给予税收优惠政策，对亚运会、亚冬会等洲际赛事以及全国运动会等也给予适当的税收优惠政策。

扶持弱势群体就业、再就业的税收优惠政策。对吸纳下岗失业人员的企业，给予减免营业税、城市维护建设税、教育费附加和企业所得税的优惠政策。对吸纳自主择业的军队转业干部、自谋职业的退役士兵、随军家属以及"两劳"解教人员的企业，给予减免营业税的优惠政策，对上述人员进行自主经营的，免征营业税。对吸纳"盲、聋、哑、肢体、智力"残疾人员的各类福利企业，定额减免增值税、营业税；对安置《中华人民共和国残疾人保障法》规定残疾人员的企业，在计算企业所得税时，给予按残疾职工工资加计扣除的优惠。对应届大学生自主创业创办的企业免收税务登记证工本费。

鼓励社会捐赠的税收优惠政策。企业发生的公益性捐赠支出，在年度利润总额12%以内的部分，准予在计算应纳税所得额时扣除。

支持小型微利企业发展的税收优惠政策。在2011年11月1日至2014年10月31日期间，对金融机构与小型、微型企业签订的借款合同，免征印花税。自2011年1月1日起至2011年12月31日，对年应纳税所得额低于3万元（含3万元）的小型微利企业，所得减按50%计入应纳税所得额，按20%的税率缴纳企业所得税。自2011年11月1日起，小规模纳税人的增值税起征点幅度调整为：销售货物或应税劳务的，为月销售额5000~20000元；按次纳税的，为每次（日）销售额300~500元。营业税起征点的幅度调整为：按期纳税的，为月营业额5000~20000元；按次纳税的，为每次（日）营业额300~500元。

3. 促进资源节约型、环境友好型社会建设的税收优惠政策

对符合条件的技术研发与转让，实施了免征营业税，免征或者减征企业所得税，以及企业所得税税前加计扣除的政策。

对企业从事符合条件的环境保护、节能节水项目所得实施企业所得税"三免三减半"的政策。

对符合条件的资源综合利用产品，如特定建材产品、风力发电、抽采利用煤层气等，及其企业以《资源综合利用企业所得税优惠目录》规定的资源为主要原料，生产国家非限制和禁止并符合国家和行业相关标准的产品取得的收入，实施了增值税免征、即征即退、先征后返，免征消费税和企业所得税减计收入的政策。

对企业购置并实际使用符合规定条件的环境保护、节能节水、安全生产等专用设备的，该专用设备的投资额的10%可以从当年的应纳税额中抵免；当年不足抵免的，可以在以后5个纳税年度结转抵免。对低排量、环保型汽车的消费税给予优惠税率。

4. 促进科技进步和自主创新的税收优惠政策

鼓励高新技术产业发展的税收优惠政策。对软件产品增值税实际税负超过3%的部分实行即征即退政策，新办软件、集成电路企业自获利年度起实行"两免三减半"，软件集成电路企业工资培训费税前全额扣除，集成电路企业实行再投资退税，规划布局重点软件企业适用10%的企业所得税税率。对国家需要重点扶持的高新技术企业，减按15%的税率征收企业所得税。

鼓励企业增加研发投入、提高自主创新能力的税收优惠政策。对企业开发新技术、新产品、新工艺发生的研发费用允许按实际发生额的150%在税前扣除。除国务院财政、税务主管部门另有规定外，企业发生的职工教育经费支出，不超过工资薪金总额2.5%的部分，准予扣除；超过部分，准予在以后纳税年度结转扣除。对企业为生产高新技术产品以及承担国家重大科技专项、国家科技计划重点项目等进口的关键设备以及进口科研仪器和教学用品，免征进口关税和进口环节增值税。

鼓励先进技术推广和应用的税收优惠政策。一个纳税年度内，居民企业技术转让所得不超过500万元的部分，免征企业所得税；超过500万元的部分，减半征收企业所得税。对单位和个人从事技术转让、技术开发业务和与之相关的技术咨询、技术服务业务取得的收入，免征营业税。对转制的科研机构，在一定期限内免征企业所得税、房产税、城镇土地使用税。在一定期限内对科技企业孵化器、国家大学科技园，免征营业税、房产税和城镇土地使用税。

支持科普事业发展的税收优惠政策。对科技馆、自然博物馆、天文馆等科普基地的门票收入，免征营业税。

第二章 涉税会计核算

第一节 涉税会计主要会计科目的设置

现行会计中核算涉税业务的主要会计科目有"应交税费"、"营业税金及附加"、"所得税费用"、"递延所得税负债"、"以前年度损益调整"等科目。

一、"应交税费"科目

本科目核算企业缴纳的各种税金,如增值税、消费税、营业税、城市维护建设税、房产税、车船税。土地使用税、所得税、资源税、进出口关税、固定资产投资方向调节(现已暂停执行)、土地增值税等。

企业缴纳的印花税以及其他不需预计应缴数的税金,不在本科目核算。

企业缴纳的各种税金,借记本科目,贷记"银行存款"等科目。退回多缴的税金,借记"银行存款"等科目,贷记本科目。本科目余额一般在贷方,反映企业期末以及计提应缴而未缴税金的数额。如为借方余额,则反映企业期末多缴的税金。

为分别核算每一税种应缴、已缴和未缴税款的情况,在该科目下,应设置下列明细科目。

1. "应交增值税"明细科目

新税制实施以后,由于"应交增值税"明细科目的借、贷方增加了很多经济内容,"应交增值税"明细科目的借方既要反映进项税额,又要反映预缴的税金;贷方既要反映销项税额,又要反映出口退税、进项税额转出等情况。"应交增值税"明细科目增加核算内容后,如果仍沿用三栏式账户,很难完整反映企业增值税的抵扣、缴纳、退税等情况。为了配合税制改革,从会计上完整、真实反映实际应纳的增值税，同时也为了便于税务部门的征收管理，在账户设置上采用多栏式账户的方式，在"应交税费——应交增值税"账户中的借方和贷方各设若干个专栏加以反映。

(1)"进项税额"专栏，记录企业购入货物或者接受应税劳务而支付的，准予从销项税额中抵扣的增值税额。企业购入货物或者接受应税劳务支付的进项税额，用蓝字登记；退回所购货物应冲销的进项税额，用红字标记。

(2)"已交税金"专栏，核算企业当月上缴本月增值税额。

(3)"减免税款"专栏，反映企业按规定减免的增值税款。

(4)"出口抵减内销产品应纳税额"专栏，反映企业按规定的退税率计算的出口货物的进项税额抵减内销产品的应缴税额。

(5)"转出未交增指数"专栏，核算一般纳税企业月终转出应缴未缴的增值税。

上述五个专栏在"应交增值税"明细账的借方。

(6)"销项税额"专栏，记录企业销售货物或提供应税劳务应收取的增值税额。企业销售货物或提供应税劳务应收取的增值税额，用蓝字登记；退回销售货物应冲销的销项税额，用红字登记。

(7)"出口退税"专栏，记录企业出口适用零税率的货物，向海关办理报关出口手续后，凭出口报关单等有关凭证，向税务机关申报办理出口退税而收到退回的税款。出口货物退回的增值税额，用蓝字登记；出口货物办理退税或者退关而补缴已退的税款，用红字登记。

(8)"进项税额转出"专栏，记录企业的购进货物，在产品、产成品等发生非正常损失以及其他原因而不应从销项税额中抵扣，按规定转出的进项税额。

(9)"转出多交增值税"专栏，核算一般纳税企业月终转出多缴的增值税。

上述四个专栏在"应交增值税"明细账的贷方。

需要说明的是，增值税小规模纳税企业，其销售收入的核算与一般纳税人相同，也是不含增值税应销售额，其应纳增值税额，也要通过"应交税费——应交增值税"明细科目核算，只是由于小规模纳税人不得抵扣进项税额，不需在"应交税费——应交增值税"科目的借、贷方设置若干专栏。小规模纳税人"应交税费——应交增值税"科目的借方发生额，反映已缴的增值税额，贷方发生额反映应缴增值税额；期末借方余额，反映多缴的增值税额；期末贷方余额，反映尚未缴纳的增值税额。

2. "未交增值税"明细科目

为了分别反映企业欠缴增值税税款和待抵扣增值税情况，企业应在"应交税费"科目下设置"未交增值税"明细科目，核算一般纳税企业月终时转入的应缴未缴增值税额，转入多缴的增值税也在本明细科目核算。

月份末，企业应将当月发生的应缴增值税额自"应交税费——应交增值税"科目转入"未交增值税"明细科目。会计分录为：

借：应交税费——应交增值税（转出未交增值税）
    贷：应交税费——未交增值税

月份末，企业将本月多缴的增值税自"应交税费——应交增值税"科目转入"未交增值税"明细科目。会计分录为：

借：应交税费——未交增值税
    贷：应交税费——应交增值税（转多交增值税）

企业当月上缴上月应缴未缴的增值税时，借记"应交税费——未交增值税"科目，贷记"银行存款"科目。

"应交税费——未交增值税"科目的期末借方余额，反映多缴的增值税；贷方余额，反映未交的增值税。

3．"增值税检查调整"专门账户

根据国家税务总局关于"增值税日常稽查办法的通知"规定：增值税一般纳税人在税务机关对其增值税纳税情况进行检查后，凡涉及增值税涉税账务调整的，应设立"应交税费——增值税务检查调整"专门账户。凡检查后应调减账面进项税额转出的数额，借记有关科目，贷记本科目；凡检查后应调增账面进项税额或调减销项税额和进项税额转出的数额，借记本科目，贷记有关科目；全部调账事项入账后，应结出本账户的余额，并对该余额进行处理。处理之后，本账户无余额。

4．"应交消费税"明细科目

5．"应交资源税"明细科目

6．"应交营业税"明细科目

7．"应交城市维护建设税"明细科目

月份末，企业计算出需要缴纳的消费税、资源税、营业税、城市维护建设税。借记"营业税金及附加"、"其他业务支出"等科目，贷记本科目。

8．"应交房产税"明细科目

9．"应交车船使用税"明细科目

10．"应交土地使用税"明细科目

11．"应交所得税"明细科目

月（季度，年度）末，企业计算出当期应缴纳的所得税，借记"所得税费用"科目，贷记本科目。

12. "应交进口关税"明细科目
13. "应交出口关税"明细科目
14. "应交固定资产投资方向调节税"（现已暂停执行）明细科目

企业应在工程项目交付使用办理竣工决算以前，计算出工程项目应缴纳的固定资产投资方向调节税，借记"在建工程"科目，贷记本科目。

15. "应交本土地增值税"明细科目

凡缴纳土地增值税的企业，应在"应交税费"科目下增设"应交土地增值税"明细科目进行核算。

企业在项目竣工结算前转让房地产取得的收入，由于涉及成本确定或其他原因而无法计算土地增值税的，按税法规定可以预缴土地增值税，待项目全部竣工，办理结算后在进行清算，多退少补。预缴的土地增值税和清算时多退少补的土地增值税，也在"应交税费——应交土地增值税"科目核算。

二、"营业税金及附加"科目

本科目核算企业由于销售产品，提供工业性劳务或服务等负担的销售税金及附加等。

该科目属于损益类科目。借方反映月末根据各税法及有关规定计算应负担的销售税金及附加数额，贷方反映出口退税以及减免税退回的税金。本科目余额一般在借方，月末将其转入"本年利润"科目后，应无余额。

三、"所得税费用"科目

本科目属于损益类科目。原来所得税费用科目是"利润分配"科目中的一个明细科目。1994年税制改革后，将其升为一级科目，并列入"损益类"科目之中。这是所得税由单纯的利润分配性质转变的具体体现。另外，也说明了"所得税费用"核算的重要性。该科目借方反映了企业根据纳税所得计算出的所得税额，贷方反映税收减免或退回所得税额。该科目余额在借方，月末应将其借方余额转入"本年利润"科目，结转后该科目无余额。

四、"递延所得税负债"科目

本科目属负债类科目。核算企业由于时间性差异造成的税前会计利润与纳税所得之间的差异所产生的影响纳税的金额以及以后各期转销的数额。本科目的贷方发生额，反映企业本期税前会计利润大于纳税所得产生的时间性差异影响纳税的金额，及本期转销已确认的时间性差异对纳税影响的借方数额；其借方发生额，反映企业本期税前会计利润小于纳税所得产生的时间性差异影响纳税的金额，以及本期转销已确认的时间性差异对纳税影响的贷方数额。期末贷方（或借方）余额，反映尚未转销的时间性差异影响纳税的金额。采用负债法时，本科目的借方或贷方发生额，还反映税率变动或开征新税调整的递延税款数额。在本科目下，企业应按照时间性差异的性质、时间分类进行明细核算。

五、"以前年度损益调整"科目

本科目属于损益类科目。核算企业本年度发生的调整以前年度损益的事项。本科目借方发生额，反映企业以前年度多计收益，少计费用，而调整本年度损益的数额。贷方发生额，反映企业以前年度少计收益，多计费用，而调整本年度损益的数额。期末，企业应将"以前年度损益调整"科目的余额转入"本年利润"科目，结转后，该科目应无余额。

按规定，企业以前年度少计提的各种流转税（不含增值税）及附加，借记"以前年度损益调整"科目，贷记"应交税费"、"其他应交款"科目。实际缴纳各种税金及附加时，借记"应交税费"、"其他应交款"科目、贷记"银行存款"科目。

第二节 生产企业涉税会计核算

一、生产企业增值税的核算

（一）供应阶段

此阶段，主要是增值税一般纳税人外购货物或接受应税劳务而发生支付增值税的业务，按增值税法的有关规定，应区别不同情况作相应的涉税账务处理：

1. 按价税合一记账的情况

根据增值税税法有关规定，凡纳税人未按照规定取得并保存增值税扣税凭证，以及外购固定资产、外购货物用于非应税项目、免税项目、集体福利或个人消费、非正常损失，非正常损失的在产品、产成品所耗用的外购货物或应税劳务的进项税额不得从销项税额中抵扣。此外，小规模纳税人外购货物或应税劳务所支付的增值税，不得抵扣其应纳税额。因此，对于发生上述事项的外购业务，纳税人所支付的增值税额不能在"应交税费——应交增值税（进项税额）"专栏中核算，而是仍按原来会计处理办法核算，即将此增值税额并入外购货物或应税劳务成本之中。

下面以 A 企业（系增值税一般纳税企业，下同）为例，说明有关涉税核算内容：

【例 2-1】A 企业 2014 年 4 月外购运输设备若干，取得专用发票上注明价款 500000 元，增值税金 85000 元，发生运输费用 2000 元，款项已从银行划转，则正确会计处理为：

借：固定资产　　　　　　　　　　　　　　　　　　587000
　　贷：银行存款　　　　　　　　　　　　　　　　　587000

2. 按价税分别记账的情况

根据税法规定，目前准予抵扣销项税额的扣税凭证，其所列明的税额或计算出来的税额，不列入外购货物或应税劳务成本之中，而应计入当期"应交税费——应交增值税（进项税额）"专栏，即在账务上要按价税分别记账，这也是改革后增值税作为价外税的最直接体现。

仍以 A 工业企业为例，说明各种具体涉税核算内容。

（1）国内外购货物进项税额的账务处理。企业从国内采购货物，按专用发票上注明的增值税额，借记"应交税费——应交增值税（进项税额）"科目，按照发票上注明价款及发生的外地运杂费等应计入采购成本的金额，借记"材料采购"、"原材料"、"低值易耗品"、"包装物"、"管理费用"等科目，贷记"银行存款"、"应付票据"、"应付账款"等科目。购入货物发生退货做相反的会计分录。

【例 2-2】A 企业于 2014 年 4 月外购钢材一批，已收到增值税专用发票一张，发票上注明价款 200000 元，税金 34000 元，款项已付，钢材已验收入库。则正确会计处理为：

借：原材料　　　　　　　　　　　　　　　　　　　200000
　　应交税费——应交增值税（进项税额）　　　　　　34000
　　贷：银行存款　　　　　　　　　　　　　　　　　234000

（2）企业接受投资转入的货物进项税额的账务处理。

按照增值税专用发票上注明的增值税额，借记"应交税费——应交增值税（进项税额）"，按照确认的投资货物价值，借记"原材料"等科目，按照增值税额与货物价值的合计数,贷记"实收资本"等科目。

【例2-3】甲企业用原材料对A企业投资,该批原材料的成本为150万元,双方以该批材料的成本加税金184万元作为投资价值,假如该原材料的增值税税率为17%,该批材料按当时的市场价格计算为200万元。两企业原材料均采用实际成本进行核算,则A企业正确的账务处理为:

借:原材料　　　　　　　　　　　　　　　　　　1500000
　　应交税费——应交增值税(进项税额)　　　　340000
　　贷:实收资本　　　　　　　　　　　　　　　　1840000

(3)企业接受捐赠转入的货物进项税额的账务处理。

按专用发票上注明的增值税额,借记"应交税费——应交增值税(进项税额)"科目,按确认的捐赠货物的价值,借记"原材料"科目,按照增值税额与货物价值的合计数,贷记"资本公积"科目。

【例2-4】A企业接受乙企业捐赠的注塑机一台套,收到的增值税专用发票上注明设备价款100000元,配套模具价款4000元。增值税税额分别为17000元和680元,则A企业正确的账务处理为:

借:固定资产　　　　　　　　　　　　　　　　　117000
　　低值易耗品　　　　　　　　　　　　　　　　　4000
　　应交税费——应交增值税(进项税额)　　　　　680
　　贷:资本公积　　　　　　　　　　　　　　　　121680

(4)企业接受应税劳务进项税额的账务处理。

按照专用发票上注明的增值税额,借记"应交税费——应交增值税(进项税额)"科目,按照发票上记载的应计入加工、修理修配等货物成本的金额,借记"委托加工材料"等科目。按应付或实付的金额,贷记"银行存款"等科目。

【例2-5】A企业材料采用计划成本核算,本月初发出棒料1吨委托外单位加工成某种锻件100件,委托材料实计成本4000元(计划成本3800元),支付加工费2000元,运费200元(取得货运定额发票若干),加工费专用发票上注明进项税额340元,加工完入库(委托加工材料的计划成本6000元),根据上述经济业务,A企业会计正确的账务处理为:

①委托加工发出原料时:

借:委托加工物资　　　　　　　　　　　　　　　4000
　　贷:原材料　　　　　　　　　　　　　　　　　3800
　　　　材料成本差异　　　　　　　　　　　　　　200

②支付加工费、税金及运费时:

借：委托加工物资		2200
应交税费——应交增值税（进项税额）		340
贷：银行存款		2540

③收回入库时：

借：原材料——××锻件		6000
材料成本差异		200
贷：委托加工物资		6200

（5）企业进口货物进项税额的账务处理。

按照海关提供的完税凭证上注明的增值税额，借记"应交税费——应交增值税（进项税额）"科目，按照进口货物应计入采购成本的金额，借记"材料采购"等科目，按照应付或实付的价款，贷记"应付账款"或"银行存款"等科目。

（6）企业购进免税农产品进项税额的账务处理。

按照购进农产品的买价和规定的扣除率计算的进项税额，借记"应交税费——应交增值税（进项税额）"科目，按扣除进项税额后的买价借记"材料采购"等科目，按实际支付的买价和税款，贷记"应付账款"、"银行存款"等科目。

【例2-6】A企业为一家食品加工厂，本月从某家庭农场购入小麦100吨，每吨600元，开具了主管税务机关核准使用的收购凭证，收购款总计60000元。则A企业正确的会计处理：

借：原材料		54000
应交税费——应交增值税（进项税额）		6000
贷：银行存款		60000

（7）对运输费用允许抵扣进项税额的账务处理。

对增值税一般纳税人外购货物（固定资产除外）所支付的运输费用，根据国营铁路、民用航空、公路和水上运输单位以及从事货物运输的非国有运输单位开具的套印全国统一发票监制章的发票上的所列运费金额（包括货票上注明的运费、建设基金），以7%计算进项税额准予抵扣，但随同运费支付的装卸费、保险费等其他杂费不得计算扣除进项税额。

【例2-7】A企业本月外购原材料一批，专用发票上注明的价款为6000元，增值税额为1020元，另外销货方代垫运费200元（转来承运部门开具给A企业的普通发票一张）。A企业开出为期一个月的商业汇票一张，材料已验收入库。则企业会计处理为：

借：原材料		6186

应交税费——应交增值税（进项税额）　　　　　　　　1034
　　　贷：应付票据　　　　　　　　　　　　　　　　　　　　7220

（8）外购货物发生非正常损失的账务处理。

按税法规定，凡外购货物发生非正常损失的，其相应的进项税额不得作为当期进项税额抵减销项税。因此，相应会计处理上，应并入损失货物的价值之中，全部借记"待处理财产损溢——待处理流动资产损溢"科目。按实际入库材料负担的增值税，借记"应交税费——应交增值税（进项税额）"科目，按实际入库材料的成本借记"原材料"等科目，按全部应付或实付价款贷记"应付账款"、"银行存款"等科目。

【例2-8】A企业外购原材料一批，数量为20吨，取得专用发票上注明价款为100000元，税金17000元，款项已付，因自然因素入库前造成非正常损失2吨。则A企业正确会计处理为：

　　借：原材料　　　　　　　　　　　　　　　　　　　　　90000
　　　　应交税费——应交增值税（进项税额）　　　　　　　15300
　　　　待处理财产损溢——待处理流动资产损溢　　　　　　11700
　　　贷：银行存款　　　　　　　　　　　　　　　　　　　117000

（二）生产阶段

生产企业在生产周转过程中，一般按正常的生产经营业务进行会计核算就可以了，一旦发生下列情况，就会涉及增值税的会计核算。

1. 用于非应税项目、免税项目、集体福利或个人消费的购进货物或应税劳务

企业外购的货物在购入时目的是为了生产产品，则企业支付的增值税必然已计入"进项税额"，在生产过程中，如果企业外购货物改变用途，其相应负担的增值税应从当期"进项税额"中转出，在账务处理上，应借记"在建工程"、"应付福利费"等科目，贷记"应交税费——应交增值税（进项税额转出）"科目。

【例2-9】A企业2015年1月将1998年12月外购的乙材料10吨，转用于企业的在建工程，按企业材料成本计算方法确定，该材料实际成本为52000元，使用增值税税率为17%。

则A企业正确的会计处理为：

应转出进项税额＝52000×17%＝8840（元）

　　借：在建工程　　　　　　　　　　　　　　　　　　　　60840
　　　贷：原材料　　　　　　　　　　　　　　　　　　　　52000
　　　　　应交税费——应交增值税（进项税额）　　　　　　8840

2. 非正常损失的在产品、产成品所用购进货物或应税劳务

按税法规定，非正常损失的在产品、产成品所耗用的购进货物或应税劳务的进项税额不得从销项税额中抵扣。当发生非正常损失时，首先计算出在产品、产成品中耗用货物或应税劳务的购进额，然后做相应的账务处理，即按非正常损失的在产品、产成品的实际成本与负担的进项税额的合计数，借记"待处理财产损溢——待处理流动资产损溢"科目，按实际损失的在产品、产成品成本贷记"生产成本——基本生产成本"、"产成品"科目，按计算得出的应转出的税金数额，贷记："应交税费——应交增值税（进项税额转出）"科目。

【例2-10】A企业2014年8月由于仓库倒塌损毁产品一批，已知损失产品账面价值为80000元，当期总的生产成本为420000元。其中耗用外购材料、低值易耗品等价值为300000元，外购货物均适用17%增值税税率。则：

损失产品成本中所耗外购货物的购进额 = 80000 × (3000000/420000) = 57144（元）

应转出进项税额 = 57144 × 17% = 9714（元），相应会计分录为：

借：待处理财产损溢——待处理流动资产损溢　　　　　89714
　　贷：产成品　　　　　　　　　　　　　　　　　　80000
　　　　应交税费——应交增值税（进项税额转出）　　9714

（三）销售阶段

在此阶段，销售价格中不再含税，如果定价时含税，应还原为不含税价格作为销售收入，向购买方收取的增值税作为销项税额。

1. 一般纳税人销售货物或提供应税务劳务的账务处理

企业销售货物或提供应税劳务（包括将自产、委托加工或购买的货物分配给股东或投资者），按照现实的销售收入和按规定收取的增值税额，借记"应收账款"、"应收票据"、"银行存款"、"应付利润"等科目，按照规定收取的增值税额，贷记"应交税费——应交增值税（销项税额）"科目，按实现的销售收入，贷记"主营业务收入"、"其他业务收入"等科目。发生的销售退回，做相反的会计分录。

【例2-11】A企业本月对外销售产品一批，应收账款1049600元，其中：价款1880000元，税金1149600元，代垫运输费20000元。则正确会计处理为：

借：应收账款　　　　　　　　　　　　　　　　　　1049600
　　贷：主营业务收入　　　　　　　　　　　　　　　880000
　　　　应交税费——应交增值税（销项税额）　　　　149600

　　　　银行存款　　　　　　　　　　　　　　　　　　　　20000

【例2-13】 A企业以自己生产的产品分配利润，产品的成本为500000元，不含税销售价格为800000元，该产品的增值税税率为17%。则该企业正确会计处理为：

计算销项税额 = 800000 × 17% = 136000（元）

借：应付利润　　　　　　　　　　　　　　　　　　　936000
　　贷：主营业务收入　　　　　　　　　　　　　　　800000
　　　　应交税费——应交增值税（销项税额）　　　 136000
借：利润分配——应付利润　　　　　　　　　　　　　936000
　　贷：应付利润　　　　　　　　　　　　　　　　　936000
借：主营业务成本　　　　　　　　　　　　　　　　　500000
　　贷：产成品　　　　　　　　　　　　　　　　　　500000

2. 出口货物的账务处理

企业出口适用零税率的货物，不计算销售收入应缴纳的增值税。企业向海关办理报关出口手续后，凭出口报关单等有关凭证，向税务机关申报办理该项出口货物的进项税额。企业在收到出口货物退回的税款时，借记"银行存款"科目，贷记"应交税费——应交增值税（出口退税）"科目。出口货物办理退税后发生退货或者退关补缴已退回税款的，做反向的会计分录。

【例2-13】 A企业有进出口经营权，本季度购入硅铁200吨，不含税价格为每吨7000元。本季度内销硅铁56吨，每吨不含税售价为7500元，外销240吨，每吨外销价US＄（FOB）990，报关出口当日外汇牌价为US＄100＝￥840。增值税税率为17%，退税率为9%，按规定企业收到出口退税款6932.8元。则正确账务处理为：

借：银行存款　　　　　　　　　　　　　　　　　　　6932.80
　　贷：应交税费——应交增值税（出口退税）　　　　6932.80

3. 视同销售行为的有关账务处理

（1）企业将自产或委托加工的货物用于非应税项目，应视同销售货物计算应缴增值税，借记"在建工程"等科目，贷记"应交税费——应交增值税（进项税额）"科目。

（2）企业将自产、委托加工或购买的货物作为投资、提供给其他单位或个体经营者，应视同销售货物计算应缴增值税，借记"可供出售金融资产"科目，贷记"应交税费——应交增值税（销项税额）"科目。

（3）企业将自产、委托加工或购买的货物用于集体福利、个人消费，应视同销售货物计算应缴增值税，借记"应付职工薪酬"科目，贷记"应交税费——应交增值税（销项税额）"科目。

（4）企业将自产、委托加工或购买的货物无偿赠送他人，应视同销售货物计算应缴增值税，借记"营业外支出"科目，贷记"应交税费——应交增值税（销项税额）"科目。

4. 带包装销售货物的账务处理

随同产品出售但单独计价的包装物，按规定应缴纳的增值税，借记"应收账款"等科目，贷记"应交税费——应交增值税（销项税额）"科目。企业逾期未退还的包装物押金，按规定应缴纳的增值税，借记"其他应付款"等科目，贷记"应交税费——应交增值税（销项税额）"科目。

【例2-14】A企业本月销售产品一批，不含税售价为50000元，随同产品出售但单独计价的包装物1000个，普通发票上注明单价为每个10元，款尚未收到。则正确的会计处理为：

借：应收账款　　　　　　　　　　　　　　　　68500
　　贷：主营业务收入　　　　　　　　　　　　50000
　　　　其他业务收入　　　　　　　　　　　　8547
　　　　应交税费——应交增值税　　　　　　　9953

【例2-15】A企业本月清理出租、出借包装物，将某单位逾期未退还包装物押金2000元予以没收。按照有关规定，对于出租、出借包装物收取的押金，因逾期未收回包装物而没收的部分，应计入其他业务收入，企业收取押金时，借记"银行存款"科目，贷记"其他应付款"科目；因逾期未收回包装物而没收押金时，借记"其他应付款"科目，贷记"其他业务收入"科目。则其正确会计处理为：

借：其他应付款　　　　　　　　　　　　　　　2000
　　贷：其他业务收入　　　　　　　　　　　　2000
借：其他业务支出　　　　　　　　　　　　　　290.6
　　贷：应交税费——应交增值税（销项税额）　290.6

5. 小规模纳税人企业销售货物或提供应税劳务的账务处理

小规模纳税企业销售货物或提供应税劳务，按实现销售收入和按规定收取的增值税额，借记"应收账款"、"应收票据"、"银行存款"等科目，按实现的销售收入，贷记"主营业务收入"等科目，按规定收取的增值税额，贷记"应交税费——应交增值税"科目。

【例2-16】某小规模纳税企业本月销售自产货物一批，取得价款100000

元，成本为60000元，则其正确会计处理为：

　　借：银行存款　　　　　　　　　　　　　　　　100000
　　　　贷：主营业务收入　　　　　　　　　　　　　　94339.62
　　　　　　应交税费——应交增值税（销项税额）　　　5660.38
　　借：主营业务成本　　　　　　　　　　　　　　　60000
　　　　贷：库存商品　　　　　　　　　　　　　　　　60000
　　次月初，上缴本月应缴增值税5660.38元时，再做分录为：
　　借：应交税费——应交增值税　　　　　　　　　　5660.38
　　　　贷：银行存款　　　　　　　　　　　　　　　　5660.38

（四）一般纳税企业应缴增值税的账务处理

通过前面三个阶段有关增值税涉税业务的介绍，根据企业所发生的业务进行的计算和账务处理后，便很容易计算出企业当期应纳的增值税。具体计算公式为：

当期应纳税额 =（当期销项税额 + 当期进项税额转出 + 当期出口退税发生额）
　　　　　　 -（期初待抵扣进项税额 + 当期发生的允许抵扣的进项税额）

【例2-17】A企业本月外购货物，发生允许抵扣的进项税额合计100000元，本月初"应交税费——应交增值税"明细账借方余额为20000元，本月对外销售货物，取得销项税额合计为210000元。则A企业本月应纳增值税 = 210000 -（100000 + 20000）= 90000（元），月末，企业会计做如下正确账务处理：

　　借：应交税费——应交增值税（转出未交增值税）　90000
　　　　贷：应交税费——未交增值税　　　　　　　　　90000
　　次月初，企业依法申报缴纳上月应缴未缴的增值税90000元后，应再做如下分录：
　　借：应交税费——未交增值税　　　　　　　　　　90000
　　　　贷：银行存款　　　　　　　　　　　　　　　　90000

二、生产企业消费税的核算

（一）生产销售应税消费品的账务处理

《消费税暂行条例》中所称"纳税人生产的，于销售时纳税"的应税消费品，是指有偿转让消费品的所有权，即以从受让方取得货币、货物、劳务或其他经济利益为条件转让应税消费品所有权的行为。因此，除以取得货币的方式进行的销售外，企业以应税消费品换取生产资料和消费资料、抵偿债务、支付代购手续费等也应视为销售行为，在会计上作为销售处理。在销售实现时，应按产品全部价款借记"应收账款"、"银行存款"等科目；企业以生产的应税消费品换取生产资料、消费资料或抵偿债务，支付代购手续费等应按全部价款借记"材料采购"、"应收账款"等科目，贷记"主营业务收入"、"应交税费——应交增值税（销项税额）"科目。在销售时，应当按照应缴消费税额，借记"产品销售税金及附加"科目，贷记"应交税费——应交消费税"科目。

【例2-18】某汽车厂本月销售小轿车30辆，气缸容量为2200毫升，出厂每辆不含税售价120000元，款项已到，存入银行。企业应纳消费税税额 = 30 × 120000 × 8% = 288000（元）。则相关会计账务处理为：

收入实现的会计分录：

借：银行存款　　　　　　　　　　　　　　　　4212000
　　贷：主营业务收入　　　　　　　　　　　　3600000
　　　　应交税费——应交增值税（销项税额）　　612000

计提消费税税金的分录：

借：营业税金及附加　　　　　　　　　　　　　288000
　　贷：应交税费——应交消费税　　　　　　　288000

企业以生产的应税消费品用于投资，按税法规定视同销售缴纳消费税。但在会计上，投资不能作为销售处理。按规定计算的应缴消费税应计入长期投资的账面成本，借记"可供出售金融资产"科目，贷记"应交税费——应交消费税"科目。

（二）自产自用应税消费品的账务处理

按税法规定，自产自用的应税消费品，用于连续生产应税消费品的，不纳税；用于其他方面的，于移送使用时缴纳消费税。缴纳消费税时，按同类消费品的销售价格计算；没有同类消费品销售价格的，按组成计税价格计算。

对于将自产产品用于销售以外的其他方面，在会计上的账务处理为：按成本转账。按成本转账就是在产品移送使用时，将该产品的成本按用途转入相应的科目中，按规定缴纳的消费税，不再通过"产品销售税金及附加"（或"产品销售税金"）科目核算，而应按用途记入相应的科目。会计分录为借记"固定资产"、"在建工程"、"营业外支出"、"销售费用"等科目，贷记"产成品"、"自制半成品"、"应交税费——应交消费税"科目。

(三) 包装物缴纳消费税的账务处理

根据税法规定，实行从价定率办法计算应纳税额的应税消费品连同包装销售的，无论包装物是否单独计价，均应并入应税消费品的销售额中缴纳消费税。对于出租、出借包装物收取的押金和包装物已作价随同应税产品销售，又另外加收的押金，因逾期未收回包装物而没收的部分，也应并入应税消费品的销售额中缴纳消费税。此外，自1995年6月1日起，对酒类产品生产企业销售除啤酒、黄酒外的其他酒类产品而收取的包装物押金，无论押金是否返还与会计上如何核算，均需并入酒类产品销售额中，依酒类产品的使用税率征收消费税。为此现行会计制度对包装物的有关会计处理方法作了如下规定：

(1) 随同产品销售且不单独计价的包装物，其收入随同销售的产品一起计入主营业务收入。因此，因包装物销售应缴的消费税与因产品销售应缴的消费税应一同计入"营业税金及附加"。

(2) 随同产品销售但单独计价的包装物，其收入计入其他业务收入。因此，应缴纳的消费税应计入"其他业务支出"。

(3) 出租、出借的包装物收取的押金，借记"银行存款"科目，贷记"其他应付款"科目；待包装物逾期收不回来而将押金没收时，借记"其他应付款"科目，贷记"其他业务收入"科目；这部分押金收入应缴纳的消费税相应计入"其他业务支出"。

(4) 包装物已作价随同产品销售，但为促使购货人将包装物退回而另外加收的押金，借记"银行存款"科目，贷记"其他应收款"科目；包装物逾期未收回，押金没收，没收的押金应缴纳的消费税应先自"其他应付款"科目中冲抵，即借记"其他应付款"科目，贷记"应交税费——应交消费税"科目，冲抵后"其他应付款"科目的余额转入"营业外收入"。

(四) 委托加工应税消费品缴纳消费税的账务处理

根据税法规定，委托加工的应税消费品，与委托方货时由受托方代缴消费税。委托加工的应税消费品收回后直接用于销售的，在销售时不再缴纳消费税；用于连续生产应税消费品的，已纳税款按规定准予抵扣。

根据现行会计制度规定，委托放在委托加工时因发出的货物不同，而在不同的科目中核算：如发出的是材料，应通过"委托加工材料"科目核算；如发出的是自制半成品，应在"自制半成品"科目下增设"委托加工自制半成品"明细科目核算；如发出的是在产品，则应在"生产成本"科目下增设"委托加工产品"明细科目核算。因而缴纳的消费税也分别将不同情况记入上述相应科目。另外，由于税法对收回的应税消费品用于直接销售和用于连续生产应税消费品采用不同的税收政策，因此，带来会计上不同的处理办法。

（1）如委托方加工产品收回后，直接用于销售的，应将受托方代扣代缴的消费税随同应支付的加工费一并计入委托加工的应税消费品成本，借记"委托加工材料"（或"自制半成品——委托外部加工自制半成品"，"生产成本——委托加工产品"）等科目，贷记"应付账款"、"银行存款"等科目。

（2）如委托方将委托加工产品收回后用于连续生产应税消费品的，应将受托方代扣代交的消费税记入"应交税费——应交消费税"科目的借方，待最终的应税消费品缴纳消费税时予以抵扣，而不是计入委托加工应税消费品的成本中。委托方在提货时，按应支付的加工费等借记"委托加工材料"等科目，按受托方代收代缴的消费税，借记"应交税费——应交消费税"科目，按支付加工费相应的增值税额借记"应交税费——应交增值税（进项税额）"科目，按加工费与增值税、消费税之和贷记"银行存款"等科目。代加工成最终应税消费品销售时，按最终应税消费品应缴纳的消费税，借记"营业税金及附加"科目，贷记"应交税费——应交消费税"科目。"应交税费——应交消费税"科目中这两笔借贷方发生额的差额，即为实际应缴消费税，于缴纳时，借记"应交税费——应交消费税"科目，贷记"银行存款"科目。

【例2-19】新兴摩托车厂委托江南橡胶厂加工摩托轮胎500套，新兴摩托厂提供橡胶500公斤，单位成本为12元，江南橡胶厂加工一套轮胎耗料10公斤，收取加工费10元，代垫辅料10元。则新兴摩托车厂委托加工摩托车轮胎应纳消费税 = 500 × {(10 × 12 + 10 + 10)/(1 - 10%)} × 10% = 7780（元）。应纳增值税 = (10 + 10) × 500 × 17% = 1700（元）。新兴摩托车厂收回轮胎后直接对外销售，则相关账务处理为：

①发出原材料时：
借：委托加工材料　　　　　　　　　　　　　　　　60000
　　贷：原材料——橡胶　　　　　　　　　　　　　　　60000
②支付加工费、增值税：
借：委托加工材料　　　　　　　　　　　　　　　　10000
　　应交税费——应交增值税（进项税额）　　　　　1700
　　贷：银行存款　　　　　　　　　　　　　　　　　11700
③支付代收代缴的消费税：
借：委托加工材料　　　　　　　　　　　　　　　　7780

    贷：银行存款   7780
④收回入库后：
    借：原材料——轮胎   77780
        贷：委托加工材料   77780
⑤对外销售时：
除了做收入实现的账务处理外，同时结转成本
    借：其他业务支出   77780
        贷：原材料——轮胎   77780

（五）进口应税消费品缴纳消费税的账务处理

进口应税消费品，应在进口时，由进口者缴纳消费税，缴纳的消费税应计入进口应税消费品的成本。

根据税法规定，企业进口应税消费品应当自海关填发税款缴款书的次日起七日内缴纳税款。企业不缴税不得提货。因此，缴纳消费税与进口货物入账基本上没有时间差，为简化核算手续，进口应税消费品缴纳的消费税一般不通过"应交税费——应交消费税"科目核算，在将消费税计入进口应税消费品成本时，直接贷记"银行存款"科目。在特殊情况下，如出现先提货，后缴纳消费税的，或者用于连续生产其他应税消费品按规定允许扣税的。也可以通过"应交税费——应交消费税"科目核算应缴消费税额。

企业进口的应税消费品可能是固定资产、原材料等。因此，在进口时，应按应税消费品的进口成本连同消费税及不允许抵扣的增值税，借记"固定资产"、"材料采购"等科目，按支付的允许抵扣增值税，借记"应交税费——应交增值税（进项税额）"科目，按采购成本、缴纳的增值税、消费税合计数，贷记"银行存款"等科目。

三、企业营业税（营改增）的核算

（一）销售不动产的账务处理

根据企业税税法的规定，企业销售不动产应缴纳营业税自2016年5月1日起改为征收增值税，增值税按向对方收取的全部价款计算征收，企业销售不动产，按其收取的全部收入，借记"银行存款"科目，贷记"固定资产清理"科目。发生的固定资产清理费用，借记"固定资产清理"科目，贷记"银行存款"

或"现金"等科目。按销售额计算的营业税记入"固定资产清理"科目，借记"固定资产清理"科目，贷记"应交税费"科目，结转固定资产净值，借记"固定资产清理"科目，结转已提折旧，借记"累计折旧"科目，结转固定资产原价，贷记"固定资产"科目，销售不动产的净收益转入"营业外收入"（净损失转入营业外支出）科目，借记"固定资产清理"科目，贷记"营业外收入——处理固定产净收益"科目。

（二）转让无形资产的账务处理

根据营业税税法的规定，企业转让无形资产应缴营业税，营业税改为增值税后的计算按向对方收取的全部价款征收。转让无形资产时，按收取的全部收入，借记"银行存款"等科目，贷记"其他业务收入"科目。结转转让无形资产的成本，借记"其他业务支出"科目，贷记"无形资产"科目。按销售额计算的营业税计入其他业务支出，借记"其他业务支出"科目，贷记"应交税费——应交增值税"科目。

（三）兼营非应税劳务缴纳增值税的账务处理

根据增值税税法的有关规定，纳税人兼营非应税劳务的，应分别核算货物或者应税劳务和非应税劳务的销售额，不分别核算或不能准确核算的，其非应税劳务应与货物或应税劳务一并征收增值税。非应税劳务是指属于应缴营业税的交通运输业、建筑业、金融保险业、邮电通信业、文化体育业、娱乐业、服务业税目征收范围的劳务。现行营改增的规定，上述非应税劳务收入应在"其他业务收入"科目中核算。企业取得收入时，借记"银行存款"等科目，贷记"其他业务收入"科目。按税法规定计算的营业税，借记"其他业务支出"科目，贷记"应交税费——应交增值税"科目。

四、企业所得税的核算

所得税是会计财务报表中对所得税的会计处理，包括确定在一个会计期内有关所得税的支出或减免的金额，以及这项金额在财务报表上的反映方法。在企业所得税法中，为维护国家的利益，防止税款流失或不能及时上缴国库，必须对所得税有关的会计事项作出规定，比如纳税年度、预缴期限，收入和费用确认的原则，汇算清缴的年终申报，多退少补税款的会计处理，会计利润和纳税所得的差异的处理方法等。由于税前会计利润与纳税所得之间存在着计算口径和时间上的差异,而导致的永久性或时间性差额,在会计核算中可以采用两种不同的方法进行处理,即应付税款法和纳税影响法。

主张采用"应付税款法"所依据的观点认为:与其说所得税是企业的一项费用,不如说是收益的分配。在实际运用应付税款法时,由于时间性差额对所得税的影响,作为当期所得税费用的增加或减少,一定时期损益表中反映的所得税金额与其所得税前利润相比,不等于当期的所得税税率。

主张采用"纳税影响会计法"所依据的观点认为:一是所得税是国家依法对企业的生产经营所得课征的税,它具有强制性、无偿性,无论国家对企业是否有投资,只要企业有收入,均要依法纳税。因此,所得税可视其为企业在生产经营过程中的一部分耗费,是企业的一项费用支出;二是采用纳税影响会计法更符合权责发生制和收入费用配比原则。

从目前世界各国看,绝大部分国家把所得税作为一项费用支出,在净利润前扣除。我国原来一直将企业应付所得税看作是企业与国家之间的一种分配关系,将其作为一项利润分配处理,从1994年开始,将所得税改为一项费用,在损益表的净利润前扣除。

对一个企业而言,所得税的会计处理方法只能选择其一进行核算,在选择采用"应付税款法"的情况下,企业只需要设置"所得税费用"科目不需要设置"递延税款"科目。在选择采用"纳税影响会计法"的情况下,需要设置"所得税费用"和"递延税款"两个科目。

下边就这两种方法的具体会计处理分别介绍如下:

(一) 应付税款法

应付税款法是将本期税前会计利润与纳税所得之间的差异所造成的影响纳税的金额直接计入当期损益,而不是递延到以后各期。在采用应付税款法的情况下,企业要按税法规定计算的纳税所得为依据计算应缴纳的所得税,并列作所得税费用处理,对于税前会计利润与纳税所得之间的差异的处理,是通过按税法的规定对税前会计利润进行调整解决的。具体会计核算过程为:

企业按纳税所得计算的应缴所得税:
借:所得税费用
　　贷:应交税费——应交所得税
实际上缴所得税时:
借:应交税费——应交所得税
　　贷:银行存款

期末：借：本年利润
　　　　贷：所得税费用
结转后"所得税费用"科目应无余额。

（二）纳税影响会计法

纳税影响会计法是将本期税前会计利润与纳税所得之间的时间性差异造成的影响纳税的金额递延和分配到以后各期。

此种方法具体又分两种情况下的处理：

首先，在税率没有变动和没有开征新税的情况下的处理方法：

在此种情况下，采用纳税影响会计法时，所得税被视为企业在获得收益时发生的一种费用，并应随同有关的收入和费用计入同一期内。以达到收入和费用的配比，由于时间性差额影响的所得税金额，包括在损益表的所得税项目内，以及资产负债表中递延税款金额里。

其次，在税率变动和开征新税的情况下，具体运用纳税影响会计法时，还有不同的方法，常用的方法有两种：

（1）递延法。递延法是把本期内于时间性差额产生的影响纳税的金额，递延和分配到以后各期，并同时转销已确认的时间性差额对所得税的影响金额。

企业采用递延法时，应按税前会计利润（或税前会计利润加减发生的永久性差异后的金额）计算的所得税费用，借记"所得税费用"科目，按照纳税所得计算的应缴所得税，贷记"应交税费——应交所得税"科目，按照税前会计利润（或税前会计利润加减发生的永久性差异后的金额）计算的所得税费用与按照纳税所得计算的应缴所得税之间的差额，作为递延税款，借记或贷记"递延所得税资产"科目。本期发生的递延税款待以后各期转销。

（2）债务法。债务法是把本期由于时间性差异而产生的影响纳税的金额，保留到这一差额发生相反变化时转销，在税率变更或开征新税，递延税款的余额要按照税率的变动或新征税款进行调整，其账务处理与递延法基本一致。

五、企业其他税费的核算

（一）资源税的会计核算

资源税纳税义务人开采或者生产并销售应税产品，应依据税法规定，计算和缴纳资源税。为反映和监督资源税税额的计算和缴纳过程，纳税人应设置

"应交税费——应交资源税"账户,贷方登记本期应缴纳的资源税税额,借方登记企业实际缴纳或抵扣的资源税源税额,贷方余额表示企业应缴而未缴的资源税税额。

1. 企业销售应税产品应纳资源税的账务处理

企业计算出销售的应税产品应缴纳的资源税,借记"营业税金及附加"等科目,贷记"应交税费——应交资源税"科目;上缴资源税时,借记"应交税费——应交资源税"科目,贷记"银行存款"科目。

【例2-20】某煤矿本月对外销售原煤1200000吨,该煤矿所采原煤的资源税单位税额为0.80元/吨,应纳资源税960000元。

则相关会计处理为:

借:营业税金及附加　　　　　　　　　　　　　960000
　　贷:应交税费——应交资源税　　　　　　　　960000

2. 企业自产自用缴纳资源税的账务处理

企业计算出自产自用的应税产品应缴纳的资源税,借记"生产成本"、"制造费用"等科目,贷记"应交税费——应交资源税"科目;上交资源税时,借记"应交税费——应交资源税"科目,贷记"银行存款"科目。

【例2-21】北方某盐场本月将原盐1250吨加工成精盐1000吨,根据税法规定企业自用原盐单位税额25元/吨,计算应缴资源税31250元,则相关会计账务处理为:

借:生产成本　　　　　　　　　　　　　　　　31250
　　贷:应交税费——应交资源税　　　　　　　　31250

3. 企业收购未税矿产品应缴资源税的账务处理

企业收购未税矿产品,按实际支付的收购款,借记"材料采购"等科目,贷记"银行存款"等科目,按代扣代缴的资源税,借记"材料采购"等科目,贷记"应交税费——应交资源税"科目;上缴资源税时,借记"应交税费——应交资源税"科目,贷记"银行存款"科目。

【例2-22】某炼铁厂收购某铁矿开采厂矿石10000吨,每吨收购价为125元(其中资源税25元),购进价总计1250000元,增值税进项税额212500元,价税合计1462500元,企业代扣代缴资源税款后银行存款支付收购款。则相关会计账务处理为:

借:材料采购　　　　　　　　　　　　　　　　1250000
　　应交税费——应交增值税(进项税额)　　　　212500
　　贷:银行存款　　　　　　　　　　　　　　　1212500

应交税费——应交资源税   250000

4. 企业外购液体盐加工固体盐应纳资源税的账务处理

企业外购液体盐加工固体盐：在购入液体盐时，按所允许抵扣的资源税，借记"应交税费——应交资源税"科目，按外购价款扣除允许抵扣资源税后的数额，借记"材料采购"等科目，按应付的全部价款，贷记"银行存款"、"应付账款"等科目；企业加工成固体盐后，在销售时，按计算出的销售固体盐应缴的资源税，借记"营业税金及附加"科目，贷记"应交税费——应交资源税"科目；将销售固体盐应纳资源税扣抵液体盐已纳资源税后的差额上缴时，借记"应交税费——应交资源税"科目，贷记"银行存款"科目。

【例2-23】某盐厂本月外购液体盐2000吨，每吨含增值税款58.5元，液体盐资源税税额为3元/吨，该盐厂将全部液体盐加工成固体盐500吨，每吨含增值税售价为468元，固体盐适用资源税税额为25元/吨。则相关会计账务处理为：

①购入液体盐的分录：
借：材料采购   94000
    应交税费——应交资源税   6000
        ——应交增值税（进项税额）   17000
    贷：银行存款   117000

②验收入库时：
借：原材料——液体盐   94000
    贷：材料采购   94000

③销售固体盐时：
借：银行存款   234000
    贷：主营业务收入   200000
        应交税费——应交增值税（销项税额）   34000

④计提固体盐应缴的资源税
借：营业税金及附加   12500
    贷：应交税费——应交资源税   23500

⑤本月应纳资源税 = 12500 - 6000 = 6500（元）
次月初缴纳资源税时：
借：应交税费——应交资源税   6500
    贷：银行存款   6500

（二）土地增值税的会计核算

土地增值税纳税义务人有偿转让我国国有土地使用权，地上建筑物及其附着物产权，取得土地增值额的，应依税法规定，计算和缴纳土地增值税。为了对纳税人土地增值税进行会计处理，应在"应交税费"账户下，设置"应交土地增值税"的明细账户。

生产企业涉及土地增值税的情形主要是发生转让自己使用的房地产的行为，由于转让的房地产，原来是在企业"固定资产"账户进行核算和反映的，故生产企业转让房地产取得的收入，按照现行会计制度的规定在"固定资产清理"科目中核算，即借记"银行存款"等科目上，贷记"固定资产清理"科目，计算土地增值税税额，关键是正确计算和确定扣除项目金额。由于生产企业转让的房地产是旧的或使用过的。对其扣除项目金额，不能以账面价值或其净值计算扣除，应该以政府批准设立的房地产评估机构评定的重置成本乘以成新度折扣率后的价格计算扣除。同时，纳税人因计税需要而请评估机构进行房地产评估所支出的房地产评估费用，允许在计算增值额时扣除。企业按税法规定计算应该缴纳的土地增值税记入"固定资产清理"科目，即借记"固定资产清理"科目，贷记"应交税费——应交土地增值税"科目。企业实际缴纳土地增值税时，借记"应交税费——应交土地增值税"科目，贷记"银行存款"等科目。

（三）城市维护建设税的核算

为了加强城市的维护建设，扩大和稳定城市维护建设资金的来源，国家开征了城市维护建设税。在会计核算时，生产企业按规定计算出的城市维护建设税，借记"营业税金及附加"、"其他业务支出"等科目，贷记"应交税费——应交城市维护建设税"；实际上缴时，借记"应交税费——应交城市维护建设税"科目，贷记"银行存款"科目。

（四）房产税、土地使用税，车船税和印花税的核算

企业按规定计算应缴的房产税、土地使用税、车船税，借记"管理费用"科目，贷记"应交税费——应交房产税、土地使用税、车船税"科目；上缴时，借记"应交税费——应交房产税、土地使用税、车船税"科目，贷记"银行存款"科目。

由于企业缴纳的印花税，是由纳税人以购买并一次贴足印花税票的方式缴纳

税款的税种，不存在与税务机关结算或清算税款的问题，企业缴纳的印花税不需要通过"应交税费"科目核算，于购买印花税票时，直接借记"管理费用"或"待摊费用"科目，贷记"银行存款"科目。

（五）耕地占用税和固定资产投资方向调节税（现已暂停执行）的核算

企业按规定计算缴纳的耕地占用税，借记"在建工程"科目，贷记"银行存款"科目。企业按规定计算缴纳的固定资产投资方向调节税，借记"在建工程"，贷记"应交税费——应交固定资产投资方向调节税"科目；实际上缴时，借记"应交税费——应交固定资产投资方向调节税"科目，贷记"银行存款"科目。

（六）教育费附加

教育费附加是以增值税、消费税、营业税纳税人应缴税额为依据征收的一种专项附加。为了核算教育费附加的增减变动，企业在"其他应付款"科目下，应设置"应上缴教育费附加"明细科目。计算应上缴教育费附加时，借记"营业税金及附加"、"其他业务支出"等科目，贷记"其他应付款——应交教育费附加"科目，上缴时，借记"其他应付款——应交教育费附加"科目，贷记"银行存款"科目。

如果教育部门根据办学情况，将部分教育费附加退给办学企业作为办学补贴时，企业收到办学补贴，应通过"营业外收入"科目核算。

第三节 商品流通企业的涉税核算

一、商品流通企业的增值税的核算

（一）供应阶段

1. 商业批发企业实行增值税后，购进商品业务的账务处理

商业批发企业商品的购进主要包括国内购进，国外进口两个方面。国内购进又分为一般商品购进和免税农产品等。企业应当分别不同情况进行会计处理：

（1）国内购进一般商品业务的账务处理。

商业企业从国内购进一般商品，应根据销货方开具的增值税专用发票中的销货金额，记入"商品采购"、"库存商品"科目，按专用发票中注明的增值税借记"应交税费——应交增值税（进项税额）"科目，按实际支付的全部款项贷记"银行存款"等科目。

【例 2-24】某批发企业系增值税一般纳税人，本月由本市加热器厂购进加热器 20 台，每台不含税买价 350 元，总计 7000 元。进项税额 1190 元，收到增值税专用发票后，开出商业汇票一张，承兑期为三个月。商品已提回验收入库，则相关账务处理：

①根据增值税专用发票和商业汇票等做分录：

借：商品采购　　　　　　　　　　　　　　　　　　　7000
　　应交税费——应交增值税（进项税额）　　　　　　1190
　　贷：应付票据　　　　　　　　　　　　　　　　　　8190

②根据收费单等做分录：

借：库存商品　　　　　　　　　　　　　　　　　　　7000
　　贷：商品采购　　　　　　　　　　　　　　　　　　7000

（2）企业收购免税农产品业务的账务处理。

企业收购免税农产品，其账务处理与（1）基本相同，主要区别在于由于购进的是初级农产品或者说直接从农业生产者那里收购的，无法取得增值税专用发票，其进项税额根据购进的农产品的买价乘以 10% 的扣除率加以确定。

【例 2-25】某农副产品收购企业核定所属某收购站业务周转金 9000 元，作为日常收购资金，本月份发生如下业务：

①财会部门向某收购站划拨定额周转金 9000 元，根据收购站领款收据及现金支票存根做分录：

借：其他应收款——备用金（某收购站）　　　　　　　9000
　　贷：银行存款　　　　　　　　　　　　　　　　　　9000

②收购站定期编制"农副产品收购汇总表"向财会部门报账，本月共收购农副产品 3000 公斤，收购金额 8850 元，财会部门审核无误后，根据收购凭证上注明金额签发现金支票，补足其业务周转金。则分录为：

借：商品采购　　　　　　　　　　　　　　　　　　　7965
　　应交税费——应交增值税（进项税额）　　　　　　 885
　　贷：银行存款　　　　　　　　　　　　　　　　　　8850

③进口商品增值税的账务处理。

企业进口商品，其采购成本一般包括进口商品的国外进价（一律以到岸价格为基础）和应缴纳的关税。若进口商品系应税消费品，则其采购成本中还应包括应纳消费税。进口商品增值税的会计核算与国内购进商品基本相同，主要区别有两点：一是外汇与人民币的折合，因为进口商品要使用外汇，企业记账要以人民币作为本位币；二是进口商品确定进项税额时的依据不是增值税专用发票而是海关出具的完税凭证。

④企业购进货物在运输途中发生短缺或溢余的账务处理。

企业购进货物在运输途中发生的短缺或溢余，也要分别情况进行处理。发生的溢余按不含税的价款记入"待处理财产损溢"科目的贷方，查明原因后进行转销，待处理财产溢余的处理一般不考虑增值税的问题。企业购进的商品发生的毁损与短缺，应当将已付的损失商品货款及相应的进项税额一起转账。

【例2-26】某百货批发公司购进商品一批，全部款项12700元，其中专用发票上注明的价款为10000元，税额为1700元，对方代付运费1000元，取得承运部门开具的普通发票一张，价税款项合计及代垫运费已由银行划拨，则企业作账如下：

借：材料采购　　　　　　　　　　　　　　　　　　　10000
　　经营费用——运费　　　　　　　　　　　　　　　　930
　　应交税费——应交增值税（进项税额）　　　　　　1770
　　贷：银行存款　　　　　　　　　　　　　　　　　12700

上述货物验收入库时，发现有1000元的货物毁损，根据毁损商品报告单，企业作分录为：

实际入库商品：

借：库存商品　　　　　　　　　　　　　　　　　　　9000
　　贷：材料采购　　　　　　　　　　　　　　　　　9000

毁损商品：

借：待处理财产损溢　　　　　　　　　　　　　　　　1170
　　贷：材料采购　　　　　　　　　　　　　　　　　1000
　　　　应交税费——应交增值税（进项税额转出）　　170

2. 商业零售企业实行增值税后购进商品业务的账务处理

由于商业零售企业库存商品的核算采用"售价记账、实物负责制"，而且商品的销售收入采用一手交钱一手交货的方式，实行增值税以后，进销业务的核算与其他企业比较有一定的复杂性。也就是说，既要保持零售企业多年来形成的比较科学的"售价核算、实物负责制",又要按照增值税的要求核算进项税额、销项税额和应缴纳的税金。

(1) 一般购进商品业务的账务处理。

按现行会计制度规定,企业购进商品仍按不含税成本借记"材料采购"科目,按进项税额借记"应交税费——应交增值税(进项税额)"科目,按已付的全部款项贷记"银行存款"科目;商品入库时,仍按原来的含税售价借记"库存商品"科目,按不含税的进价贷记"材料采购"科目,再按含税的进销差价贷记"商品进销差价"科目。

(2) 进货退出的账务处理。

零售企业购进的商品在验收入库后,由于各种原因,要向供货方提出退货要求,经同意后,可将原购进商品退还原供货单位。发生进货退出时,应按商品含税零售价冲减"库存商品"科目,同时相应调整"商品进销差价"科目。同时还应将收回的已付进项税额予以冲销。

【例 2-27】某零售商业企业本月上旬购进 A 种商品 2000 件,每件进价 50 元,增值税额 8.50 元,含税售价 65.52 元,经甲营业柜组拆包上柜时,发现有 200 件质量上有严重缺陷,经与供货单位协商同意退货。随即如数退还该商品收回价款存入银行。根据有关单证,做分录为:

借:银行存款　　　　　　　　　　　　　　　　11700
　　商品进销差价　　　　　　　　　　　　　　　3104
　　贷:库存商品——甲营业柜组　　　　　　　　13104
　　　　应交税费——应交增值税(进项税额)　　　1700

这笔业务在登记"应交税费——应交增值税"明细账时,应在"进项税额"专栏中用红字反映。

在实务中,为了真实反映每个供货单位提供商品质量状况,一般将上述一笔会计分录分为两笔进行处理。即:

借:银行存款　　　　　　　　　　　　　　　　11700
　　贷:商品采购——××供货方　　　　　　　　10000
　　　　应交税费——应交增值税(进项税额)　　　1700
借:商品进销差价　　　　　　　　　　　　　　　3104
　　材料采购——××供货方　　　　　　　　　　10000
　　贷:库存商品——甲营业柜组　　　　　　　　13104

(二) 销售阶段

1. 商业批发企业销售商品增值税的账务处理

(1) 一般销售商品业务增值税的账务处理。

商品流通企业销售货物或提供应税劳务，按照实现的销售收入和按规定收取的销项税额，借记"应收账款"、"应收票据"、"银行存款"等科目，贷记"主营业务收入"、"其他业务收入"、"应交税费——应交增值税（销项税额）"科目，发生的销售退回，做相反的会计分录。

(2) 视同销售行为增值税的账务处理。

①委托代销商品。将商品交付他人代销，是指纳税人以支付手续费等经济利益为条件，委托他人代销商品而将自己的商品交付受托人的行为。将商品移交他人代销，应当在收到代销单位转来代销清单时，计算销售额和销项税额。根据计算的销售额和销项税额，借记"应收账款"或"银行存款"科目，贷记"主营业务收入"、"应交税费——应交增值税（销项税额）"科目。

【例2-28】 某百货商场委托某代销店代销洗衣机20台，双方合同约定，每台洗衣机不含税价1000元，每销售一台，商场付给代销店手续费50元。本月末，商场收到代销店转来的代销清单1张，销售了10台，并收到收取手续费的结算发票1张，注明手续费金额500元。

百货商场应根据结算清单向代销店开具增值税专用发票，并结转收入。

借：应收账款——××代销店　　　　　　　　　　　　　11700
　　贷：主营业务收入　　　　　　　　　　　　　　　　　10000
　　　　应交税费——应交增值税（销项税额）　　　　　　 1700

再根据收到的手续费结算发票，作账为：

借：销售费用　　　　　　　　　　　　　　　　　　　　 500
　　贷：应收账款——××代销店　　　　　　　　　　　　　 500

收到××代销店货款时：

借：银行存款　　　　　　　　　　　　　　　　　　　　 11200
　　贷：应收账款——××代销店　　　　　　　　　　　　 11200

②销售代销商品。销售代销商品，是指受托销售单位将委托销售单位委托销售的商品进行销售的行为，由于销售价格是双方在合同中事先商定的，所以受托方无论采取进价核算还是售价核算，其账务处理都是相同的。

仍以［例2-28］为例，代销店的会计分录为：

借：银行存款　　　　　　　　　　　　　　　　　　　　11700

贷：应付账款——××百货商场　　　　　　　　　　　10000
　　　应交税费——应交增值税（销项税额）　　　　　1700

结转应收手续费收入：
借：应付账款——××百货商场　　　　　　　　　　　500
　　　贷：代购代销收入　　　　　　　　　　　　　　500

收到百货商场开具的增值税专用发票并支付剩余货款：
借：应付账款——××百货商场　　　　　　　　　　　9500
　　应交税费——应交增值税（进项税额）　　　　　1700
　　　贷：银行存款　　　　　　　　　　　　　　　　11200

商业批发企业其他销售业务的账务处理与工业企业基本相同，这里不再重述。

2. 商业零售销售商品增值税的账务处理

实行售价金额核算的零售企业，其"库存商品"科目是按含税零售价记载的，商品含税零售价与不含税购进的差额在"商品进销差价"科目内反映。这样"商品进销差价"科目所包含的内容与过去相比有新变化。其包括两个内容：一是不含税的进价与不含税的售价之间的差额；二是应向消费者（或购买者）收取的增值税额。零售企业销售商品时，首先要按含税的价格记账，即按含税的售价，借记"银行存款"等科目，贷记"主营业务收入"科目，同时按含税的售价结转商品销售成本，借记"主营业务成本"科目，贷记"库存商品"科目。其次，计算出销项税额，将商品销售收入调整为不含税的收入，借记"主营业务收入"科目，贷记"应交税费——应交增值税（销项税额）"科目。最后，月末，按含税的商品进销差价率计算已销商品应分摊的进销差价，根据计算出来的已销商品应分摊的进销差价，调整商品销售成本，即借记"商品进销差价"科目，贷记"主营业务成本"。

【例2-29】某零售商店采用售价金额核算，1999年9月5日购进B商品一批，进价10000元，支付的进项税额为1700元，同时支付运费100元，取得承运部门开具的运费普通发票，款项通过银行转账；该批商品的含税售价为14000元；9月20日，该批商品全部售出，并收到货款，增值税税率为17%，假设9月初无期初同类商品的存货。则该零售店应作如下账务处理：

①购进商品支付款项时：
借：材料采购　　　　　　　　　　　　　　　　　　10000
　　经营费用　　　　　　　　　　　　　　　　　　　93
　　应交税费——应交增值税（进项税额）　　　　　1707
　　　贷：银行存款　　　　　　　　　　　　　　　　11800

②商品验收入库时：
借：库存商品　　　　　　　　　　　　　　14000
　　贷：材料采购　　　　　　　　　　　　　　10000
　　　　商品进销差价　　　　　　　　　　　　4000
③商品售出收到销货款：
借：银行存款　　　　　　　　　　　　　　14000
　　贷：主营业务收入　　　　　　　　　　　14000
借：主营业务成本　　　　　　　　　　　　14000
　　贷：库存商品　　　　　　　　　　　　　14000
④月份末，按规定的方法计算不含税销售额和销项税额：
不含税销售额＝14000÷（1＋17%）＝11965.81（元）
销项税额＝11965.81×17%＝2034.19（元）
借：主营业务收入　　　　　　　　　　　　2034.19
　　贷：应交税费——应交增值税（销项税额）　2034.19
⑤月末结转商品进销差价：
借：商品进销差价　　　　　　　　　　　　4000
　　贷：主营业务成本　　　　　　　　　　　4000

应当指出，上述这样的账务处理，平时企业"主营业务收入"和"主营业务成本"科目并不反映真正的"收入"和"成本"，也不能反映出毛利或毛损，只有等到月末计算并结转全月已销商品应负担的进销差价，分解全月含税销售额为不含税的销售额和销项税额，并将销项税额自"主营业务收入"科目转入"应交税费——应交增值税（销项税额）"科目后，才能反映已销商品的毛利或毛损。但其优点在于能保持零售企业在税制改革前的合理核算秩序，并且较多地简化了核算手续。

（三）商业企业增值税应纳税额的账务处理

商业企业增值税应纳税额的账务处理与工业企业基本相同，这里也不赘述。

二、商品流通企业消费税的核算

商业企业除了进出口应税消费品，涉及消费税的核算外，最主要的是从事金银首饰零售业务的企业，由于金银首饰消费税的纳税环节征收改为零售环节征收，因而应在"应交税费"科目下增设"应交消费税"明细科目，核算金银首饰应缴纳的消费税。

（一）自购自销金银首饰应缴消费税的账务处理

由于消费税是价内税，包含在商品的销售收入中，故金银首饰应缴纳的消费税应计算销售税金，并从当期收入中扣除。商业企业销售金银首饰的收入记入"主营业务收入"科目，其应缴的消费税相应记入"营业税金及附加"科目。

企业采用以旧换新方式销售金银首饰的，在销售实现时按旧首饰的作价借记"材料采购"科目；按加收的差价和收取的增值税部分，借记"现金"等科目；按旧首饰的作价与加收的差价贷记"主营业务收入"等科目；按收取的增值税贷记"应交税费——应交增值税（销项税额）"科目。同时按税法规定计算应缴纳的消费税税额，借记"营业税金及附加"科目，贷记"应交税费——应交消费税"科目。

（二）金银首饰的包装物缴纳消费税的账务处理

根据税法规定，金银首饰连同包装物销售的，无论包装物是否单独计价，均应并入金银首饰的销售额，计征消费税。为此，现行会计制度规定，金银首饰连同包装物销售的，应分别情况进行会计处理：

（1）随同金银首饰销售不单独计价的包装物，其收入随同所销售的商品一并计入商品销售收入。因此，包装物收入应缴的消费税与金银首饰本身销售应缴的消费税应一并计入销售税金。

（2）随同金银首饰销售单独计价的包装物，其收入计入其他业务收入，因此，包装物收入应缴纳的消费税应计入其他业务支出。

（三）自购自用金银首饰应缴消费税

按税法规定，从事批发、零售商品业务的企业将金银首饰用于馈赠、赞助、集资、广告、样品、职工福利、奖励等方面的，应按纳税人销售同类金银首饰的销售价格确定计税依据征收消费税；没有同类金银首饰销售价格的，按组成计税价格计算纳税。在会计核算上，对自购自用的金银首饰，应按成本结转，按税法规定计算缴纳的消费税也应随同成本一起转入同一科目，如用于馈赠、赞助的金银首饰应缴纳的消费税，应记入"营业外支出"科目；用于广告的金银首饰应缴纳的消费税，应记入"销售费用"科目；用于职工福利、奖励的金银首饰应缴纳的消费税，应记入"应付职工薪酬"科目等。采用售价核算库存商品的企业，还应及时分摊相应的商品进销差价。

【例2-30】某珠宝店（系增值税一般纳税人）某月将金项链150克作为奖励优秀职工，成本为15000元，当月同样金项链的零售价格为130元/克。则：

应纳消费税 = 130÷(1+17%)×150×5% = 833.33（元）

应纳增值税 = 130÷(1+17%)×150×1706 = 2833.33（元）

借：应付职工薪酬　　　　　　　　　　　　　　18666.66
　　贷：库存商品　　　　　　　　　　　　　　　15000
　　　　应交税费——应交增值税（销项税额）　　2833.33
　　　　　　　　——应交消费税　　　　　　　　 833.33

商品流通企业涉及营业税、所得税等其他税费的核算与工业企业基本相同，故不再重复。

第三章 纳税审查方法

第一节 纳税审查的基本方法

纳税审查有多种方法,每种方法各有特点,概括地说,主要分为顺查法和逆查法、详查法和抽查法、核对法和查询法、比较分析法和控制计算法。在实际审查中,应根据审查的时间、范围、对象不同,灵活运用各种方法。

一、顺查法和逆查法

针对查账的顺序不同,纳税审查的方法可分为顺查法和逆查法,顺查法是指按照会计核算程序,从审查原始凭证开始,顺次审查账簿,核对报表,最后审查纳税情况的审查方法。顺查法比较系统、全面,运用简单,可避免遗漏。但这种方法工作量大,重点不够突出。适用于审查经济业务量较少的纳税人、扣缴义务人。逆查法是以会计核算的相反顺序,从分析审查会计报表开始,对于有疑点的地方再进一步审查账簿和凭证。这种方法能够抓住重点,迅速突破问题,适用于相关人员对于纳税人、扣缴义务人的税务状况较为了解的情况。

二、详查法和抽查法

根据审查的内容、范围不同,纳税审查的方法可分为详查法和抽查法。详查法是对纳税人、扣缴义务人在审查期内的所有会计凭证、账簿、报表进行全面、系统、详细审查的一种方法。这种方法审查可从多方面进行比较分析、相互考证以发现问题,一定程度上保证了纳税审查的质量,但工作量大,时间长,仅适用于审查经济业务量较少的纳税人、扣缴义务人。

抽查法是对纳税人、扣缴义务人的会计凭证、账簿、报表有选择性地抽取一部分进行审查。抽查法能够提高纳税审查的工作效率，但抽查有较高的风险，影响到纳税审查的质量，所以在用这种方法进行纳税审查时，应对纳税人、扣缴义务人相关方面予以评价，以减少纳税审查的风险，抽查法适用于对经济业务量较大的纳税人、扣缴义务人的审查。

三、核对法和查询法

核对法是指根据凭证、账簿、报表之间的相互关系，对账证、账表、账账、账实的相互勾稽关系进行核对审查的一种方法。一般用于相关人员对纳税人和扣缴义务人有关会计处理结果之间的对应关系有所了解的情况。

查询法是在查账过程中，根据查账的线索，通过询问或调查的方式，取得必要的资料或旁证的一种审查方法。查询法便于了解现实情况，常与其他方法一起使用。

四、比较分析法和控制计算法

比较分析法是将纳税人、扣缴义务人审查期间的账表资料和账面同历史的、计划的、同行业、同类的相关资料进行对比分析，找出存在问题的一种审查方法。比较法易于发现纳税人、扣缴义务人存在的问题。但分析比较的结果只能为更进一步的审查提供线索。

控制计算法是根据账簿之间、生产环节等之间的必然联系，提供测算以证实账面数据是否正确的审查方法。如以产核销、以耗定产都属于这种方法。通常这种方法也需配合其他方法，发挥其作用。

以上几种纳税审查的方法各有所长，纳税代理人在实际审查中，根据审查的目的、审查的范围以及审查的对象，采用一种或多种审查方法，提高审查的效率。

第二节 纳税审查的基本内容

一、代理纳税审查的基本内容

在目前我国开征的 18 个税种中，如按征税对象可分为 3 大类，即按流转额征税、按所得额征税，按资源、财产及行为征税。虽然不同的税种纳税审查的侧重点不同，但是审查的基本内容大多一致。

（1）审查其核算是否符合《企业会计准则》、《企业会计制度》和分行业财务制度。财务及相关的会计制度是纳税人进行会计核算的准则，同时也是正确核算税额的基础。通过纳税审查，可以掌握企业的成本核算是否符合规定，费用的开支是否合理，利润分配是否合规，会计业务的处理是否合规，会计核算是否准确，会计报表的填报是否准确、及时。

（2）审查计税是否符合税收法规，是否符合法定计税公式，重点是审查计税依据和税率。通过纳税审查可以了解纳税人有无偷税、逃税和骗税，有无隐瞒收入，虚报费用，减少或截留税收的情况。促进纳税人依法履行纳税义务，帮助纳税人合理的缴纳税款。

（3）审查纳税人有无不按纳税程序办事，违反征管制度的情况。主要是审查纳税人税务登记、凭证管理、纳税申报、缴纳税款等方面的情况。

此外，相关人员在审查上述内容时，还应关注纳税人的生产、经营、管理情况。通过在审查中发现的问题，提出改进的措施，帮助企业改善经营管理。

二、会计报表的审查

会计报表是综合反映企业一定时期财务状况和经营结果的书面文件，按照我国现行会计制度和公司法的规定，企业的会计报表主要包括资产负债表、损益表、现金流量表、各种附表以及附注说明。审查会计报表是纳税审查的重要环节，在通常情况下，纳税审查是从审查和分析会计报表开始的，以了解纳税人经济活动的全部情况，同时，通过对各种报表的相关指标及相互关系的审查分析，可发现存在的问题，进一步确定审查的重点。

（一）资产负债表的审查

资产负债表是反映企业在一定时点的资产、负债及所有者权益的报表，反映了企业所掌握的经济资源、企业所负担的债务，以及所有者拥有的权益。对于资产负债表的审查，主要从以下两个方面进行：

根据会计核算原理，从编制技术上审查该表：审查表中资产合计数是否等于负债与所有者权益合计数；审查表中相关数据的衔接勾稽关系是否正确，表中数据与其他报表、总账、明细账数据是否相符。

对资产、负债及所有者权益各项目的审查。

1. 对流动资产各项目的审查与分析

流动资产包括"货币资金"、"交易性金融资产"、"应收票据"、"应收账款"、"坏账准备"("应收账款"项目的抵减数)、"预付账款"、"其他应收款"、"存货"、"长期待摊费用"、"待处理财产损溢"等项目。在审查时,首先分析流动资产占全部资产的比重,分析企业的资产分布是否合理,分析流动资产的实际占用数是否与企业的生产规模和生产任务计划相适应,若流动资产实际占用数增长过快,则应注意是因材料或商品集中到货或因价格变动等因素引起,还是由于管理不善、物资积压、产品滞销或者是虚增库存成本所造成,以便进一步分析企业有无弄虚作假、乱挤成本等问题。对流动资产项目进行分析后,还要进一步考核企业流动资金的周转情况,通过计算应收账款周转率、存货周转率等指标,并分别与计划、上年同期进行对比,分析这些指标的变化是否正常。

2. 对长期股权投资、固定资产、无形及递延所得税资产的审查与分析

长期投资反映企业不准备在一年内变现的投资。按规定,企业可以采用货币资金、实物、无形资产等方式向其他单位投资,由于投资额的大小涉及企业的投资效益,因此,在对资产负债表进行审查分析时,应注意核实企业长期投资数额。对长期投资的审查分析:除核实长期投资数额外,还应注意企业对长期投资的核算方法。财务制度规定,企业进行长期投资,对被投资单位没有实际控制权的,应采用成本法核算,并且不因被投资单位净资产的增加或减少而变动;拥有实际控制权的,应当采用权益法核算。由于成本法和权益法对于投资收益的确定方法不同,直接涉及所得税的计算和缴纳,因此要注意审查企业长期投资的核算方法是否得当。

固定资产的审查分析,首先是了解资产增减变动的情况,其次,在核实固定资产原值的基础上,应进一步核实固定资产折旧额,审查企业折旧计算方法是否得当,计算结果是否正确。

对"在建工程"项目的审核,应注意了解企业有无工程预算,各项在建工程费用支出是否核算真实,有无工程支出与生产经营支出混淆的情况等。

无形资产是反映企业的专利权、非专利技术、商标权、土地使用权、商誉等各种无形资产的价值。在审查无形资产项目时,应注意企业无形资产期末数与期初数的变化情况,了解企业本期无形资产的变动和摊销情况,并注意企业无形资产的摊销额计算是否正确,有无多摊或少摊的现象。

递延所得税资产包括开办费、固定资产修理支出、以经营租赁方式租入的固定资产改良支出等。对于"递延所得税资产"项目的审查,应审查期末数与期初数变动的情况,注意企业有无将不属于开办费支出的由投资者负担的费用和为取得各项固定资产、无形资产所发生的支出，以及筹建期间应当计入资产价值的汇兑损益、利息支出等计入"递延所得税资产"账的情况，并审核固定资产修理费支出和租入固定资产的改良支出核算是否准确，摊销期限的确定是否合理，各期摊销额计算是否正确。

3. 对负债各项目的审查与分析

资产负债表中将负债分为流动负债和长期负债排列。审查中应对流动负债和长期负债各项进行审查，通过报表中期末数与期初数的比较，分析负债的增减变化，对于增减变化数额较大，数字异常的项目，应进一步查阅账面记录，审查企业有无将应转入的收入挂在"应付账款"账面，逃漏税收的情况。审查企业应交税费是否及时、足额的上交，表中"应交税费"项目的金额与企业的"应交税费"贷方的余额是否相符，有无欠交、错交等问题。

4. 对所有者权益的审查和分析

在审查资产负债表中所有者各项时，主要依据财务制度的有关规定，审核企业投资者是否按规定履行出资义务，资本公积金核算是否正确，盈余公积金以及公益金的提留比例是否符合制度的规定，并根据所有者权益各项目期末数和期初数之间的变动数额，分析企业投入资本的情况和利润分配的结果。

通过资产负债表的审查与分析，可以大致了解企业的资产分布情况、长短期负债情况和所有者权益的构成情况。在审查资产负债表时，还可以运用一些财务评价指标，如资产负债率、流动比率等对企业的经营状况、偿债能力等进行评价。

（二）损益表的审查

损益表是综合反映企业一定时期内（月份、年度内）利润（亏损）的实现情况的报表。通过对损益表的审查和分析，可以了解企业本期生产经营的成果。由于企业的利润总额是计征所得税的依据，利润总额反映不实，势必影响缴纳的所得税额。

1. 主营业务收入的审查

主营业务收入的增减，直接关系到税收收入和企业的财务状况及资金周转的速度，影响销售收入变化的主要因素是销售数量和销售价格。审查时，应分别按销售数量和销售单价进行分析。对销售数量的分析应结合当期的产销情况，将本期实际数与计划数或上年同期数进行对比，如果销售数量下降，应注意企业有无销售产品不通过"主营业务收入"账户核算的情况或企业领用本企业产品（或商品）而不计销售收入的情况。另外，还应注意销售合同的执行情况，有无应转未转的销售收入。对销售价格的审查，注意应销售价格的变动是否正常，如变动较大，应注意查明原因。企业的销售退回和销售折扣与折让，均冲减当期的销售收入，因此，应注意销售退回的有关手续是否符合规定，销售折扣与折让是否合理合法，特别是以现金支付的退货款项和折扣、折让款项是否存在套取现金或支付回扣等问题。

2. 主营业务成本的审查

对于"主营业务成本"的审查，应注意企业销售产品（商品）品种结构的变化情况，注意成本结转时的计价方法是否正确。同时，注意分析期末库存产品（商品）的成本是否真实。对于采用售价核算的商业企业，还应注意结转的商品进销价是否正确。

3. 营业税金及附加的审查

"营业税金及附加"是指企业销售产品（商品）所缴纳的消费税、营业税（营改增）、城市维护建设税的税金以及教育费附加。分析时应注意：一是税率有没有调整变动；二是不同税率的产品产量结构有没有变动；三是企业申报数字是否属实。由于销售税金与销售收入有密切的联系，两者成正比例地增减。因此，要在核实销售收入的基础上，审查核实企业销售税金及附加计算结果是否正确，有无错计漏计等情况。

4. 销售利润的审查

销售利润是利润总额的组成部分，审查时应核查企业是否完成销售利润计划，与上期相比有无增减变动，计算出本期销售利润，并与上期、上年同期的销售利润率进行对比，如果企业生产规模无多大变化，而销售利润率变动较大，可能存在收入、成本计算不实、人为调节销售利润等问题，应进一步审查。

5. 营业利润的审查与分析

企业的营业利润是主营业务的利润加上其他业务利润，减去期间费用后的余额。在审查营业利润增减变动情况时，应注意审查主营业务的利润、其他业务的收入和为取得其他业务而发生的各项支出。其他业务收入应纳的流转税通过"其他业务支出"科目核算，因此，审查时要核实其他业务收入是否真实准确，其他业务支出是否与其他业务收入相配比，有无将不属于其他业务支出的费用摊入的现象。另外对于属于期间费用的管理费用、财务费用、汇兑损失等要注意审核，对比分析各项费用支出额以前各期和本期的变动情况。如果费用支出增长较大，应进一步查阅有关"管理费用"、"财务费用"等账户，分析企业各项支出是否合理合法，有无多列多摊费用，减少本期利润的现象。

6. 投资收益的审查与分析

根据会计制度，企业对外投资取得的收益（损失），通过"长期股权投资"科目进行反映。损益表中的投资收益项目就是根据"投资收益"科目的发生额分析填列的。企业的投资收益包括分得的投资利润、债券投资的利息收入、认购的股票应得的股利以及收回投资时发生的收益等。企业的投资收益，应按照国家规定缴纳或者补缴所得税。在审查损益表的投资收益时，应注意企业是否如实反映企业的投资收益。企业对外投资具有控制权时，是否按权益法记账，投资收益的确认是否准确。

7. 营业外收支项目的审查与分析

企业的营业外收入和营业外支出，是指与企业生产经营无直接关系的各项收入和支出。按照财务制度规定，营业外收入包括：固定资产的盘盈和出售净收益、罚款收入、因债权人原因确定无法支付的应付账款、教育费附加返还款等。营业外支出则包括：固定资产盘亏、报废、损毁和出售的净损失；非季节性和非修理期间的停工损失，职工子弟学校经费和技工学校经费，非常损失，公益救济性捐赠非公益救济性捐赠，税收滞纳金、罚款、赔偿金、违约金等。审查营业外收支数额的变动情况时，对于营业外收入，应注意企业有无将应列入销售收入的款项或收益直接记作营业外收入，漏报流转税额。对于营业外支出，应注意是否符合规定的开支范围和开支标准，有无突增突减的异常变化。对于超过标准的公益救济性捐赠等，在计算应缴所得税时，应调增应纳税所得额。

（三）现金流量表的审查

现金流量表是反映企业在会计期间，所从事的经营、投资和筹资等活动对现金及现金等价物影响情况的会计报表。它通过对企业现金流入量、现金流出量和现金净流入量来反映现金项目从期初到期末的变动过程，提供企业在会计期间内现金流入与流出的有关信息，揭示企业的偿债能力、应付突发事件的能力和领导市场能力。

对现金流量表的审查，应注意审查核对《现金流量表》有关项目数字来源及计算的正确性，即主要核对经营活动、投资活动和筹资活动产生的现金流量。

三、会计账簿的审查与分析

会计账簿是以会计凭证为依据，全面地、连续地、系统地记录企业各项资产、负债、所有者权益的增减变化情况以及经营过程中各项经济活动和财务成果情况的簿籍。由于会计账簿所记录的经济活动内容更系统和详细,比会计报表所提供的资料更充实、更具体。因此,它是纳税审查的重要依据,为进一步发现问题、核实问题提供了资料。

会计账簿可分为序时账、总分类账和明细分类账。审查时应按照经济业务的分类资料,从总分类账到明细分类账,从会计记录到实际情况的顺序进行审查。这样审查,针对性强,可以全面了解各类财产物资和负债等变化情况,系统地考察成本、费用和利润情况。通过对会计报表的审查分析后,对于有疑点的地方,则需通过账簿审查才能查证落实。报表的审查可提供进一步深入审查的线索和重点,账簿审查则是逐项审查和落实问题。

(一) 序时账的审查与分析

序时账又称日记账,是按照经济业务完成时间的先后顺序登记的账簿。序时账有现金日记账和银行日记账。对现金日记账审查时,应注意企业现金日记账是否做到日清日结,账面余额与库存现金是否相符,有无白条抵库现象,库存现金是否在规定限额之内,现金收入和支付是否符合现金管理的有关规定,有无坐支或挪用现金的情况,有无私设小金库的违法行为。并进一步核实现金账簿记录是否正确,计算是否准确,更改的数字是否有经手人盖章。对银行存款日记账的审查,应注意银行存款账所记录的借贷方向是否正确,金额是否与原始凭证相符,各项经济业务是否合理合法,前后页过账的数字、本期发生额合计和期初、期末余额合计是否正确,并应注意将企业银行存款日记账与银行对账单进行核对,审查企业有无隐瞒收入等情况。

(二) 总分类账的审查与分析

总分类账是按会计制度中会计科目设置的,它可以提供企业资产、负债、所有者权益、成本、损益各类的总括资料。可以从总体上了解企业财产物资、负债等变化情况,从中分析审查,找出查账线索。审查总分类账时,应注意总分类账的余额与资产负债表中所列数字是否相符。各账户本期借贷方发生额和余额与上期相比较,有无异常的增减变化。特别是对与纳税有关的经济业务,应根据总账的有关记录,进一步审查有关明细账户的记录和相关的会计凭证,据以发现和查实问题。由于总分类账户提供的是总括的资料,一般金额比较大,如果企业某些经济业务有问题,但金额较小,在总分类账中数字变化不明显,则审查时不容易发现。因此,审查和分析总分类账簿的记录,只能为进一步审查提供线索,不能作为定案处理的根据。企业查账的重点应放在明细账簿的审查上。

（三）明细分类账的审查与分析

明细分类账是在总分类账的基础上，对各类资产、负债、所有者权益、成本、损益按照实际需要进行明细账的详细补充说明。总分类账审查后，带着问题的线索，应重点分析审查明细账，因为有些问题总分类账反映不出来或数字变化不明显，如结转耗用原材料成本所采用的计价方法是否正确，计算结果是否准确等。在总分类账中不能直接看出来，而查明细账则可以一目了然。明细账审查方法主要是：

（1）审查总分类账与所属明细分类账记录是否相吻合，借贷方向是否一致，金额是否相符。

（2）审查明细账的业务摘要，了解每笔经济业务是否真实合法，若发现疑点应进一步审查会计凭证，核实问题。

（3）审查各账户年初余额是否同上年年末余额相衔接，有无利用年初建立新账之机，采取合并或分设账户的办法，注意增减或转销某些账户的数额，有无弄虚作假、偷税漏税。

（4）审查账户的余额是否正常，计算是否正确，如果出现反常余额或红字余额，应注意核实是核算错误还是弄虚作假所造成的。

（5）审查实物明细账的计量、计价是否正确，采用按实际成本计价的企业，各种实物增减变动的计价是否准确合理。有无将不应计入实物成本的费用计入实物成本的现象，发出实物时，有无随意变更计价方法的情况。如有疑点，应重新计算，进行验证。

由于企业的账簿种类较多，经济业务量较大，而纳税审查的重点主要是审查企业有无偷税和隐瞒利润等问题。因此，在审查账簿时应有所侧重，重点选择一些与纳税有密切关系的账户，详细审查账簿中的记录，根据有关账户的性质，对借方、贷方、余额等进行有侧重的审查和分析。

上述对各类账簿进行审查时的侧重点，主要是针对与税收有关的一些主要账簿而言。在实际工作中，由于各个企业的经济业务不同，审查的目的和侧重点也应有所区别，审查时，应结合企业的特点，根据企业的规模大小、核算水平的高低，内部管理制度的严谨与否，灵活运用查账的方法，以便提高纳税审查的工作效率。

四、会计凭证的审查与分析

会计凭证是记录企业经济业务、明确经济责任进行会计处理的书面证明和记账的依据,也是纳税审查中核实问题的重要依据。

会计凭证按其填制程序和用途划分,可分为原始凭证和记账凭证两种。原始凭证是在经济业务发生时所取得或者填制的、载明业务的执行和完成情况的书面证明,它是进行会计核算的原始资料和重要依据。记账凭证是由会计部门根据原始凭证编制的,是登记账簿的依据。由于原始凭证和记账凭证的用途不同,因此,审查的内容也不同。但两者有密切的内在联系,应结合对照审查。

原始凭证是根据经济业务内容直接取得的最初书面证明,按其取得的来源可以分为自制的原始凭证和外来的原始凭证两种。通过对外来和自制的原始凭证进行审查,就是审查其真实性和合法性。审查中,为进一步查明问题,还应当把被查的凭证同其他有关的凭证相互核对,若有不符或其他问题,应进一步分析落实。

记账凭证是由会计人员对原始凭证归类整理而编制的,是登记账簿的依据。记账凭证的审查主要从以下几个方面进行:

(1) 审查所附原始凭证有无短缺,两者的内容是否一致;

(2) 审查会计科目及其对应关系是否正确;

(3) 会计记录反映的经济内容是否完整和真实,账务处理是否及时。

五、不同委托人代理审查的具体内容

(一) 代理审查按流转额征税税种的主要内容

按流转税征税的主要税种有增值税、消费税和营业税,增值税是以增值额为计税依据的,应主要审查销售额及适用税率的确定、划清进项税额可抵扣与不允许抵扣的界限、界定免税项目是否符合规定,审查增值税专用发票的使用。对于消费税和营业税应侧重于征税对象和计税依据的审查,同时注意纳税人是否在规定环节申报纳税、适用税目税率是否正确、减免税是否符合税法规定。

(二) 代理审查按所得额征税税种的主要内容

所得税的计税依据是应纳税所得额,应纳税所得额是以利润总额加调整项目,利润总额是由销售收入扣除成本费用项目后的余额,审查应纳所得额的正确性,主要应审查:销售收入的正确性,成本额的正确性,成本与费用划分的正确性,营业外收支的正确性,以及税前调整项目范围、数额的正确性。

(三) 代理审查按资源、财产、行为征税税种的主要内容

这类税种多，但计税相对较为简单，审查时着重计税依据的真实性，如印花税的计税依据为各类账、证、书据应贴花的计税金额。

第三节 账务调整的基本方法

在对纳税人进行全面审查后，对于有错漏问题的会计账目，按照财务会计制度进行账务调整，使账账、账证、账实相符。

一、账务调整的作用

第一，根据审查结果，正确、及时地调整账务，既可防止明补暗退，又可避免重复征税。我国现行的各种应交税费的形成一般都在纳税人的会计资料中反映，如：增值税应缴税金的确定是根据"应交税费——应交增值税"账户内的借贷方发生额确定的。可见会计资料是计算缴纳税金的基础，所以因会计核算错误而导致的多缴税款或少缴税款，应先调整账务，然后确定应补或退税额。否则，下次征收时税务部门如不作调整计算，将会把查补的税款原封不动地退还给企业，使查账结果前功尽弃，如所得税的审查。由于所得税是根据累计应缴纳税所得额计算征收的，如果对查增的应纳税所得额在补缴所得税后企业不进行账务调整，到下月申报时，累计所得额中自然不包括查增的应纳税所得额，但在扣除已缴所得税时，却包括了查补的税款。当企业所得税年终汇算时，年终应纳税所得额也就不包括查增的数额，结果就使查账的结果前功尽弃。再者，查增的应纳税所得额，如果有些是属于应在当年实现的收入或利润，被人为地推迟到下年度实现，审查后已按其调增的所得额补缴了所得税，企业如不作账务调整，就有可能再次计算缴纳税款。为避免企业重复纳税，也就必须进行账务调整。

第二，纳税审查后及时对企业的错漏账务进行调整，保证企业会计核算资料的真实性，能使税务部门的征收管理资料与企业会计核算资料保持一致。如果只查补税款而不调整账务，除影响会计核算资料的真实性外，还可能为今后的征收管理造成混乱，下次查账时还可能会出现重复劳动。

二、账务调整的原则

第一，账务处理的调整要与现行财务会计准则相一致，要与税法的有关会计核算相一致。

第二，账务处理的调整要与会计原理相符合。调整错账，需要作出新的账务处理来纠正原错账。所以新的账务处理业务必须符合会计原理和核算程序，反映错账的来龙去脉，清晰表达调整的思路；还应做到核算准确，数字可靠，正确反映企业的财务状况和生产经营情况，并使会计期间上下期保持连续性和整体性；同时还要坚持平行调整，在调整总账的同时调整它所属的明细账。

第三，调整错账的方法应从实际出发，简便易行。既要做到账实一致，反映查账的结果，又要坚持从简账务调整的原则。在账务调整方法的运用上，能用补充调整法则不用冲销调整法，尽量做到繁简适宜。

三、账务调整的基本方法

在一个会计年度结账前，相关人员查出纳税人的错账或漏账，可以在当期的有关账户直接进行调整。调整方法主要有如下三种：

1. 红字冲销法

红字冲销法就是先用红字冲销原错误的会计分录，再用蓝字重新编制正确的会计分录，重新登记账簿。它适用于会计科目用错及会计科目正确但核算金额错误的情况。一般情况下：在及时发现错误，没有影响后续核算的情况下多使用红字冲销法。

【例3-1】某税务局检查人员审查某工业企业的纳税情况时发现，该企业将自制产品用于建造固定资产，所用产品的成本为3000元，不含税销售价为4000元，增值税税率为17%，企业账务处理为：

借：在建工程　　　　　　　　　　　　　　　　4680
　　贷：产成品　　　　　　　　　　　　　　　　　4000
　　　　应交税费——应交增值税（销项税额）　　　680

相关人员认为：企业将自产的应纳增值税的货物用于非应税项目，应视同销售货物计算应缴增值税。此笔账会计科目运用正确，错误在于多记金额。作账务调整分录如下（□代表红字）：

借：在建工程　　　　　　　　　　　　　　　　|1000|

贷：产成品 　　　　　　　　　　　　　　　　　　　　　　　1000

2. 补充登记法

通过编制转账分录，直接将调整金额直接入账，以更正错账。它适用于漏计所涉及的会计科目正确，但核算金额小于应计金额的情况。

【例 3 - 2】某税务局检查人员审查某企业的纳税情况，发现该企业本月应摊销待摊费用 5400 元，实际摊销 4800 元，在本年度纳税审查中发现少摊销 600 元，企业的账务处理为：

借：制造费用 　　　　　　　　　　　　　　　　　　　　4800
　　贷：长期待摊费用 　　　　　　　　　　　　　　　　　4800

相关人员认为：企业的此笔账务处理所涉及的会计科目的对应关系没有错误，但核算金额少计 600 元，用补充登记法作调账分录为：

借：制造费用 　　　　　　　　　　　　　　　　　　　　 600
　　贷：长期待摊费用 　　　　　　　　　　　　　　　　　 600

3. 综合账务调整法

将红字冲销法与补充登记法综合加以运用，它一般适用于错用会计科目这种情况，而且主要用于所得税纳税审查后的账务调整，如果涉及会计所得，可以直接调整"本年利润"账户。

综合账务调整法一般运用于会计分录借贷方。有一方会计科目用错，而另一方会计科目没有错的情况。正确一方不调整，错误一方，使用正确科目时及时调整。

【例 3 - 3】某企业将专项工程耗用材料列入管理费用 6000 元。

借：管理费用 　　　　　　　　　　　　　　　　　　　　6000
　　贷：原材料 　　　　　　　　　　　　　　　　　　　　6000

相关人员认为：上述会计分录借方错用会计科目，按会计准则规定专项工程用料应列入"在建工程"科目。

调整分录为：

借：在建工程 　　　　　　　　　　　　　　　　　　　　6000
　　贷：管理费用 　　　　　　　　　　　　　　　　　　　6000

同样如果以上所举例的错账，是在月后发现，而企业又是按月结算利润的，则影响到利润的项目还应通过"本年利润"科目调整。

如：按上例，假设为月度结算后发现。及调整分录为（□代表红字）：

借：在建工程 　　　　　　　　　　　　　　　　　　　　6000
　　贷：管理费用 　　　　　　　　　　　　　　　　　　　6000

借：管理费用 6000

贷：本年利润 6000

四、错账的类型及调整范围

根据错账发生的时间不同，可将错账分为当期发生的错账和以往年度发生的错漏账。其发生的时间不同，调账的方法也有所不同：

(一) 对当期错误会计账目的调账方法

在审查中发现的当期的错误会计账目，可根据正常的会计核算程序，采用红字调整法、补充调整法、综合调整法予以调整。对按月结转利润的纳税人，在本月内发现的错账，调整错账本身即可；在本月以后发现的错账，由于以前月份已结转利润，所以影响到利润的账项还需先通过相关科目最终结转到本年利润科目调整。

(二) 对上一年度错误会计账目的调账方法

第一，对上一年度错账且对上年度税收发生影响的，分以下两种情况：

(1) 如果在上一年度决算报表编制前发现的，可直接调整上年度账项，这样可以应用上述几种方法加以调整，对于影响利润的错账须一并调整"本年利润"科目核算的内容。

(2) 如果在上一年度决算报表编制之后发现的，一般不能应用上述方法，应按正常的会计核算对有关账户进行一一调整。这时需区别不同情况，以简便实用的原则，进行调整：

①对于不影响上年利润的项目，可以直接进行调整。

【例3-4】在所得税的汇算清缴中，相关人员受托对某企业所得税纳税情况进行审查，发现该企业将用于职工福利支出30000元记入"在建工程"账户，审查期是在年终结账后进行的。相关人员经过认真审核，确认该笔业务应通过"应付福利费"科目核算，因企业的基建工程尚未完工交付使用，故不影响企业当时所得税的缴纳，相关调账分录为：

借：应付职工薪酬 30000

贷：在建工程 30000

【例3-5】在所得税的汇算清缴中，相关人员受托对某企业所得税纳税情况进行审查，发现该企业将对外投资分回税后利润 28500 元，记入"盈余公积"账户。审查期是在年终结账后进行的。相关人员经过认真审核，确认该笔投资收益依现行税法规定应予补税，查实受让投资企业适用税率为 15%，该企业适用税率为 33%，故应补缴所得税 = 28500 ÷ (1 - 15%) × (33% - 15%) = 6035.29（元），相关调账分录为：

  a. 借：盈余公积   28500
    贷：以前年度损益调整   28500
  b. 借：所得税费用   6035.29
    贷：应交税费——应交所得税   6035.29
  c. 借：应交税费——应交所得税   6035.29
    贷：银行存款   6035.29
  d. 期末 借：以前年度损益调整   28500
       贷：本年利润   28500
  借：本年利润   6035.29
    贷：所得税费用   6035.29

【例 3 - 6】某税务局检查人员 2009 年 4 月对某公司 2008 年度纳税审查中，发现多预提厂房租金 20000 元，应予以回冲。

若通过"以前年度损益调整"科目调整，而将调整数体现在 2009 年的损益中，应作调整分录如下：

  借：预提费用   20000
    贷：以前年度损益调整   20000

所得税可在 2009 年年末按当年实现利润一起汇算清缴。

②对于影响上年利润的项目，由于企业在会计年度内已结账，所有的损益账户在当期都结转至"本年利润"账户，凡涉及调整会计利润的，不能用正常的核算程序对"本年利润"进行调整。而应通过"以前年度损益"进行调整。

第二，对上一年度错账且不影响上一年度的税收，但与本年度核算和税收有关，可以根据上一年度账项的错漏金额影响本年度税项情况，相应调整本年度有关账项。

【例 3 - 7】某税务局检查人员 2009 年审查 2008 年某企业的账簿记录，发现 2008 年 12 月多转材料成本差异 40000 元（借超支数），而消耗该材料的产品已完工入库，该产品于 2009 年售出。

这一错误账项虚增了 2008 年 12 月的产品生产成本，由于产品未销售，不需结转销售成本，未对 2008 年度税收发生影响，但是由于在 2009 年售出，此时虚增的生产成本会转化为虚增销售成本,从而影响2009年度的税项。

如果是在决算报表编制前发现的,那样可应用转账调整法予以调整上年度账项,即:

  借:材料成本差异   40000
    贷:生产成本   40000

如果是在决算报表编制后发现的,由于上一年账项已结平,这时可直接调整本年度的"产成品"账户,做调整分录如下:

  借:材料成本差异   40000
    贷:产成品   40000

(三) 不能直接按审查出的错误额调整利润情况的账务调整方法

相关人员审查出的纳税错误数额,有的直接表现为实现的利润,不需进行计算分摊,直接调整利润账户;有的需经过计算分摊,将错误的数额分别摊入相应的有关账户内,才能确定应调整的利润数额。后一种情况主要是在材料采购成本、原材料成本的结转、生产成本的核算中发生的错误,如果尚未完成一个生产周期,其错误额会依次转入原材料、在产品、产成品、销售成本及利润中,导致虚增利润,使纳税人多缴当期的所得税。因此,应将错误额根据具体情况在期末原材料、在产品、产成品和本期销售产品成本之间进行合理分摊。

计算分摊的方法应按产品成本核算过程逐步剔除挤占因素,即将审查出的需分配的错误数额,按材料、自制半成品、在产品、产成品、主营业务成本等核算环节的程序,一步一步地往下分配。将计算出各环节应分摊的成本数额,分别调整有关账户,在期末结账后,当期销售产品应分摊的错误数额应直接调整利润数。在实际工作中一般较多地采用"按比例分摊法"。其计算步骤如下:

第一步:计算分摊率:

具体运用时,应根据错误发生的环节,相应地选择几个项目进行计算分摊,不涉及的项目则不参加分摊。(1) 在"生产成本"账户贷方、"产成品"账户借方查出的数额,只需在期末产成品、本期主营业务成本之间分摊;(2) 在"原材料"账记贷方、"生产成本——基本生产成本"账户借方查出的错误数额,即多转或少转成本的问题,应在公式中后三个项目之间分摊;(3) 在"原材料"账户借方查出的问题,即多记或少记材料成本,要在公式中的四个项目之间分摊。

第二步:计算分摊额:

(1) 期末材料应分摊的数额 = 期末材料成本 × 分摊率。

(2) 期末在产品成本应分摊的数额 = 期末在产品成本 × 分摊率。

(3) 期末产成品应分摊的数额 = 期末产成品成本 × 分摊率。
(4) 本期销售产品应分摊的数额 = 本期销售产品成本 × 分摊率。

第三步：调整相关账户：

将计算出的各环节应分摊的成本数额，分别调整有关账户，在期末结账后，当期销售产品应分摊的错误数额应直接调整利润数。

【例3-8】相关人员对某企业进行纳税自查，发现该企业某月份将基建工程领用的生产用原材料30000元记入生产成本。由于当期期末既有期末在产品，也有生产完工产品，完工产品当月对外销售一部分，因此，多记入生产成本的30000元，已随企业的生产经营过程分别计入了生产成本、产成品、主营业务成本之中。经核实，期末在产品成本为150000元，产成品成本为150000元，主营业务成本为300000元。则相关人员可按以下步骤计算分摊各环节的错误数额，并作相应调账处理。

第一步：计算分摊率：

$$\text{分摊率} = \frac{\text{多记生产成本数额}}{\text{期末在产品结存成本} + \text{期末产成品结存成本} + \text{本期销售产品成本}} = \frac{3000}{150000 + 150000 + 300000} = 0.05$$

第二步：计算各环节的分摊数额：

1. 在产品应分摊数额 = 150000 × 0.05 = 7500（元）
2. 产成品应分摊数额 = 150000 × 0.05 = 7500（元）
3. 本期销售产品成本应分摊数额 = 300000 × 0.05 = 15000（元）

第三步：调整相关账户：

若审查期在当年：

借：在建工程	35100
贷：生产成本	7500
产成品	7500
本年利润	15000
应交税费——应交增值税（进项税额转出）	5100

若审查期在以后年度，则调账分录为：

借：在建工程	35100
贷：生产成本	7500
产成品	7500
以前年度损益调整	15000
应交税费——应交增值税（进项税额转出）	5100

第四章 流转税纳税审查实务

第一节 增值税纳税审查实务

税务机关的工作人员检查指导或帮助纳税人、扣缴义务人做好纳税自查工作，自行补缴少缴或未缴税款。做好纳税审查工作，不仅能有效地指导纳税人依法合理纳税，而且能够提高税务干部的执业质量，降低执业风险。

一、增值税一般纳税人的纳税审查

增值税一般纳税人的纳税审查，一般应遵循增值税的计税规律确定审查环节，重点审查销售额与销项税额、进项税额的结转与进项税额的转出、应纳税额与出口货物退（免）税。

（一）销项税额的审查

销项税额的计算要素有销售额与适用税率。销项税额的审查是增值税审查的首要环节，相关人员应把握基本的操作要点。

1. 销售额审查要点

销售额是销项税额的计税依据，是正确计算销项税额的关键所在，应重点审查以下几方面内容：

（1）采用逆查法，按月审查纳税人的增值税纳税申报表、财务会计报表、"主营业务收入"、"其他业务收入"、"应交税费——应交增值税"等相关账户，以及增值税专用发票、普通发票存根联等原始凭证，确认应税销售额的记录是否真实、完整，应税销售额是否包括纳税人销售货物或应税劳务向购买方收取的全部价款和费用。

（2）审查销售收入的结算方式，是否存在结算期内的应税销售额未申报纳税的情况。

（3）根据现行增值税税法的有关规定，审查纳税人在申报时对应税销售额的计算有无下列情况：

①是否将各种代收、代垫收入都并入应税销售额。

②销售废品、下脚料等取得的收入是否并入应税销售额。

③采取以旧换新方式销售货物，是否按新货物的同期销售价格确认应税销售额。

④采取还本销售方式销售货物，是否从应税销售额中减除了还本支出，造成少计应税销售额。

⑤采取折扣方式销售货物，将折扣额另开发票的，是否从应税销售额中减除了折扣额，造成少计应税销售额。

⑥为销售货物而出租、出借包装物收取的押金，因逾期而不再退还的，是否已并入应税销售额并按所包装货物税率计算纳税。同时应注意审查有关特殊的纳税规定，如对销售酒类产品（除啤酒、黄酒外）收取的包装物押金的规定。

⑦将自产或委托加工的货物用于非应税项目以及集体福利、个人消费的，是否视同销售将其金额并入应税销售额。

⑧将自产、委托加工或购买的货物对外投资、无偿赠送他人，是否按规定视同销售将其金额并入应税销售额。

⑨企业对外提供有偿加工货物的应税劳务，是否按规定将收入并入应税销售额。

⑩以物易物或用应税货物抵偿债务，是否并入应税销售额。

⑪混合销售行为和兼营的非应税劳务，按规定应当征收增值税的，其应税销售额的确认是否正确。

⑫纳税人发生销售退回或销售折让，是否依据退回的增值税专用发票或购货方主管税务机关开具的"企业进货退出及索取折让证明单"，按退货或折让金额冲减原销售额。

⑬销售货物或应税劳务的价格偏低或有视同销售货物行为而无销售额，纳税人按规定需组成计税价格确定销售额的，其应税销售额的计算是否正确。

⑭销售货物或应税劳务采用销售额与销项税额合并定价方法的，其应税销售额的计算是否正确。

2. 适用税率审查要点

（1）增值税税率运用是否正确，是否扩大了低税率货物的适用范围。

（2）增值税税率已发生变动的货物，是否按税率变动的规定执行日期计算纳税。

（3）纳税人兼营不同税率的货物或者应税劳务，未分别核算销售额的，是否从高适用增值税税率计算纳税。

（4）出口货物适用的退税率是否正确。是否将不同税率的出口货物分开核算和申报办理退税，如划分不清适用税率的，是否从低适用退税率计算退税。

（二）进项税额的审查

对于纳税人进项税额的计算和会计处理，相关人员既要审查原始抵扣凭证，又要结合有关账户审查，防止虚增进项税额或者多抵销项税额、少缴增值税的问题。

1. 进项税额抵扣凭证的审查要点

审查进项抵扣凭证，应结合"固定资产"、"应付福利费"、"长期股权投资"、"应交税费——应交增值税"等账户进行。

（1）购进货物或应税劳务是否按规定取得增值税扣税凭证，取得的增值税专用发票抵扣联是否合法有效。

（2）对增值税一般纳税人外购货物（固定资产除外）所支付的运输费用，允许依7%的扣除率计算进项税额扣除，其运费结算单据（普通发票）是否为规定的结算单据，计算进项税额的运费金额是否正确。

（3）购进免税农业产品准予抵扣的进项税额，其原始凭证是否符合规定，有无超范围计算进项税额抵扣的问题。

（4）增值税一般纳税人收购废旧物资，不能取得增值税专用发票的，是否按照主管税务机关批准使用的收购凭证上注明的收购金额，依10%的扣除率计算进项税额。

（5）对进货退出或折让而收回的增值税税额，是否在取得红字专用发票的当期，从进项税额中扣减。

2. 进项税额结转的审查要点

审查纳税人是否存在多计进项税额的问题，不仅要从计算进项税额的凭证上进行审查，而且还要审查有无扩大结转、计提进项税额范围的问题。

（1）非增值税劳务项目购进货物和劳务，是否结转了进项税额。

（2）购进固定资产，是否结转了进项税额。

（3）免征增值税项目的购进货物和应税劳务，是否结转了进项税额。

（4）在建工程项目所用的购进货物和应税劳务，是否结转了进项税额。

（5）用于集体福利或个人消费的购进货物或劳务，是否结转了进项税额。

（6）购进货物发生的非正常损失，是否结转了进项税额。

3. 进项税额转出的审查要点

当纳税人购进的原材料、商品改变用途时，应将其负担的进项税额由"应交税费——应交增值税"账户的贷方"进项税额转出"科目转入相应的账户中去。因此，对纳税人发生的下列业务，应审查在结转材料和商品销售成本的同时，是否做了转出进项税额的账务处理。

（1）非增值税应税项目使用购进的已结转进项税额的货物；

（2）增值税免税项目使用购进的已结转进项税额的货物；

（3）在建工程项目领用购进的已结转进项税额的材料物资；

（4）集体福利项目领用购进的已结转进项税额的材料物资；

（5）非正常损失的在产品、产成品所耗用的购进货物或者应税劳务。

对上述项目除了注意审查计算方法是否正确外，还要注意审查企业进项税额转出的金额计算依据是否正确，进项税额转出的时间与增值税会计处理的规定是否一致。

4. 销售返还进项税额转出的审查要点

对增值税一般纳税人，因购买货物而从销售方取得的各种形式的返还资金，均应依所购货物的增值税税率计算应冲减的进项税金，并从其取得返还资金当期的进项税金中予以冲减。并按如下公式计算：

当期应冲减的进项税额＝当期取得的返还资金×所购货物适用的增值税税率

增值税一般纳税人因购买货物而从销售方取得的返还资金一般有以下表现形式：

（1）购买方直接从销售方取得货币资金；

（2）购买方直接从应向销售方支付的货款中扣除；

（3）购买方向销售方索取或坐扣有关销售费用或管理费用；

（4）购买方在销售方直接或间接列支或报销有关费用；

（5）购买方取得销售方支付的费用补偿。

上述情况主要集中在流通领域内的商业企业。对取得返还资金所涉及进项税额的检查，应从经营主体、经营业务、经营形式、结算方式、购货方与销售方的合作方式及关联情况全面分析，并结合购货方的财务核算情况进行对照判别。其在财务上的审查要点如下：

（1）审查"主营业务收入"账户，判断是否存在将因购买货物取得的返还资金列入该账户核算，特别是"手续费及佣金收入"，是否符合代销的条件；

(2) 审查"其他业务收入"账户，分析该收入的性质及取得该收入的原因；

(3) 审查"长期股权投资"、"本年利润"账户，分析是否未向销售方投资或未与销售方联营协作而以投资收益或联营分利的名义分解利润；

(4) 审查"应付账款"账户明细账，若购货方与供货方始终保持业务往来，而购货方应付账款余额越滚越大，要进一步分析原因：

若应付账款余额被核销，需了解核销的原因，销售方对此债权是否也予以核销，而让购货方取得了除实物形式以外的返还利润；

(5) 审查"银行存款"、"现金"等贷方发生额与购货发票票面所载金额的差额，对照购、销双方的结算清单，确定应结算与实际结算货款的差额，分析差额部分，是否有代扣广告费、促销费、管理费等问题；

(6) 审查"销售费用"、"管理费用"账户，了解"销售费用"、"管理费用"贷方发生额或红字冲销的原因，或"经营费用"、"管理费用"某一会计期间大幅度减少的原因，是否向销售方转移费用支出。对个别特殊企业如跨地区总分支机构、关联企业，审查其经销机构的费用来源，费用支出及核算是如何操作的。

5. 进项税额抵扣时限的审查要点

国家税务总局为加强对增值税的征收管理工作，规定从 1995 年 7 月 1 日起，对工业企业未入库、商业企业未付款的购进货物或应税劳务及购进货物发生的运费应计提的进项税额，即未付款税额不允许在当期抵扣。对企业的未付款税额，主要审查是否按现行会计制度的要求正确核算"应付账款"科目的有关内容，不得将"应付账款"和"应收账款"科目合并使用，也不得混淆"应付账款"和"其他应付款"科目的核算内容。

(三) 增值税应纳税额的审查

增值税应纳税额是否正确，重点是当期销项税额和当期进项税额两个部分的审查，当期销项税额和进项税额的审查要点前面已作了介绍，这里重点阐述对增值税应交税费明细账和纳税申报表的审查。

1. 增值税应交税费明细账审查要点

"应交税费——应交增值税"明细账，是为了全面核算和反映增值税的应缴、已缴情况而设置的。对纳税人"应交税费——应交增值税"明细账的审查，应主要注重以下几个方面：

(1) "应交税费——应交增值税"明细账中各项核算内容及财务处理方法，是否符合有关增值税会计处理的规定。

（2）增值税是否做到按月计算应纳税额，"月税月清"，有无将本月欠税用下期进项税额抵顶、滞纳税款的问题。

（3）有无多记"进项税额"，少记"销项税额"、"进项税额转出"，造成当期应缴税金不实的问题。

（4）生产销售的货物按简易办法计算缴纳增值税的企业，其不得抵扣进项税额计算是否正确；出口企业按出口货物离岸价与征、退税率之差计算的不予抵扣的税额是否在当期从"进项税额转出"科目转增主营业务成本等。

2. 增值税一般纳税人申报表审查要点

（1）本期销项税额。应根据"主营业务收入（出口销售收入）"、"其他业务收入"、"应交税费——应交增值税（销项税额）"等账户，检查内销货物和应税劳务的应税销售额和销项税额，出口货物的完税销售额。对于视同销售行为，应根据"在建工程"、"营业外支出"等账户核算内容，计算其销项税额。

（2）本期进项税额。应根据"原材料"、"应付账款"、"管理费用"、"固定资产"、"应交税费——应交增值税（进项税额）"等账户，计算确认纳税人的本期进项税额，不允许抵扣的进项税额，本期应抵扣进项税额。

（3）期初进项税额。应根据"待摊费用——期初有货已征税款"账户，计算确认本月按规定比例计算转入的期初存货已征税款应抵扣的税额。

（4）税款计算。应按《增值税一般纳税人申报表》上的逻辑关系来计算各项税额，确认本期应纳税额和留抵税额。

【例4-1】某饮料厂系增值税一般纳税人，××税务师事务所代理审查1998年10月增值税纳税情况取得以下资料：

（1）购进原材料100000元，进项税额17000元，已付款并验收入库。

借：原材料　　　　　　　　　　　　　　　　　　100000

　　应交税费——应交增值税（进项税额）　　　　 17000

贷：银行存款　　　　　　　　　　　　　　　　　117000

（2）购入苹果1200箱，发给职工过"中秋节"支付价款5000元，取得农产品收购发票，已提进项税额，并做账务处理：

借：应付职工薪酬——应付福利费　　　　　　　　 4500

　　应交税费——应交增值税（进项税额）　　　　　 500

贷：银行存款　　　　　　　　　　　　　　　　　 5000

（3）支付外购原材料运输费用金额1200元，取得运输单位运费发票，其中装卸费200元，已提进项税额120元。

借：原材料　　　　　　　　　　　　　　　　　　　1080

                应交税费——应交增值税（进项税额）   120
            贷：银行存款   1200
（4）本月将收取的一年以上逾期未收回周转用包装物押金1170元，转作"营业外收入"。
        借：其他应付款   1170
            贷：营业外收入   1170
（5）本月销售货物500件，每件不含税单价300元，已开出增值税专用发票，收到货款价税合计175500元。
        借：银行存款   175500
            贷：主营业务收入   150000
                应交税费——应交增值税（销项税额）   25500
（6）企业计算应纳增值税额为7880元，并于月末做账务处理：
        借：应交税费——应交增值税（转出未交增值税）   7880
            贷：应交税费——未交增值税   7880

要求：

计算本月企业应纳增值税税额，指出该企业增值税计算缴纳存在的问题，并计算本月企业少计（多计）增值税税额。

根据上述经济业务，进行"应交税费——应交增值税"明细账相关账务调账处理。

（1）计算本月应缴及企业少缴增值税税额

①销项税额 = (500×300)×17% + 1170/(1+17%)×17% = 25670（元）

②进项税额 = 17000 + (1200 - 200)×7% = 17070（元）

③本月应纳增值税 = 25670 - 17070 = 8600（元）

④本月实际缴纳增值税 = 7880（元）

⑤本月少缴增值税 = 8600 - 7880 = 720（元）

（2）企业增值税计算缴纳存在问题与"应交税费——应交增值税"会计处理调整。

①购入苹果用于集体福利，其进项税额不得从销项税额中抵扣，应作进项税额转出处理。调账分录：
        借：应付职工薪酬——应付福利费   500
            贷：应交税费——应交增值税（进项税额转出）   500

②支付外购货物的运费金额，自1998年7月1日起由原来10%的扣除率改为7%，企业仍按10%计算多提进项税额。另外，运费金额中不应包括装卸费等

杂费，该企业扩大计提基数，造成多提进项税额。两项合计多提进项税额 = 120 − (1200 − 200) × 7% = 120 − 70 = 50（元），应做如下调账分录：

借：原材料　　　　　　　　　　　　　　　　　　　　　50
　　贷：应交税费——应交增值税（进项税额转出）　　　　50

③收取1年以上逾期未收回周转用包装物的押金收入，应换算为不含税收入计算销项税额，并做调账分录：

借：营业外收入　　　　　　　　　　　　　　　　　　1170
　　贷：其他业务收入　　　　　　　　　　　　　　　　1170
借：其他业务支出　　　　　　　　　　　　　　　　　　170
　　贷：应交税费——应交增值税（销项税额）　　　　　170

④根据上述三笔调整分录，月末调整本月应补缴增值税720元：

借：应交税费——应交增值税（转出未交增值税）　　　　720
　　贷：应交税费——未交增值税　　　　　　　　　　　720

二、增值税小规模纳税人的纳税审查

增值税小规模纳税人销售货物或者应税劳务，实行简易征收办法计算应纳税额，计税方法简单。但是，由于小规模纳税人通常会计核算资料都不健全，销售收入少入账或账外经营的问题比较普遍，所以，代理增值税小规模纳税人的纳税审查，要根据小规模纳税人计税资料和会计核算的特点，确定审查内容和方法。

（一）应税销售额的审查

对于增值税小规模纳税人的审查，主要应针对销售收入不入账或并少计收入，隐瞒应税销售额的问题，采取"成本倒挤"、销售毛利率等办法加以核查。

（1）纳税人期初存货、本期进货和期末存货的情况，根据纳税人货物的购、销、存情况，查找隐瞒应税销售额的问题。

（2）审查纳税人经营资金的运转情况，重点审查纳税人的银行存款日记账和现金日记账，从纳税人的货币资金收、支情况中发现问题。

（3）通过侧面调查的方法，从纳税人主要供货渠道中，了解纳税人的进货情况，再结合纳税人销售渠道的市场营销情况，核实会计期间内纳税人的销售收入。

（二）应纳税额的审查

第一，重点核查小规模纳税人将含税的销售额换算成不含税销售额的计算是否正确。检查时可采用复核法,将本期含税的销售额换算成不含税的销售额,与纳税人申报表中的销售额进行对比审核是否一致。

第二,审查小规模纳税人计算应纳税额适用的征收率是否正确。特别注意小规模商业企业,自1998年7月1日起,其征收率由原先6%调减为4%,其他小规模纳税人仍适用6%的征收率。

第三,审查应纳税额计算是否准确无误,纳税人是否按规定时限缴纳税款。

【例4-2】某街道办集体工业企业,系小规模纳税人,主要生产衍缝机。2008年1月试生产,2008年7月取得第一笔主营业务收入,并于8月份到主管税务机关按月申报缴纳增值税。10月某国税局接到群众举报,反映该企业不开发票账外销售产品。税务机关委托××税务师事务所审查该企业的纳税情况,并指导该企业正确核算经营情况,如实申报纳税。

首先,相关人员对银行存款日记账、现金日记账、往来账、产成品账、销售收入账、销售收据存根等进行盘点审查,但只发现零配件的销售未申报纳税,没有发现账外产品销售。其次,从生产环节着手,到生产车间实地了解产品生产情况。其生产的衍缝机分为无梭机、94A、94C、64A四种型号,产品的关键部件伺服电机系从国外进口,生产设备的台面都是外委加工。经过上述调查,相关人员决定将确定产品生产的真实数量作为纳税审查的突破口。一是对该企业伺服电机购进入库数量、领用数量、库存数量进行核对,对伺服电机领用数量与产成品的入库数量、出库销售数量和库存数量作比较,找出电机购进、领用数量的差额。二是对外加工台面的入库数量、领用数量、库存数量作比较,找出其差额,分析确定各种型号产品的账外生产销售数量。运用这种方法,查实该公司。

2008年1至9月存在大量账外销售的问题如下:

(1)产成品不入库,不开发票,账外销售产品21台,销售收入532451.61元分别存入个人账户。

(2)销售零配件开收据,不作收入,账外销售收入18129.03元,账务处理如下:

借:银行存款 18129.03
　　贷:其他应付款 18129.03

相关人员通过上述审核,查实企业少计含税收入

532451.61 + 18129.03 = 550580.64(元),少缴增值税 = 550580.64 ÷ 1.06 × 6% = 31164.94(元),作相关账务调整如下:

(1)营业外收入:

借:其他应收款——××个人 532451.61

　　　　贷：主营业务收入　　　　　　　　　　　　　　502312.84
　　　　　　应交税费——应交增值税　　　　　　　　30138.77
　（2）零配件账外销售收入
　　　借：其他应付款　　　　　　　　　　　　　　　18129.03
　　　　贷：其他业务收入　　　　　　　　　　　　　17102.86
　　　　　　应交税费——应交增值税　　　　　　　　 1026.17
　（3）计算补缴增值税
　　　借：应交税费——应交增值税　　　　　　　　　31164.94
　　　　贷：银行存款　　　　　　　　　　　　　　　31164.94

三、出口货物退（免）税的审查

　　为了鼓励企业出口创汇，增强出口产品在国际市场上的竞争能力，我国自20世纪80年代起对出口货物实行退（免）税的政策。增值税改革之后，出口货物退（免）税的政策和管理也进行了相应的调整，生产企业和外贸企业在出口产品（商品）的核算和退税实际操作等方面，都有一些显著的区别。因此，相关人员在进行出口货物退（免）税的审查过程中，应有所侧重。

（一）生产企业出口货物免、抵、退税的审查

　　从1999年起，国家对具有进出口经营权的生产企业自营出口和委托代理出口的货物，一律实行免、抵、退税政策。代理审查主要有以下三个环节：

1. 出口货物免税的审查要点

　　相关人员应对出口货物的出口原始凭证逐一进行检查，并与出口产品销售明细账逐笔核对，按月计算生产企业每一季度的出口销售额。重点审查出口货物报关离境的日期，出口货物以离岸价计算的外币销售额，出口货物的贸易类型，海关商品编码与适用的出口货物退税率。对于出口原始单证不全，或者已取得出口原始单证但不具有法定效力的，应按内销进行补税和账务处理。

2. 出口货物抵税的审查要点

　　出口货物在采购和生产环节所负担的进项税额在计算不予抵扣的进项税额之后，其余额可用于抵减内销产品的销项税额。其抵税的审查在操作中要注意以下几点：

　　（1）对于生产两种以上出口货物且适用退税率不同的出口企业，其进项税额的计算与账务处理应按出口货物的种类区分，凡是无法直接划分各自应负担的进

项税额的,应按出口产品销售额比例计算分摊。审查中要注意出口企业人为调整出口货物应分摊的进项税额的问题。

(2) 对于生产的货物既有出口又有内销的出口企业,其进项税额首先要按出口货物离岸价与征税率、退税率之差计算不予抵扣的进项税额,然后再用于抵减内销产品的销项税额。审查中要注意出口企业少计出口货物的进项税额而多抵销项税额的问题。

(3) 对于出口货物不予抵扣的进项税额大于本期进项税额(含上期留抵进项税额)的情况,出口企业应将负数结转下期或挂账冲减下期进项税额,不允许以零为结转。

3. 出口货物退税的审查要点

出口企业按月计算、按季度办理的出口退税,由"应交税费——应交增值税"贷方的"出口退税"科目转入"其他应收款——应收出口退税"科目。审查中应注意出口企业申报的出口退税与主管退税机关核批的退税额是否一致,对于出口退税额的差异要进行调账,并要注意以下问题:

(1) 出口销售额的比例是否为出口企业当期全部销售额的50%以上。

(2) 出口退税率的确认是否正确。特别是退税率几经调整的出口产品,以及农产品和以农产品为原料加工的工业品的区别。

(3) 出口贸易类型的确认是否正确。特别是来料加工与进料加工贸易有无相互混淆,免税产品按退税处理的问题。

(二) 外贸企业出口货物退(免)税的审查

外贸企业出口的货物,应按出口货物增值税专用发票和十二类特准退税货物普通发票上注明的采购金额计算办理退税。相关人员应在审查出口发票、出口收汇核销单(出口退税专用)、出口报关单(出口退税专用)、购货发票、专用税票或分割单等退税凭证是否齐全、合法有效的同时,结合有关的会计处理,重点审查以下几个方面:

(1) 结合"库存出口商品"、"应交税费——应交增值税(进项税额)"等账户,审查外贸企业购进的持普通发票办理退税的出口货物,是否符合税法规定特准退税的十二种商品。

(2) 审查"库存出口商品"、"出口销售收入"、"应交税费——应交增值税"等明细账,确认按征、退税率之差和出口货物购进金额计算的"出口货物不予抵扣税额"是否正确。是否及时记入"应交税费——应交增值税(进项税额转出)"账户,按转增出口主营业务成本处理。

(3) 审查"库存出口商品"、"出口销售收入"、"银行存款——应收外汇账款"、"应交税费——应交增值税（进项税额转出）"等明细账，结合有关原始凭证，看有无将在国内销售货物收取外汇部分，计入了出口货物销售额，这部分是否已从出口货物销售额中剔除。外贸企业将出口货物转内销或将内销货物转出口的，有无主管退税机关开具的证明，是否及时调账。

另外，对"进料加工"贸易方式复出口的，应重点审查进口单证、海关进料加工登记手册及有关明细账，确认进口料件组成计税价格是否正确，有无主管退税机关开具的《进料加工贸易申请表》；对开展"来料加工"贸易方式复出口的，应重点审查进口单证、海关来料加工登记手册及有关明细账，核查有无主管退税机关开具的《来料加工免税证明》，复出口后是否及时办理核销手续，有无将"来料加工"贸易方式出口货物申请办理退税的情况。

【例 4-3】某中外合资食品有限公司，生产加工各式罐头食品。出口货物实行"免、抵、退"税办法，罐头食品征税税率17%；退税率9%，该公司2008年第一季度发生业务如下：

(1) 购进生产用原材料及辅助材料金额300000元，结转进项税额51000元，已付款并验收入库。

(2) 自营出口产品销售额人民币离岸价200000元。委托某外贸公司代理出口产品销售额，人民币离岸价为100000元，将付给外贸公司的2%代理手续费在出口收入中直接扣除，实际收到外贸公司转来的出口收入98000元。

以上两批货物的出口退税凭证齐全，经审核无误，均已作销售收入处理。

(3) 内销产品一批已收到货款，并开出增值税专用发票，取得销售收入100000元，销项税额17000元。

相关人员在审查中发现企业的出口退税计算过程如下：

①应纳税额 = (100000×17%) - 51000 = -34000（元）

②34000 > 298000×9%

③应退税额 = 26820（元）

④结转下期抵扣进项税额 = 34000 - 26820 = 7180（元）

要求：根据上述资料计算本季度出口退税税额，指出该公司出口货物免抵退税申报存在的问题，并作出正确的账务处理。

第一，计算本季出口货物应退税额：

①出口货物人民币离岸价应为300000元；

②出口货物占全部销售额的比例：

300000÷(300000+100000)×100% = 75%；

③计算出口货物不予抵扣税额：
300000×(17% -9%)=24000（元）；
④计算应纳税额：
17000 -(51000 -24000)= -10000（元）；
⑤因为应纳税额为负数，且出口货物占全部销售额的比例超过50%，则计算应退税额：
由于10000 <300000×9%
所以本季度应退税额=10000（元）
免、抵税额=300000×9% -10000=17000（元）。
第二，出口货物免、抵退税存在的问题及正确账务处理：
①对人民币离岸价不实少计出口销售收入的情况，应红字冲回原会计分录，作如下账务处理：

借：银行存款　　　　　　　　　　　　　　　　　98000
　　销售费用　　　　　　　　　　　　　　　　　 2000
　　贷：主营业务收入　　　　　　　　　　　　 100000

②将"出口货物不予抵扣税额"转增主营业务成本处理：

借：主营业务成本　　　　　　　　　　　　　　 24000
　　贷：应交税费——应交增值税（进项税额转出） 24000

③将原来计算的出口退税红字冲回，重新作账务处理：

借：应收出口退税　　　　　　　　　　　　　　 10000
　　贷：应交税费——应交增值税（出口退税）　 10000

四、纳税审查报告

相关人员对纳税人增值税的纳税情况进行全面审查后，应将有关问题与处理方法归纳整理成书面报告，提交被审查单位的管理当局。目前，相关人员签发的纳税审查报告，尚未采取固定的格式，但是，报告中应明确阐述下列问题（其他税种的纳税审查报告亦同此要求）：

第一，纳税审查的重点范围。主要的会计账户和原始凭证。

第二，纳税审查发现的主要问题与分析。包括确认问题的会计报表项目，有关账户的会计处理和原始凭证，以及确认问题的法律、税收政策依据、财务会计制度方面的规定等。

第三，提出切实可行的建议。针对问题确认应补缴的税额及解决办法，对有关账务处理重新作出调整后的会计分录。

第四，提出改进措施。在分析问题产生原因的基础上，提出对财务核算管理和有关计税资料稽核工作的具体措施。

第五，纳税审查报告的日期。

第六，税务代理机构的签章。

第七，相关人员的签章。

【例4-4】祥和家具有限公司2008年12月发生下列业务：

（1）购进油漆20000元，进项税额3400元，已付款并验收库。

（2）购进生产用原材料100000元，进项税额17000元，已付并验收入库。

在入库后由于管理不善造成非正常损失10000元，企业已记入"待处理财产损溢"账户；

（3）购进生产用辅助材料10000元，进项税额1700元，已收增值税专用发票入账，但尚未付款验收入库。企业做账务处理：

借：在途材料（或材料采购）	10000
应交税费——应交增值税（进项税额）	1700
贷：银行存款	11700

（4）本月购入生产用设备20台，取得销售方开具的增值税专用发票上注明价款50000元，税额8500元。企业作账务处理：

借：固定资产	50000
应交税费——应交增值税（进项税额）	8500
贷：银行存款	58500

（5）本月销售产品一批不含税价格200000元，产品适用增值税税率17%，货款及税金已全部收到并已开出增值税专用发票。

（6）将生产的产品一批分配投资者，按市场不含税售价计算应为10000元，已作如下账务处理：

借：未分配利润	10000
贷：产成品	10000

第二节　消费税纳税审查实务

对于生产加工应税消费品的企业，相关人员在审查消费税的纳税情况时可以与增值税同步进行，尤其是采用从价定率征收办法的应税消费品，因为其计税依据都是含消费税而不含增值税的销售额。但是，消费税又是一个特定的税种，在征税范围、计税依据、纳税环节、税额扣除等方面都有特殊规定。因此，消费税的纳税审查应注重其特点，有针对性地核查纳税人的计税资料。

一、计税依据的审查

消费税实行从价定率或者从量定额的办法计算应纳税额，其计税依据分别是应税消费品的销售额和销售数量。实行从量定额征税办法的应税消费品有黄酒、啤酒、汽油和柴油4种，其余应税消费品均按从价定率办法征税。在实际工作中，相关人员应针对税法中对自产和委托加工应税消费品的不同规定，选择其计税依据审查的侧重点。

（一）销售自产应税消费品的审查

第一，实行从价定率征税办法的应税消费品，其计税依据为纳税人销售应税消费品向购买方收取的全部价款和价外费用，但不包括应向购买方收取的增值税税款。应重点审查内容为：

（1）对价外费用的审查要点。主要通过"其他应收款"、"其他应付款"等往来账户，"营业外收入"、"其他业务收入"明细账，审查纳税人销售应税消费品向购买方收取的基金、集资返还利润、补贴、违约金（延期付款利息）和手续费、包装费、储备费、优质费、运输装卸费、代收款项、代垫款项等价外费用，是否并入销售额申报缴纳了消费税。

（2）对包装物计税的审查要点。

①随同应税消费品作销售的包装物是否按所包装的产品适用的税率缴纳了消费税。

②逾期不再退还的包装物押金及已收取1年以上的包装物押金，是否按规定缴纳了消费税。

③从1995年6月1日起，对销售酒类消费品（除啤酒、黄酒外）收取的包装物押金是否按规定及时缴纳了消费税。

（3）关联企业转让定价审查要点。

由于我国目前的消费税实行单一环节一次课征制。除金银首饰在零售环节纳税外，其他应税消费品都在生产环节纳税。因此，生产环节消费税税基的大小就决定了消费税的多少。近几年来，一些消费税纳税人，特别是生产高税率产品的企业，如烟厂、酒厂、汽车厂等大中型企业划小核算单位，成立独立核算的销售公司，降低产品出厂价格，通过商业返还费用方式侵蚀税基，利用企业集团的内部协作关系，采取总公司低价生产供应零配件给生产企业，将应税消费品低价销售给公司的方式避税等。因此对生产应税消费品成立独立核算的销售公司或组建成企业集团的纳税人，应通过审查其"主营业务收入"、"生产成本"、"管理费用"等账户，对各关联企业之间收取的价款、支付的费用进行核实，如价格明显偏低又无正当理由的，按税法规定予以调整。

（4）对残次应税消费品审查要点。

①纳税人销售残次应税消费品是否按规定缴纳消费税。

②纳税人销售残次应税消费品，向购买方收取的价差收入是否缴纳了消费税。

（5）对纳税人不计、少计销售额审查要点

①纳税人是否按照税法规定的纳税义务发生的时间纳税。特别是货已发出、已开具发票但因货款不能回笼而不及时申报纳税。

②纳税人是否将不符合税法规定的销售折扣、折让擅自冲减销售额。

（6）对应税消费品以物易物、以货抵债、投资入股的审查要点。

①纳税人将自产的应税消费品用于换取生产资料、消费资料、投资入股、抵偿债务的是否纳税；

②计税价格是如何确定的，是否按纳税人同类消费品的最高销售价格作为计税依据计算缴纳消费税。

第二，实行从量定额征税办法的应税消费品，其计税依据为应消费品的销售数量。应审查"主营业务收入"、"营业税金及附加"、"产成品"、"应交税费——应交消费税"等明细账，对照销货发票等原始凭证，看计量单位折算标准的使用及销售数量的确认是否正确，有无多计或少计销售数量的问题。

【例 4-5】相关人员在审查某化妆品厂 2007 年 8 月应纳消费税情况时发现，该企业采用预收货款方式销售化妆品 100 箱，取得价款 117000 元，商品已发出。企业会计处理为：

  借：银行存款   117000

    贷：预收账款   117000

要求：计算本月应纳消费税并调账。

（1）对采取预收货款方式销售的化妆品，应于收到货款后发出商品时缴纳消费税，并同时缴纳增值税。因此，该企业本月应纳消费税为：

$117000 \div (1 + 1706) \times 30\% = 30000$（元）

（2）调账。

①企业在商品发出时应将预收的销售款从"预收账款"账户转作"主营业

务收入"账户,应作如下账务处理:

  借:预收账款   117000
    贷:主营业务收入   100000
      应交税费——应交增值税(销项税额) 17000
  ②将应缴纳的消费税款作账务处理:
  借:营业税金及附加   30000
    贷:应交税费——应交消费税   30000
  借:应交税费——应交消费税   30000
    贷:银行存款   30000

(二) 委托加工应税消费品审查要点

对于委托加工的应税消费品,首先应审查是否符合税法中规定的委托加工方式,如不符合规定,是否按销售自制应税消费品缴纳了消费税。然后,应重点审查以下几点:

(1) 应审查"委托加工物资"、"应交税费——应交消费税"等明细账,对照委托加工合同等原始凭证,看纳税人委托加工的应税消费品是否按照受托方的同类消费品的销售价格计算纳税;没有同类消费品销售价格的,是否按照组成计税价格计算纳税,受托方代收代缴的消费税税额计算是否正确。

(2) 应审查"委托加工物资"、"生产成本"、"应交税费——应交消费税"等明细账,看纳税人用外购或委托加工收回的已纳税烟丝等8种应税消费品连续生产应税消费品,在计税时按照准予扣除外购或收回的应税消费品的已纳消费税税款,是否按当期生产领用数量计算,计算是否正确。

(3) 应审查"委托加工物资"、"应交税费——应交消费税"等明细账,看委托加工应税消费品直接出售的,有无重复征收消费税的问题。

(三) 视同销售应税消费品的审查要点

(1) 审查"产成品"、"原材料"、"应付账款"等明细账,看有无应税消费品换取生产资料和消费资料、投资入股和抵偿债务等情况。如有,是否以纳税人同类应税消费品的最高销售价格作为计税依据计征消费税。

(2) 纳税人用于生产非应税消费品、在建工程、管理部门、非生产机构、提供劳务,以及用于馈赠、赞助、集资、广告、职工福利、奖励等方面的应税消费品,应于移送使用时视同销售缴纳消费税。相关人员应审查"产成品"、"原材料"、"应付账款"、"应付职工薪酬"、"管理费用"等明细账,看有无这种情况。

如有,是否于移送使用时计征了消费税。

【例4-6】相关人员受托对乙卷烟厂纳税情况进行审查,发现当期甲卷烟厂交给乙卷烟厂烟叶10吨(每吨成本600元)委托加工成烟丝,乙卷烟厂在加工过程中代垫辅助材料实际成本为1000元,加工费为3500元,双方协议中规定不考虑代垫辅料的费用。因乙卷烟厂无同类烟丝销售价格,乙卷烟厂代扣代缴消费税时作如下处理:

组成计税价格=(材料成本+加工费)÷(1-消费税税率)
　　　　　　=(600×10+3500)÷(1-30%)
　　　　　　=9500÷(1-3006)
　　　　　　=13571.43(元)
应代扣代缴消费税=13571.43×30%=4071.43(元)

乙卷烟厂在甲卷烟厂提取烟丝时,在收取了加工费、增值税的同时代收代缴了消费税,账务处理如下:

借:银行存款　　　　　　　　　　　　　　　　　9166.43
　　贷:主营业务收入　　　　　　　　　　　　　　3500
　　　　应交税费——应交增值税(销项税额)　　　595
　　　　　　　　——应交消费税　　　　　　　　4071.43
　　　　原材料——辅助材料　　　　　　　　　　1000

相关人员认为根据《消费税暂行条例》第八条规定:委托加工的应税消费品,按照受托方的同类消费品的销售价格计算纳税;没有同类消费品销售价格的,按照组成计税价格计算纳税。组成计税价格=(材料成本+加工费)÷(1-消费税税率)。同时根据《消费税暂行条例实施细则》第十九条规定:"加工费"是指受托方加工应税消费品向委托方所收取的全部费用,包括代垫辅助材料的实际成本,而企业在计算组成计税价格时没有将此项计入,正确的会计处理应为:

组成计税价格=(材料成本+加工费)÷(1-消费税税率)
　　　　　　=(600×10+3500+1000)÷(1-30%)
　　　　　　=10500÷(1-30%)
　　　　　　=15000(元)
应代扣代缴的消费税=15000×30%=4500(元)
少代扣代缴消费税=4500-4071.43=428.57(元)
少计加工费收入1000元,少计提销项税额
1000×17%=170(元)
相关人员建议乙卷烟厂会计作如下调账分录:

借：应收账款——甲公司　　　　　　　　　　　　598.57
　　主营业务成本　　　　　　　　　　　　　　　1000
　贷：主营业务收入　　　　　　　　　　　　　　1000
　　　应交税费——应交增值税（销项税额）　　　170
　　　　　　　——应交消费税　　　　　　　　　428.57

二、适用税目、税率、纳税环节的审查

（一）适用税目、税率的审查要点

由于消费税并不是对所有的产品征税，其征税范围具有选择性，而且实行多档税率，不同产品税负不同。因此相关人员应掌握消费税的征税范围，审查纳税人生产的产品是否应征收消费税，税目、税率是否按税法规定执行。

（1）审查纳税人生产消费税税率已发生变化的应税消费品其应纳消费税是否按税法规定时间执行。

（2）审查纳税人兼营不同税率的应税消费品是否分别核算不同税率应税消费品的销售额、销售数量，未分别核算销售额、销售数量，或者将不同税率应税消费品组成成套消费品销售的，是否从高适用税率。

（二）纳税环节审查要点

（1）审查"营业税金及附加"、"应交税费——应交消费税"、"生产成本"、"产成品"等明细账，确认纳税人生产的应税消费品是否于销售时纳税。对于自产自用的应税消费品，用于连续生产应税消费品的，不纳税；用于其他方面的，是否已于移送使用时纳税。

（2）审查"委托加工物资"、"应交税费——应交消费税"等明细账，确认委托加工收回的应税消费品，是否已由受托方在向委托方交货时代收代缴税款。

【例4-7】某市酿酒厂是年纳增值税、消费税逾千万元的国有企业，主要产品为白酒、酒精及饮料。2008年10月初，相关人员受托对其2008年1~9月的纳税情况进行审查。通过审查产品销售明细账发现，各类应税消费品依法定税率计算的应纳税额与申报数额一致，但酒精的主营业务收入达2158万元，与2007年同期相比增长了38%，增幅较大。对此，企业相关人员解释说：今年以来，酿酒厂进行产品结构调整，减少了白酒产量，扩大了酒精生产规模，由于酒精消费税税率较低，所以，在总的应税收入增长的情况下，应纳消费税额却减少了。

为了弄清情况,相关人员又对产成品账进行了检查,白酒产量比上年同期增长了 11%,酒精产量比上年增长 13.80%,增长幅度不大。企业生产的食用酒精全部记入"产成品——食用酒精"账户,2008 年 1~9 月结转食用酒精销售成本 102 万元,结转工业酒精及医用酒精销售成本 996 万元,合计结转酒精销售成本 1098 万元。与酒精主营业务收入明显不符。由此推断,企业存在混淆酒类产品销售与酒精产品销售的问题。

相关人员对包括该厂门市部在内的 10 个购货单位共 20 份销售发票进行外调,发现开给本厂门市部的两份大额销货发票记账联与发票联产品名称不符,记账联为"食用酒精",发票联为"粮食白酒"。再核对这两笔业务的核算情况,发现"主营业务收入——食用酒精"账页后面单设一账页,户名为"门市部",只登记产品销售数量、销售金额,未登记单价及单位成本。至此,该企业混淆主营业务收入,逃避纳税的问题终于查清。销售明细账的"门市部"户头记载 2008 年 1~9 月食用酒精销售收入 537 万元,实际为粮食白酒销售收入,共少计消费税 = 537 × (25% - 5%) = 107.4(万元)。

相关人员将上述问题如实反映给国税局,税务机关认为酿酒厂将高税率白酒按低税率酒精计销售,少计消费税,依照《中华人民共和国税收征收管理法》第四十条的规定,属于偷税行为,决定除令其补缴消费税 107.4 万元之外,处以一倍罚款。

税务处理决定下达后,酿酒厂如期缴纳了税款及罚款,同时作如下调账处理:

①调整主营业务收入

借:主营业务收入——食用酒精　　　　　　　　　　5370000
　　贷:主营业务收入——粮食白酒　　　　　　　　　5370000

②补提消费税

借:营业税金及附加　　　　　　　　　　　　　　　1074000
　　贷:应交税费——应交消费　　　　　　　　　　　1074000

③缴纳消费税及罚款

借:应交税费——应交消费　　　　　　　　　　　　1074000
　　营业外支出——税收罚款　　　　　　　　　　　1074000
　　贷:银行存款　　　　　　　　　　　　　　　　　2148000

三、出口货物退免税的审查

现行的出口货物退税制度规定,对出口货物免征或退还在国内已征收的增值税和消费税。因此，出口应税消费品在办理应退消费税时，所需的退税凭证基本上与应退增值税所需凭证相同，但又不完全一致。对于生产企业和外贸企业出口应税消费品的退免税办法也有所不同。因此，在审查企业的应退消费税时，应结合增值税出口货物退免税的审查要点，针对生产企业和外贸企业的会计核算特点和不同的退免税办法进行审查。

（一）生产企业出口应税消费品审查要点

对生产企业直接出口应税消费品或通过外贸企业出口应税消费品，按规定直接予以免税的，可不计算应缴消费税。应审查"主营业务收入"、"营业税金及附加"、"应交税费——应交消费税"、"产成品"等明细账，审查出口报关单等免税凭证是否齐全、合法、有效。对从价定率办法的出口应税消费品，是否按人民币离岸价免征了消费税；对从量定额办法的出口应税消费品，是否按实际出口数量予以免征消费税。

（二）外贸企业出口应税消费品审查要点

对外贸企业自营出口的应税消费品，除审查出口发票、出口收汇核销单（出口退税专用）、出口报关单（出口退税专用）、购货发票等退税凭证外，还应审查"出口货物消费税专用缴款书"。通过审查"库存出口商品"、"出口销售收入"、"应交税费——应交消费税"等明细账，审查从价定率办法的出口应税消费品，是否按购进金额办理了退税；从量定额办法的出口应税消费品，是否按实际出口数量办理了退税。其适用退税率和单位退税额是否正确。

另外，在审查中还应注意，纳税人出口按规定不予退税或免税的应税消费品，应视同国内销售处理。

第三节 营业税（营改增）纳税审查实务

营业税过去是地方性税收的主要税种之一，自2016年5月1日起，我国实行营业税改为增值税，其计税依据是纳税人提供应税劳务、转让无形资产或销售不动产所取得的营业额。本节只选取饮食服务业、建筑安装业、货运企业和金融保险企业，论述纳税审查的基本操作规范。

一、应税劳务额的审查

(一) 餐饮服务业审查要点

服务业的征收范围包括代理业、旅店业、饮食业、旅游业、仓储业、租赁业、广告业、其他服务业。各个具体行业的服务项目也可能有相互兼容的情况,如旅店与饮食业、旅游业往往提供一体化服务,在餐饮服务场所也会提供娱乐业服务。就以餐饮为主的服务业而言,其纳税审查的重点有以下几个方面:

(1) 将"主营业务收入"明细账与有关的收款凭证和原始记录相核对,如服务员开具的菜码单,报送的营业日报表等,审查纳税人有无分解营业收入的现象。

①对于纳税人申报收入明显偏低,与其经营规模、雇工人数、饮食营业成本、水电费用等明显不成比例的,应查明其有无不记收入,钱货直接交易情况。必要时,通过原材料的耗用量来换算成品销售量,测算营业收入额,并与营业日报表和交款凭单核对,查明有无漏记、漏报或瞒报收入的情况。

②抽查销售价格,看其是否按配料定额成本和规定的毛利率或加成率计算营业收入。

$$销售价格 = 原材料成本 \div (1 - 毛利率)$$

或 $$= 原材料成本 \times (1 + 加成率)$$

(2) 对配备有卡拉 OK 等娱乐设施的饭馆、餐厅等饮食服务场所,审查中应注意其为顾客在就餐的同时所提供的娱乐性服务是否按娱乐业计算纳税。

(3) 将"主营营业成本"、"销售费用"、"管理费用"等明细账与有关的凭证进行核对,注意成本、费用账户的贷方发生额,看有无将收入直接冲减成本、费用而未记"主营业务收入"的现象。

(4) 将"应付账款"、"预收账款"等往来明细账与有关的记账凭证、原始凭证相核对,看有无将收入长期挂往来账,偷逃税款的现象。有无将收入不入账直接抵顶租赁费、装修费、承包费等各项债务等。

(5) 审查饮食并统一发票开具及领、用、存情况,并对照收入账户,看纳税人是否按规定开具发票,是否存在开具大头小尾发票等现象。

【例 4-8】某培训中心,属全民所有制的餐饮服务企业,经营范围是住宿、餐饮、服务等。2007 年 12 月,累计实现营业收入 1659700 元,缴纳各税费合计 86303 元。

××税务局 2008 年 1 月份对该培训中心 2007 年度的纳税情况进行审查。相关人员用逆查法对该培训中心 2007 年度的会计账簿和会计凭证进行了审查。在审查资金往来账簿时,发现"应付账款"科目贷方有一笔本市某公司拨来的补助款 169000 元,原会计分录为:

借:银行存款　　　　　　　　　　　　　　　　　　　169000
　　贷:应付账款　　　　　　　　　　　　　　　　　　169000

通过进一步审查核实,此笔款项实为培训中心的营业收入。相关人员认为,根据《餐饮服务业财务制度》的规定,此笔款项应记入"主营业务收入"科目,并按照《营业税暂行条例》的规定缴纳营业税 169000 × 5% = 8450(元),缴纳教育费附加 = 8450 × 3% = 253.5(元),缴纳城市维护建设税 = 8450 × 706 = 591.5(元)。假定相关人员审查后,发现该培训中心 2007 年度尚未结账,则可作如下调账处理:

①调整收入:
借:应付账款　　　　　　　　　　　　　　　　　　　169000
　　贷:主营业务收入——餐饮收入　　　　　　　　　　169000
②补提税金:
借:营业税金及附加　　　　　　　　　　　　　　　　9295
　　贷:应交税费——应交营业税　　　　　　　　　　　8450
　　　　　　　　——应交城建税　　　　　　　　　　　591.5
　　　　其他应交款——教育费附加　　　　　　　　　　253.5
③补缴税金:
借:应交税费——应交营业税　　　　　　　　　　　　8450
　　　　　　——应交城建税　　　　　　　　　　　　591.5
　　　　　　——教育费附加　　　　　　　　　　　　253.5
　　贷:银行存款　　　　　　　　　　　　　　　　　　9295

相关人员审核后,如果发现该培训中心 1997 年度账务已结,则应按调整上年损益的方法作如下调账处理:

①调整收入:
借:应付账款　　　　　　　　　　　　　　　　　　　169000
　　贷:以前年度损益调整　　　　　　　　　　　　　　169000
②补提税金:
借:以前年度损益调整　　　　　　　　　　　　　　　9295
　　贷:应交税费——应交营业税　　　　　　　　　　　8450
　　　　　　　　——应交城建税　　　　　　　　　　　591.5

　　　　其他应交款——教育费附加　　　　　　　　　　253.5
③补缴税金：
　　借：应交税费——应交营业税　　　　　　　　　　8450
　　　　　　　——应交城建税　　　　　　　　　　　591.5
　　　　　　　——教育费附加　　　　　　　　　　　253.5
　　　　贷：银行存款　　　　　　　　　　　　　　　9295

（二）建筑安装业审查要点

1. 建筑安装业

建筑业务是使用建筑材料建造建筑物、构筑物并对其进行修缮、装饰以及安装各种设备工程作业的劳务活动。建筑业务的计税依据是从事建筑业务所取得的全部收入。

纳税人从事建筑业务所取得的收入，在不同的行业中，会计核算也是不相同的。施工企业通过设置"工程结算收入"科目进行核算，其他行业的建筑业务往往不是其主营业务，在会计上设置"其他业务收入"科目来核算。因此，相关人员在审查中应根据纳税人不同的会计核算特点重点审查以下几个方面：

第一，审查应税收入是否全额纳税。

建筑业营业税的营业额包括建筑安装企业向建设单位收取的工程价款（即工程造价）及工程价款之外收取的各种费用。审查中应参照工程承包合同、纳税申报表，结合"工程结算收入"账户，看纳税人"工程价款结算账单"中确认的价款是否全额申报纳税。

第二，审查有无分解工程价款的现象。

抽查"工程结算收入"、"工程施工"、"库存材料"、"其他业务收入"、"营业外收入"等有关账户的原始凭证和记账凭证，审查材料出库单等原始凭证，确定实际完成工作量的施工成本。注意纳税人有无为逃避纳税、分解工程价款的情况。如：

（1）将工程耗用的材料不记施工成本，而是直接冲减库存材料。

（2）将向发包单位收取的各种索赔款不作为计税收入，而记入"营业外收入"账户。

（3）向建设单位收取抢工费、全优工程奖和提前竣工奖，将这部分收入记入"应付福利费"作为职工奖励基金。

（4）将材料差价款直接冲减工程结算成本或材料等账户，少计工程收入额。

第三，审查"应付账款"、"预收账款"等往来明细账，核对记账凭证及原始凭证,看有无将已结算的工程价款长期挂账不计收入的。

第四,建筑业的总承包人将工程分包或转包给他人的,应对照分包转包建筑安装工程合同及分包、转包工程的"工程价款结算账单",核实"应付账款"等账户核算内容,审查其营业额是否为工程的全部承包额减去付给分包或转包人的价款后的余额。应审查"应交税费——应交营业税"账户中的应缴税金,是否包含了总承包人应代扣代缴的营业税部分。

第五,从事建筑、修缮、装饰工程作业的纳税人,无论与对方如何结算,其营业额均应包括工程所用原材料及其他物资和动力的价款在内;从事安装工程作业的纳税人,要查看安装工程合同,凡所安装的设备价值作为安装产值的,其营业额应包括设备的价款在内。

第六,对于企业行政事业单位的自营施工单位为所在单位承担建筑安装工程的,应查验该纳税人是否为独立核算单位,是否与本单位结算工程价款。从而确定该施工项目是否确属自建自用工程项目,有无借故"自建自用建筑物"而未计征营业税。

【例4-9】某市第一建筑工程公司第四施工处,属集体所有制企业。2008年4月税务局对该企业纳税情况进行审查。

相关人员采取外调方式对该企业纳税情况进行审查,首先到建设单位进行调查,查看建设单位的账目。经查发现建设单位2008年12月"应付账款——第一建筑工程公司第四施工处"科目借方有支出材料款共10笔,金额为421705.58元,相关人员询问建设单位有关人员后认定为是甲方建设单位用材料抵顶应付乙方第一建筑工程公司第四施工处的工程款。然后相关检查人员开始对第一建筑工程公司第四施工处的工程款的问题进行检查核实,确认该处收到材料后,未作任何账务处理,亦未申报纳税。

相关人员认为:该第四施工处未按会计及税法制度规定,少计工程结算收入421705.58元,少纳营业税 = 421705.58 × 3% = 12651.17(元),少纳城建税 = 12651.17 × 7% = 885.58(元),少纳教育费附加 = 12651.17 × 3% = 379.54(元),为此,建议企业补缴税款并作相关调账分录:

(1)调整漏记收入:

借:库存材料 421705.58
  贷:主营业务收入 421705.58

(2)补提税金:

借:营业税金及附加 13916.29
  贷:应交税费——应交营业税 12651.17

——应交城建税	885.58
——教育费附加	379.54

(3) 补缴税金：

借：应交税费——应交营业税	12651.17
——应交城建税	885.58
——教育费附加	379.54
贷：银行存款	13916.29

2. 其他企业

对其他企业从事运输业务，应首先分清纳税人发生的运营业务属于混合销售行为还是兼营行为。如果在一项销售行为中同时涉及应税劳务和货物，即企业销售货物的同时负责运输，则纳税人的运输收入应按混合销售行为征收增值税。如果确定是兼营行为，则应注意审查取得的运输收入是否与其他不同税种的收入分别核算，分别申报纳税。

(1) 审查"其他业务收入"明细账及有关记账凭证、原始凭证，看收入是否及时足额入账，有无将收取的价外费用不记收入，直接冲减成本费用少缴税款的现象。

(2) 审查有关成本费用及往来账户，有无将运输收入不记入，直接冲减成本费用或将已实现的运输收入挂往来账户不纳税的现象。

(三) 金融保险业审查要点

1. 金融业审查要点

金融企业的收入在会计核算中的明细为"利息收入"、"金融企业往来收入"、"手续费及佣金收入"、"汇兑损益"、"租赁收益"、"购入返售金融资产"等科目，因此，审查时，应结合企业营业税纳税申报表及各收入类账户进行。

(1) 贷款的利息收入。第一，对于一般贷款业务主要审查"利息收入"、"利息支出"、"营业费用"明细账及其有关的原始凭证和记账凭证，看纳税人有无随意分解收入，或将费用、支出直接冲减收入现象。第二，对于委托贷款业务，应重点审查"应付账款"和"手续费及佣金收入"账户，核实每期应付的委托贷款利息和扣收的手续费，看有无错计、漏计营业税的。第三，对典当业的抵押贷款业务，应注意审查典当物品的保管费用和经营费用是否并入应税营业额中。第四，对转贷业务应注意审查纳税人是否按一般贷款业务与转贷业务划分各自营业额分别计算应纳税额，若属转贷业务，扣减的利息支出是否确属转贷范围，有无多计支出的问题。

(2) 融资租赁收入。应根据租赁合同,主要审查"应收账款——应收租赁收益"和"租赁收益"账户及有关凭证,审查纳税人从事融资租赁业务是否经有关部门批准;纳税人的应税营业额是否扣除了向承租方收取的该项出租货物的实际成本。

(3) 金融商品转让的收益额。主要审查"利息支出"、"金融企业往来支出"等账户,并抽查重要的原始凭证和记账凭证,核实从利息收入等科目中抵减的支出项目是否真实、准确。

(4) 手续费收入。主要审查"手续费及佣金收入"、"手续费及佣金支出"等明细账并抽查相关原始凭证及记账凭证,看有无将收入冲减费用或差额计税的情况。

2. 保险业审查要点

保险业以向投保者收取的全部保险费为营业额。在会计核算中,保险公司主要通过"保费收入"、"已赚保费"、"利息收入"、"手续费及佣金收入"、"其他收入"等科目核算。

(1) 将企业的纳税申报表与"保费收入"等账户相核对,看企业的纳税申报是否正确,有无少报、瞒报收入的现象。将"保费收入"明细账与有关会计凭证相核对,看有无分解收入或将费用支出冲减收入的现象。

(2) 审查分保险业务,应结合保险合同和分保账单,审查"保费收入"、"应付分保账款"、"分保费用"等明细账及有关原始凭证、记账凭证,看其保费收入是否全部纳税,有无借故付给分保人保险费,而减少应税营业额。

(3) 审查无赔款奖励业务,保险机构的无赔款奖励支出,进行冲减保费收入处理时,在计征营业税时仍要以冲减前的保费收入为计税依据,纳税人如有无赔款奖励支出,计算纳税时是否扣除了这部分支出而少缴纳营业税。

二、销售不动产、转让无形资产的审查

(一) 销售不动产审查要点

销售不动产的营业额是纳税人销售不动产向对方收取的全部价款和价外费用。由于不同的企业会计核算不同,因此,对房地产开发企业和其他企业应根据其不同特点,结合有关账册,审查其营业收入额的确认是否正确。

1. 房地产开发企业

(1) 将"主营业务收入"账与有关会计凭证相核对,同时核对纳税人开具的

"商品房发票"和"动迁房发票"存根联,看有无分解收入、减少营业额的现象。

(2) 将"主营业务收入"、"分期收款开发产品"等明细账与有关记账凭证、原始凭证以及销售合同相核对,看有无按合同规定应收取的销售款因实际未收到等原因而未转作"主营业务收入"的现象。

(3) 将"应付账款"、"预收账款"等往来明细账与有关记账凭证、原始凭证、销售合同等相核对,看有无将收入挂往来账而不纳税的现象。

(4) 纳税人以房换地时,其转让房屋的营业额是否为用来换取土地使用权的新建房屋的造价、旧有房屋的评估价格或旧有房屋的买价。

【例4-10】某房地产公司2006年10月取得售房款500万元,在售房的同时代煤气公司收取气源费50万元,并分别开具商品房发票和收款收据,将50万元记入"应付账款"账户。月末将代收气源费交煤气公司后,冲"应付账款"账,公司确认本月营业收入500万元,计算缴纳营业税500×5% =25(万元)。

要求:根据以上资料计算本月应纳营业税并加以分析说明及调账。

(1) 计算本月应纳营业税(500+50)×5% =27.5(万元)

(2) 分析说明及调账:

根据营业税暂行条例及实施细则关于营业额确定的具体规定,房地产公司代当地政府及有关部门收取的资金不论其在账务上如何核算,均应并入销售不动产的营业额。因此,该公司代收的气源费应计入当月营业收入,计算缴纳营业税,并作账务处理:

```
借:应付账款                                    25000
    营业税金及附加                              250000
    贷:应交税费——应交营业税                   275000
```

2. 其他企业

(1) 将纳税人的纳税申报表与"固定资产清理"账相核对,看纳税人出售建筑物等不动产的收入是否申报纳税,其计税依据应为出售时获得的价款,而不是从所获价款中扣除清理费等以后的净收益。

(2) 将"固定资产清理"账与有关记账凭证、原始凭证相核对,看有无分解销售不动产销售额的现象。

(3) 将"固定资产"、"营业外收入"、"营业外支出"等账户与有关记账凭证、原始凭证相对照,看有无将出售不动产的营业额未通过"固定资产清理"账户,而直接列作了营业外收支的现象。

(4) 将"固定资产"、"营业外支出"等账户与有关会计凭证相对照,看有无对外捐赠不动产的行为,捐赠不动产是否已比照销售不动产缴纳了营业税。

【例4-11】税务局相关人员对某工业企业进行纳税审查发现该企业当期出售房屋一幢,并连同房屋所在范围的土地使用权转让,取得全部收入 3500000 元,发生公证费、手续费等 50000 元,该项固定资产原值 2000000 元,已提折旧 1100000 元,企业会计作的相关账务处理如下:

①取得收入时:

借:银行存款　　　　　　　　　　　　　　　　　　3500000
　　贷:其他应付款　　　　　　　　　　　　　　　　3500000

②支付费用时:

借:固定资产清理　　　　　　　　　　　　　　　　　50000
　　贷:银行存款　　　　　　　　　　　　　　　　　　50000

③转销固定资产时:

借:固定资产清理　　　　　　　　　　　　　　　　　900000
　　累计折旧　　　　　　　　　　　　　　　　　　 1100000
　　贷:固定资产　　　　　　　　　　　　　　　　 2000000

④结转净损失:

借:营业外支出　　　　　　　　　　　　　　　　　　950000
　　贷:固定资产清理　　　　　　　　　　　　　　　 950000

相关人员认为企业将取得的收入转移挂在往来账上,未按营业税税法规定缴纳营业税,应予以纠正,作相关调账分录为:

①调整收入:

借:其他应付款　　　　　　　　　　　　　　　　 3500000
　　贷:固定资产清理　　　　　　　　　　　　　　 3500000

②补提税金:

借:固定资产清理　　　　　　　　　　　　　　　　 192500
　　贷:应交税费——应交营业税　　　　　　　　　　175000
　　　　　　——应交城建税　　　　　　　　　　　　 12250
　　　　其他应交款——教育费附加　　　　　　　　　　5250

③调整利润额:

借:固定资产清理　　　　　　　　　　　　　　　　3307500
　　贷:营业外收入　　　　　　　　　　　　　　　 3307500

④补缴税金:

借:应交税费——应交营业税　　　　　　　　　　　　175000
　　　　　——应交城建税　　　　　　　　　　　　　 12250

其他应交款——教育费附加　　　　　　　　　　　　　5250
　　　贷：银行存款　　　　　　　　　　　　　　　　　192500

（二）转让无形资产审查要点

纳税人转让无形资产向对方收取的全部价款和价外费用为计税营业额，在会计核算中记入"其他业务收入"或"其他营业收入"等账户，在确认纳税人转让无形资产的行为是否属税法规定的本税目征税范围的同时，应重点审查其确认的收入额正确与否。

（1）应审查纳税人确认的收入额正确与否，将"其他业务收入"、"其他业务支出"、"无形资产"等账户与有关记账凭证、原始凭证相对照，看有无分解收入，有无将收入直接冲减无形资产成本或其他支出的现象。

（2）将"应付账款"、"预收账款"等往来明细账与有关凭证相核对，看有无将已实现的营业额如预收定金等挂往来账而不及时缴税的现象。

（3）如果纳税人转让无形资产取得的是货物或其他经济利益审查中应注意其货物价值在合同中有无明确规定，如果没有规定可按以下顺序确定其价值：

①受让人提供的货物的当月销售价格；

②受让人同类货物的近期销售价格；

③同类货物的市场销售价格。

【例4-12】税务局相关人员对某街道办集体企业进行纳税审查，发现企业签订了一份技术所有权转让合同（已按规定贴印花税票并划销）标明转让金额为20万元，该项无形资产账面摊余值为12万元，企业会计作账务处理如下：

①取得收入时：

　　借：银行存款　　　　　　　　　　　　　　　　　200000
　　　贷：无形资产——××技术　　　　　　　　　　120000
　　　　　其他业务收入　　　　　　　　　　　　　　80000

②计提税金：

　　借：其他业务支出　　　　　　　　　　　　　　　4320
　　　贷：应交税费——应交营业税　　　　　　　　　4000
　　　　　　　　　——应交城建税　　　　　　　　　200
　　　　　　　　　——教育费附加　　　　　　　　　120

相关人员认为企业将转让无形资产取得的收入先冲抵账面摊余价值，以余额作收入，应予以调账，并补提相应的税金，故建议企业作如下调账处理：

①调增收入：

借：无形资产——××技术　　　　　　　　　　　　　　120000
　　　贷：其他业务收入　　　　　　　　　　　　　　　120000
同时，借：其他业务支出　　　　　　　　　　　　　　　120000
　　　　　贷：无形资产——××技术　　　　　　　　　120000
②补提税金：
借：其他业务支出　　　　　　　　　　　　　　　　　　6480
　　贷：应交税费——应交营业税　　　　　　　　　　　6000
　　　　　　　　——应交城建税　　　　　　　　　　　 300
　　　　　　　　——教育费附加　　　　　　　　　　　 180

第五章 所得税纳税审查代理实务

第一节 企业所得税纳税审查代理实务

企业所得税是对我国内资企业来源于中国境内、境外的生产经营所得和其他所得征收的一种收益税。企业所得税纳税审查的重点应在核实企业会计所得基础上,进行纳税调整,相关人员纳税审查的基本环节包括收入总额、税前扣除项目、应税所得额和应纳所得税额的审查。

一、收入总额的审查

企业所得税应税收入总额包括:生产经营收入、财产转让收入、利息收入、租赁收入、特许权使用费收入、股息收入、其他收入。只有明确收入总额的范围之后,才能进行具体审查。

(一)销售收入(营业收入)审查要点

销售收入(营业收入)的审查在流转税代理审查中已详细阐述,在此从略。

(二)其他业务收入审查要点

其他业务收入包括材料销售、固定资产出租、包装物出租、外购商品出售、无形资产转让、提供非工业性劳务等取得的收入。对其他业务收入应侧重审查收入的入账时间和入账金额是否正确,是否有漏记、少记其他业务收入,或者通过往来账户少记其他收入的情况,其审查方法与流转税相同。

(三)投资收益审查要点

投资收益是利润总额的重要组成部分,包括对外投资分得的利润、股息、利息、投资收回收益,以及按照权益法核算的股权投资在被投资单位增加的净资产中所拥有的数额等,扣除发生的投资损失后的所得。对于纳税人从其他企业分回利润已缴纳的所得税税款,可以在计算本企业所得税时予以调整。

(1) 根据"长期股权投资"、"交易性金融资产"、"银行存款"、"无形资产"、"固定资产"、"存货"等明细账与有关凭证及签订的投资合同与协议,核查纳税人对外投资的方式和金额,了解接受投资单位情况,如企业对投资单位是否拥有控制权,企业核算投资收益的方法是否正确,有无应按"权益法"而按"成本法"核算投资收益的问题。

(2) 根据"长期股权投资"、"银行存款"、"无形资产"、"固定资产"等明细账及有关凭证,审查向外投资时资产的计价是否正确,评估确认价值与账面净值的差额是否计入收益。

(3) 根据"长期股权投资"明细账核查纳税人溢价或折价购入债券,发生的债券溢价或折价是否在存续期间分期摊销,摊销方法及摊销额的计算是否正确有无不按规定摊销调整当期收益的问题。

(4) 根据"长期股权投资"、"交易性金融资产"、"投资收益"等明细账及其他有关资料,核查纳税人已实现的收益是否及时计入投资收益账户,有无利润分配分回实物直接计入存货等账户,未按同类商品市价或其销售收入计入投资收益的问题。

(5) 核查联营企业适用税率,有无投资方税率高于联营企业,而没有按规定补税的问题。

(6) 核查投资到期收回或中途转让所取得价款高于账面价值的差额,是否计入投资收益,有无挪作他用的问题。

(四) 营业外收入审查要点

营业外收入包括固定资产盘盈、处理固定资产净收益、罚款收入、确实无法支付而应转作收入的应付账款、教育费附加返还款等。

(1) 核查收入结算凭证,审查应计入"营业外收入"的款项,有无直接计入"盈余公积"等所有者权益账户的问题。

(2) 核查往来结算账户的明细账,对于其他应付款项长期未结转或"其他应收款"账户贷方余额长期未作处理的,应详细核查是否有应转未转的营业外收入。

【例 5-1】在 2008 年度某企业所得税汇算清缴中,税务局相关人员在"长期股权投资——其他投资"明细账中,发现上年结转投资额 500000 元,接受投资单位为某特区公司,但核查"投资收益"账户未有投资收入计入。在"其他应付款——某特区公司"明细账中,发现 12 月 30 日贷方发生额 100000 元,后附原始凭证为银行汇兑结算凭证和往来结算凭证。初步认定此笔往来款项有可能为投资分回利润。经向企业财会人员及有关负责人询问,了解到该企业于上年初投资 500000 元,与某特区公司联合经营,实现利润按投资比例分配,收到款项后,将其借记"银行存款",贷记"其他应付款"处理,未在"利润表"中"投资收益"项下列示。

该企业适用税率为 33%,联营企业某特区公司适用税率为 15%,应补缴企业所得税计算如下:

应补缴企业所得额 = 投资方分回利润额÷(1 - 联营企业税率)×(投资方税率 - 联营企业税率) - 100000÷(1 - 15%)×(33% - 15%) = 21176.47(元)

调账处理:

借:其他应付款　　　　　　　　　　　　　　　100000
　　贷:投资收益　　　　　　　　　　　　　　　　　　100000
借:投资收益　　　　　　　　　　　　　　　　100000
　　贷:本年利润　　　　　　　　　　　　　　　　　　100000
借:所得税　　　　　　　　　　　　　　　　　21176.47
　　贷:应交税费——应交所得税　　　　　　　　　　21176.47
借:本年利润　　　　　　　　　　　　　　　　21176.47
　　贷:所得税费用　　　　　　　　　　　　　　　　　21176.47

二、税前扣除项目的审查

企业在生产经营过程中会发生各种各样的成本、费用和损失,但在计算所得税时并不是全部都可列作扣除项目。税前扣除项目是指为生产、经营产品或提供劳务等所发生的按税法规定可准予扣除的各项直接费用和间接费用。相关人员审查税前扣除项目时,当会计所得与计税所得的处理不一致时,应依照税收规定予以调整。

(一)成本审查要点

成本对于企业利润和应税所得额能够产生直接影响,成本的核查也是所得税审查最为复杂的内容。

1. 外购材料的审查

(1)审查购进材料的买价、采购费用。应重点审查原始凭证是否真实合法,采购费用支出是否符合规定。

（2）审查材料入库数量及材料超定额损耗的处理。对采用实际价格核算的，应核查材料类明细账；采用计划价格核算的，则应核查"材料采购"明细账。将借方发生额，与发票、材料入库单相对照，核实账面数量、入库数量与发票数量是否相符，材料采购价格差异大小，材料损耗是否合理。

（3）审查估价入账的材料重复入账的问题。应核查材料明细账借方发生额的摘要记录，有无从同一地点购进品名、数量、金额相同（或相近）的材料，再进一步核查记账凭证及所附原始凭证，对确认的估价入账材料，月终未取得发票前是否作了红字冲销处理。

2. 发出材料的审查

（1）生产耗用材料的审查。首先，核查耗用材料数量。根据"发料凭证汇总表"和"领料单"再与"材料费用分配表"核对，如果领料单发料方向与"材料费用分配表"不一致，应核查有无非生产部门领用材料计入生产用料的。其次，核查耗用材料计价。发出材料采用计划价格核算的，可先比较各月的材料成本差异情况，如果变动幅度较大，应作为审查重点。

（2）非生产领用材料的核查。核查材料账户的贷方发生额及其对应科目，分析领料部门是否为生产管理部门。

（3）销售材料的核查。根据材料明细账贷方发生额，审查销售材料的数量、金额，销售材料的收入有无直接冲减材料成本的问题。

3. 低值易耗品的审查

（1）低值易耗品和固定资产界限的审查。根据税法有关固定资产的规定，核查企业有无将属于固定资产的生产资料按照低值易耗品处理，增加当期成本的问题。

（2）低值易耗品摊销的审查，采用"一次摊销法"的，应核查"低值易耗品"明细账的贷方发生额与"制造费用"、"管理费用"、"其他业务支出"明细账的借方发生额，注意有无以购代耗的问题；对采用"分期摊销法"的应核查"低值易耗品"的贷方发生额与"待摊费用"、"递延所得税资产"明细账的借方发生额，核查有无缩短摊销期限、提高摊销额、加速摊销的问题；采用"五五摊销法"的，应核查"低值易耗品——在库低值易耗品"账户的贷方发生额，与"低值易耗品——在用低值易耗品"账户的借方发生额，注意有无将未用的低值易耗品摊入当期成本的问题。

（3）低值易耗品残值收入的审查。根据领用部门填写的"低值易耗品报废单"核查使用期限、残值估价是否合理，报废的低值易耗品收回残料作价是否冲销已摊销价值,有无存在账外不入账或挂往来账的问题。

4. 包装物的审查

(1) 包装物出租收入的核查。根据"包装物——出租包装物"明细账借方发生额,查明包装物出租的时间和租金收入,与其他业务收入贷方发生额相核对,审查企业有无将租金收入长期挂往来账的情况。

(2) 逾期包装物押金收入的核查。根据"包装物——出租包装物"和"包装物——出借包装物"明细账的借方发生额,查明包装物出租、出借时间和期限,通过审查"其他应付款——存入保证金"、"营业外收入"账户,收取包装物押金时开具的收款发票存根联等,审查有无逾期押金长期未清理,隐瞒租金收入的问题。

5. 材料盘盈、盘亏的审查

审查"待处理财产损溢——待处理流动资产损溢"明细账,与材料盘点表相核对,核实申报的材料盘盈、盘亏数量是否相符,审查有无擅自将盘亏转账处理,盘盈长时间挂账不作处理的问题。

6. 工资及福利费用的审查

(1) 根据"工资分配表"、"职工名册"和其他有关资料,了解企业机构设置和人员配备情况,核查企业有无虚增本企业职工人数,扩大计税工资总额的问题。

(2) 根据"工资结算单"上所列工资、奖金、补贴、津贴各项,核实实际支付的工资额,是否符合规定标准,有无将非工资性的支出挤入工资总额,并擅自提高计税工资标准的问题。

(3) 了解企业有无基建工程和福利人员,将"应付职工薪酬"明细账贷方与"应付福利费"、"在建工程"明细账借方核对,核查"应付福利费"、"在建工程"借方是否有工资支出,如无工资费用发生,可从"制造费用"、"管理费用"、"产品销售费用"明细账借方发生额中查找。

7. 固定资产的审查

(1) 固定资产增加的审查。

根据"固定资产"明细账掌握新增固定资产的情况,然后核查"在建工程"明细账借方,有无运杂费或安装费等支出,有无只反映需安装的固定资产买价,但没有反映运输、安装费用的。

(2) 固定资产减少的审查。

首先,核查"固定资产"明细账贷方发生额及对应的"固定资产清理"明细账借方、"累计折旧"明细账借方,看转出的固定资产原价和已提折旧是否正确。其次，核查"固定资产清理"明细账借方发生额及原始凭证，有无不属于固定资产清理费用的支出计入。

最后，了解报废、毁损的固定资产在清理过程中取得的变价收入、减料回收、过失人赔款、保险赔款等情况，结合"营业外收入"账户，看有无清理收入未入账的问题。

(3) 固定资产折旧的审查。

固定资产折旧年限、折旧方法、预计残值一经确定，便不能任意变动。审查中应注意纳税人折旧额的变化与固定资产增减业务的对应关系。首先，根据"固定资产"明细账核实已提折旧情况，审查有无超过规定范围计提折旧的问题。其次，审查"累计折旧"明细账贷方发生额，看各月提取的折旧金额是否均衡，对于折旧额突然增加或减少，应进一步审查当月购进和使用的固定资产的情况。再次，根据"固定资产"明细账和固定资产折旧计算表，核查固定资产的折旧年限和残值率是否符合税法的有关规定，有无未经批擅自加速折旧的问题。

(4) 固定资产修理的审查。

根据"制造费用"、"管理费用"账户、发生额与"预提费用"、"长期待摊费用"、"递延收益"明细账对照，审查原始凭证是否真实、合法，有无将应构成固定资产的支出作为当期费用入账，跨年度修理费用有无提前摊销的问题。

8. 产品制造成本的审查

(1) 制造费用的审查。根据"制造费用"明细账借方发生额，对照各项费用的原始凭证，审查费用发生的内容是否归属于本期的成本等。

(2) 生产费用的审查。核查各项费用的分配标准是否恰当，"费用分配表"的分配额与该项费用账户的发生额是否相符，有无将应由下期成本承担的费用提前在本期分配，有无将不应由产品成本负担的非生产项目的费用计入。

(3) 产品成本计算的审查。将期末在产品"盘存表"与"产品成本计算单"相核对，在核实产成品、在产品数量的基础上，根据各项费用在成本中所占的比重，将生产费用在完工、在产品之间进行分配。对采用"原材料成本法"的，应核实月初、月末在产品所耗用原材料的数量和计价是否正确；如用约当产量法的，应重点核查在产品成本是否包括了全部材料成本。

9. 销售成本的审查

(1) 结转销售成本数量的审查。根据"产成品"明细账贷方发生额，结合销售发票及其他出库凭证进行核查，核对与"主营业务成本"明细账结转销售成本的数量是否一致，有无将销货退回只冲减销售收入，而不冲减主营业务成本的问题。

(2) 结转销售成本金额的审查。对采用"加权平均法"或"移动平均法"计价的企业，可根据"产成品"明细账，核查产成品的计价是否正确。具体方法与核查发出材料的方法相同。

(3) 对采用计划成本核算的企业，应审查"产品成本差异"明细账，核对计算结转销售成本的同时是否计算并结转产品成本差异。

（二）期间费用审查要点

1. 管理费用的审查

(1) 无形资产摊销的审查。根据"无形资产"账户借方发生额，结合原始凭证审查入账金额是否真实；根据税法或合同确定的无形资产摊销期限，核对"无形资产"账户贷方发生额所依据的摊销年限和摊销金额是否正确。

(2) 递延收益摊销的审查。根据"递延收益——开办费"借方发生额，结合原始凭证逐项审核列入的开办费是否真实、合法，有无将应计入固定资产、无形资产支出的费用列入开办费，或将应由投资者负担的费用支出列入开办费的问题。

(3) 坏账损失的审查。对采用备抵法核算的，应根据核实后的应收账款余额，核查提取坏账准备的基数及比例是否正确，有无审核批准的手续。

2. 财务费用的审查

(1) 利息支出的审查。根据"财务费用"明细账，审查利息费用，有无资本性利息支出（如建造、购置固定资产，开发无形资产以及筹建期的利息支出），企业集资是否经过政府有关部门的批准，集资利息支出超出规定标准部分是否进行纳税调整。

(2) 汇兑损益的审查。根据"财务费用"账户借方发生额核对"银行存款"明细账，审查企业有无不按期计算汇兑损益，虚列汇兑损失，或者汇兑收益不抵减汇兑损失的问题。

3. 销售费用的审查

根据"销售费用"明细账借方发生额，审查销售费用的列支是否真实、合理，有无将应计入材料采购成本的外地运杂费、向购货方收回的代垫费用等计入销售费用的问题。

（三）税金审查要点

税前准予扣除的税金是指企业按税法规定缴纳的消费税、营业税（营改增后涉及的行业增值税）、城市维护建设税、土地增值税、资源税和教育费附加。相关人员根据"营业税金及附加"明细账与所对应的"主营业务收入"、"应交税费"、"其他应付款"等账户进行核对,查明企业应缴、已缴税金的情况,确定税前扣除税金的实际发生额。

(四)损失审查要点

税前准予列支的损失是指企业在其经营过程中已经发生的经营亏损、投资损失、在营业外支出列支的其他损失。

1. 营业外支出的审查

(1) 在营业外支出中列支而税前不允许扣除的项目,包括各种罚款、滞纳金、赞助费、赔款等支出,在计税时未按规定调增应纳税所得额。

(2) 未经批准擅自列支非常损失和固定资产净损失,而在税前予以扣除。

2. 其他业务支出的审查

根据"其他业务支出"借方发生额审查支出的去向,看有无虚列费用问题。

【例5-2】相关人员在核查某工业企业2008年1~10月材料成本差异情况时,发现2008年2月材料成本差异率较低,决定进一步审查。根据该企业的"材料采购"、"原材料"、"材料成本差异"明细账和"材料成本差异计算表",发现材料成本的计划价格高于实际价格,2月份材料成本差异率为-2.802%。

材料成本差异率为:

(-100000-400000)÷(3000000+8000000)= -4.545%

少转材料节约差异额:

7500000×(4.545%-2.802%)=130725(元)

账务调整:(假定该产品已售出并结转了销售成本)

借:主营业务成本　　　　　　　　　　　　　130725
　　贷:材料成本差异　　　　　　　　　　　　130725

三、应纳税所得额的审查

应纳税所得额的审查是在前述收入、税前扣除项目审查、计算得出会计期间利润总额的基础上,按照税法的有关规定进行纳税调整,将会计所得调整为应税所得。

(一)纳税调整增加额的审查

第一,审查超过规定标准项目,即超过税法规定标准扣除的各种成本、费用和损失,而应予调增应纳税所得额部分。包括税法中单独作出明确规定的扣除标准，也包括税法虽未单独明确规定标准，但国家统一财务会计制度已作了规定部分。具体审核要点如以下几个方面。

(1) 工资支出。纳税人支付给职工的基本工资、浮动工资、各类补贴、津贴、奖金等。按国家税法规定的计税工资办法扣除。计税工资分为限额计税工资、"两率"控制的效益计税工资和提成计税工资。相关人员可通过审核"应付职工薪酬"账户借方发生额，凡实际发放的工资总额超过计税工资总额的部分，不能在所得税前列支，调增应纳税所得额。如果实际支付工资低于计税工资标准的，按实际支付总额在所得税前扣除。

(2) 职工福利费、职工教育经费、工会经费的扣除。纳税人提取职工工会经费、职工福利费、职工教育经费分别按照计税工资总额的2%、14%、1.5%计算，在所得税前扣除。相关人员可通过审核"应付福利费"账户贷方发生额、"管理费用——工会经费"、"管理费用——职工教育经费"明细账借方发生额，凡企业按实际发放工资总额提取的三项经费，超出按计税工资总额提取的部分，调增应纳税所得额。如果企业实际工资总额低于计税工资总额"三项经费"按实际工资总额提取。

(3) 利息支出。相关人员可通过"财务费用——利息支出"、"预提费用"、"长期借款——应计利息"明细账借、贷方发生额的审核，结合纳税人的具体情况来确定是否要调整应纳税所得额。凡纳税人在生产经营期间，向金融机构支付流动资金的借款利息，按照规定的利率、浮动利率计算的实际发生数在所得税前扣除；凡纳税人在生产经营期间，向非金融机构支付的借款利息，按照不高于金融机构同类同期贷款利率计算的数额以内的部分在所得税前扣除，按税法规定超列支的利息支出部分不得在所得税前扣除，调增应纳税所得额。

(4) 业务招待费。业务招待费是指企业在生产经营过程中发生的与生产经营有关的业务往来应酬费用。在提供确实记录或单据情况下，分别按规定比例在税前列支。相关人员对业务招待费的审查，应注意三个方面：一是以企业销售净额或业务收入净额乘以适用比例计算出准予列支的最高限额，对照"管理费用——业务招待费"实际支出总额将超支部分调增应税所得额；二是审查"经营费用"、"销售费用"等账户中有无业务招待费支出，如有应合并计算业务招待费支出总额；三是注意特殊行业业务招待费的列支标准，如：代理进出口业务的代购代销收入按不超过2‰的比例列支业务招待费，超过2‰的部分作纳税调整；城乡信用社（合作银行）业务招待费在不超过全年营业收入的5‰以内据实列支。

(5) 公益救济性捐赠。通过"营业外支出"明细账，调阅支付凭证，审查捐赠的对象、金额、列支单据，凡直接向受赠人的捐赠不允许税前扣除。通过计算法定扣除额［即扣除金额=(利润总额±纳税调整额+公益性捐赠)×3%］，若实际公益性救济性捐赠支出小于法定扣除额，据实税前列支；若实际公益性救济性捐赠超过法定扣除额，按法定扣除额在税前列支，超出部分调增应纳税所得额。

(6) 提取折旧费。相关人员主要通过审查"固定资产"、"累计折旧"账户及固定资产折旧计算表，采用验算、分析性复核等方式予以确认，凡多提折旧费用部分调增应纳税所得额。

(7) 无形资产摊销。企业未按税法规定的年限摊销无形资产，相关人员应要求企业作调账处理，以调增当期应纳税所得额。

第二，审查不允许扣除项目，即指税法不允许扣除，但企业已作为扣除项目而予以扣除的各项成本、费用和损失，应调增应纳税所得额。

(1) 资本性支出，通过审查"低值易耗品"、"管理费用"、"制造费用"、"财务费用"、"长期借款"、"在建工程"、"应付股利"等账户，确认企业有无将资本性支出作收益性支出处理，有无将应资本化的利息费用作为期间费用，若有作相关调账处理，调增应纳税所得额。

(2) 无形资产受让开发支出。根据《企业所得税暂行条例实施细则》规定：无形资产开发支出未形成资产的部分可作为支出准予扣除，已形成的无形资产不得直接扣除，须按直线法摊销。相关人员应通过"管理费用"、"制造费用"、"无形资产"等账户，结合查询等方法予以确认，判明是否要调增应纳税所得额。

(3) 违法经营罚款和被没收财物损失项目。此项是指纳税人生产、经营违反国家法律、法规和规章，被有关部门处以罚款以及被没收财物的损失，属于计算应纳税所得额时不允许扣除的项目。相关人员通过"营业外支出"、"管理费用"、"其他业务支出"等账户的审查，将上述支出金额调增应纳税所得额。

(4) 税收滞纳金、罚金、罚款项目。现行会计制度允许企业将该项支出在"营业外支出"科目中核算，故相关人员应通过"营业外支出"、"以前年度损益调整"等账户的审查，将该项支出在计算应纳税所得额时予以剔除，以调增应纳税所得额。

(5) 灾害事故损失赔偿。按税法规定，该损失赔偿的部分，在计算应纳税所得额时不得扣除，相关人员应通过"固定资产清理"、"待处理财产损溢"、"营业外支出"及"银行存款"、"其他应收款"等账户的审查，以判明企业对应该得到或已得到损失赔偿的部分账务处理是否正确，若不正确，作相关调账处理，进而调增应纳税所得额。

(6) 非公益救济性捐赠，按现行会计制度规定，该项支出也在"营业外支出"科目中核算，故相关人员也应通过"营业外支出"等科目的审核，以判明是否存在非公益救济性捐赠支出,若有,在计算应纳税所得额时,全额予以扣除,以调增应纳税所得额。同时相关人员要注意严格按税法规定,正确区分公益性救济性捐赠与非公益救济性捐赠的界限,以准确调整应纳税所得额。

(7) 各种赞助支出,是指各种非广告性质的赞助支出不得在税前列支。这里相关人员特别要注意通过对赞助支出取得原始单据的审核,以判明企业的赞助支出是否属于广告性质的赞助,若是广告性的赞助支出,可以在所得税前列支。相关人员可以审查"营业外支出"、"销售费用"等账户,调阅相关原始凭证,核实即可予以确认,对于非广告性质的赞助支出全额调增应纳税所得额。

(8) 与收入无关的支出,是指与企业生产经营无关的支出部分。企业任何费用支出,必须与应税收入有关。如企业为其他纳税人提供与本身应纳税收入无关的贷款担保,因被担保方还不清贷款由该担保纳税人承担的本息等,不得在担保企业税前扣除。相关人员在对"营业外支出"、"其他业务支出"、"管理费用"、"财务费用"等科目的审核过程中,若发现类似与企业收入无关的支出,应予以调账,进而调增应纳税所得额。

第三,审查应税收益项目,即指纳税人根据税法及有关政策规定应计入应纳税所得额的收益,以及由于其他原因少提或未计入应纳税所得额而应补报的收益。相关人员主要审查如下项目:

(1) 无赔款优待。企业参加财产保险和运输保险,按规定交纳的保险费用,准予扣除。保险公司给予企业的无赔款优待,须计入应纳税所得额。

(2) 已收回的坏账准备。企业按财政部的规定提取的坏账准备金和商品削价准备金,准予在计算应纳税所得额时扣除;纳税人已作为支出、亏损或坏账处理的应收款项,在以后年度全部或部分收回时,应计入收回年度的应纳税所得额。这里相关人员要注意按现行财务会计制度规定,企业发生的坏账损失,冲减坏账准备金,收回已核销的坏账,增加坏账准备金。此处财务制度与税法规定不同,应该遵守税法规定计入应纳税所得额,故相关人员可通过"坏账准备"、"应收账款"、"银行存款"等账户予以确认。

(3) 其他少计、未计应税收益。是指企业应计而未计或少计应纳税所得额而应补报的收益,对属于计算上的差错或其他特殊原因而多报的收益,可用"-"号表示。

(二) 纳税调整减少额的审查

主要审查按财务制度规定计入当期会计所得,而根据现行税收规定,应从当期应税所得调减的项目。

（1）审查弥补亏损。相关人员应审查企业以前年度亏损弥补期限及结转的计算是否正确，有无少转或多转亏损的问题。根据企业所得税纳税调整项目表（所得税申报表附表一）上的弥补亏损金额，对照以前年度税务机关调整后的亏损额，核实本年度可弥补亏损金额，对不符合规定的应加以调整，按调整后的金额弥补亏损。

【例5-3】某企业2004年亏损30万元，2005年盈利8万元，2006年亏损5万元，经税务机关调整，2004年亏损25万元，2006年亏损4万元。弥补亏损年度应连续5年不间断地计算，那么2004年亏损弥补期只能是2005年、2006年、2007年、2008年和2009年，2006年亏损弥补期只能是2007年、2008年、2009年、2010年和2011年。假定2007年、2008年、2009年各盈利4万元，到2009年底尚未弥补完2004年的亏损5万元，不能延续到2010年税前弥补，2006年的亏损弥补期则到2010年和2011年。

（2）审查"投资收益"、"未分配利润"，对于税后利润从应税所得中调减。如联营分回利润、股息收入、境外收益，按税法规定免予征税的所得，企业事业单位进行技术转让30万元以下的收益、治理"三废"收益、国库券利息收入等，直接从应税所得中扣除。相关人员应根据所得税申报表及附表有关项目，结合"投资收益"科目进行核查。对于企业来源于中国境外的所得已在境外缴纳的所得税税款，准予在汇总纳税时从其应纳税额中扣除。因此，应重点审查企业境外所得税款扣除限额的计算是否正确，申请抵免的境外所得税额是否有投资国税务机关填发的完税凭证原件等。

【例5-4】我国某公司2008年境内应纳税所得额300万元，该企业适用33%所得税税率。其在A国、B国各设有一分支机构，2008年所得税申报表如表5-1所示。

应纳企业所得税：

$(300+100+110) \times 330\% - (33+36.3) = 99$（万元）

表5-1　　　　　　　　联营企业分利股息收入补税表　　　　　　　单位：万元

项目	分回利润	换算应纳税所得额	应纳所得税额	税收扣除额	应补所得税额
一、联营企业分利					
1. 联营企业（税率）					
2. A国分支机构30%	70	100	33	30	3
3. B国分支机构40%	66	110	36.3	44	-7.7
合计	136	210	69.3	74	0

根据上述资料，审查该纳税人 2008 年所得税纳税情况，并作查后调账处理。

①按我国税法计算境内、境外所得应缴税款：

(300 + 110 + 100) × 33% = 168.30（万元）

②计算 A、B 两国外国税额扣除限额：

A 国扣除限额

(300 + 110 + 100) × 33% × 100 ÷ 510 = 33（万元）

B 国扣除限额

(300 + 110 + 100) × 33% × 110 ÷ 510 = 36.3（万元）

A 国分支机构实际缴纳 30 万元所得税款，低于 33 万元的 A 国扣除限额，可以全部抵免；B 国分支机构实际缴纳税款 44 万元，高于 36.3 万元的 B 国扣除限额，只能抵免 36.3 万元，差额部分应补税。

③计算应补税额：

应纳所得税：168.3 - 30 - 36.3 = 102（万元）

应补税款：102 - 99 = 3（万元）

④调账处理：

借：所得税费用		30000
贷：应交税费——应交所得税		30000
借：本年利润		30000
贷：所得税费用		30000

四、应缴入库所得税额的审查

根据企业纳税申报表应纳税额的计算，在进行减免税额或应补税额的调整的基础上，确定企业实际应缴的所得税税额，年终汇算清缴应补退所得税税额。

（一）减免税额的审查要点

根据企业申报的减免税额，核对适用的减免税政策与计算方法，确认政策依据、审批手续是否符合减免税规定，有无擅自减免或多计减免税的问题。特别是校办企业、福利企业、安置待业人员就业的劳服企业更应重点审查其减免税条件是否具备，有无虚假申报骗取减免的问题。

（二）应补税额审查要点

企业所得税的纳税方法是按期预缴，年终汇算清缴。相关人员应审查"应交税费——应交所得税"明细账借方发生额，与已缴税款原始凭证和纳税申报表相核对确定实缴税款，再将全年应缴入库的所得税额与已纳税额相核对，确定企业年终应补退所得税额。对于取得联营分回利润、股息和境外收益的企业，应审查因适用税率的差异，投资方企业应补缴的所得税额。

应补缴企业所得税并进行如下账务调整使用的主要科目：

(1) 借：在建工程　　　　　　　　　　　　　59300
　　　贷：本年利润　　　　　　　　　　　　　　　59300
(2) 借：应付账款　　　　　　　　　　　　　11700
　　　贷：本年利润　　　　　　　　　　　　　　　11700
(3) 借：应付职工薪酬——应付福利费　　　　60000
　　　贷：本年利润　　　　　　　　　　　　　　　60000
(4) 借：所得税费用　　　　　　　　　　　52941.92
　　　贷：应交税费——应交所得税　　　　　　　52941.92
(5) 借：本年利润　　　　　　　　　　　　52941.92
　　　贷：所得税费用　　　　　　　　　　　　　52941.92

第二节　外商投资企业和外国企业所得税纳税审查代理实务

外商投资企业和外国企业所得税的审查，与企业所得税相比，其重点内容与基本方法是可以相互借鉴的。本节仅就外商投资企业和外国企业纳税审查较为特殊之处作详细介绍，而与企业所得税相同的内容不再赘述。

一、应税所得额的审查

(一) 销售收入的审查要点

(1) 用"主营业务收入"明细账贷方发生额的销售数量与"自制半成品"、"产成品"、"库存商品"明细账贷方发生额转出的数量相对照，查明实际销售数量，并结合摘要栏与有关原始凭证的核对，搞清自制半成品、产成品转出的去向，看有无少计收入问题。

(2) 审查企业采取产品分成方式分得产品后，是否按规定价格计入销售收入；取得的收入为非货币资产或者权益的，是否参照当时的市场价格或评估价值计入收入。

（3）审查销货退回和销售折让的书面证明，看有无本企业开出销货退回或销售折让的红字发票、简单的书面报告和董事会批示，退回的产（商）品是否重新入库等。

（二）费用的审查要点

有关成本审查的内容与方法，详见企业所得税的有关内容，期间费用的审查内容与方法详述如下：

1. 税前不得列支费用的审查

《税法》规定了资本的利息、各项所得税税款、支付给总机构的特许权使用费、违法经营的罚款和被没收财物的损失等十项支出在计算应纳税所得额时不得列为成本、费用和损失。因此，可通过审查管理费用、销售费用及财务费用账户，审核企业是否将上述不得列支费用通过上述账户在税前列支。

2. 税前限制列支费用的审查

《税法》规定在税前限制列支的费用主要有三项，包括：贷款利息支出、交际应酬费列支、坏账准备的计提及坏账损失的列支。

（1）贷款利息支出的审查：主要包括确认企业列支的借款利率的真实性，确认企业的借款与生产、经营是否有关；了解一般商业贷款利息的标准，对比贷款合同及实际支付利息的情况，确认企业的借款利息是否属于税法规定的合理范围；注意有关的利息支出是否需要代扣所得税。

（2）交际应酬费的审查：主要包括从"管理费用"科目下的"交际应酬费"支出中抽样，审查原始凭证中金额发生的时间、地点、支出凭证是否真实地反映了当时的业务情况，是否与生产经营有关；审查交际应酬费的列支是否在税法规定的限额内；通过对"差旅费"、"董事会费"等科目的辅助审查，审查企业是否会因交际应酬费超出限额，从而将一部分交际应酬费混入上述费用中列支。

（3）坏账损失的审查着重对用备抵法核算坏账的损失的审查，包括审查坏账准备金计提的合法性和正确性；审查坏账损失的处理是否正确。此外，可根据调查询问所掌握的情况及审查企业银行存款的变化情况，审阅核对"坏账准备"账户的贷方记录内容来查证收回已核销的坏账未入账而将其私分或挪作他用的问题。

3. 对税前应分期列支费用的审查

（1）对固定资产折旧费列支的审查。主要包括对企业固定资产划分标准及范围的审查，对固定资产折旧计算的审查；对固定资产清理核算的审查。

(2) 对无形资产摊销费用列支的审查。主要包括无形资产取得途径和金额的审查；无形资产摊销的审查。

(3) 对开办费摊销费用审查，主要包括核实企业的筹办期，审查开办期与投产期的费用划分是否清楚，各项支出是否属于开办费范畴；审查开办费支出的原始凭证是否合法；审查"开办费"贷方记录，看其开办费的摊销是否从投产经营之日起计算。

4. 工资费用的审查

(1) 根据纳税人董事会决议或纪要，对照"工资分配计算表"中的工资费用，审查是否按照董事会议计提工资。

(2) 根据纳税人的工资手册、工资卡结合"工资分配计算表"与"应付工资"账户的借方发生额，审查纳税人有无改变用途或挪作他用，有无将不参加管理的外籍人员或董事会成员计提了工资，对外籍人员的工资还需核查以人民币计提而以外币支付时，企业汇兑损益的处理是否正确。

5. 总机构管理费用分摊的审查

(1) 核查向总机构支付的管理费用，是否与纳税人的生产经营有关，是否具有总机构有关分摊管理费用的文件，是否附送注册会计师的查账报告，并已履行了报批手续。

(2) 分支机构分摊管理费用的核查。外商投资企业为分支机构提供管理服务的，应该查其分摊计算是否正确。有无重复税前列支的问题。

(三) 外商投资企业分支机构汇总纳税的审查

(1) 核查"长期股权投资"、"其他应收款"账户和相关的外经贸委批文、工商登记文书资料、所得税纳税申报表等，确认外商投资企业境内、境外机构生产经营项目的性质，所得税适用税率、所得税优惠政策的适用范围，据此审查其汇总纳税应纳税额的计算是否正确。

(2) 核查纳税人在中国境内设立两个或两个以上营业机构合并纳税的情况，对于营业成本、营业费用的计算分摊是否合理，盈亏相抵的计算方法是否正确。

(四) 外国企业其他所得的审查要点

(1) 审查纳税人支付给外国投资者的利润，是否为税后利润，如果是所得税前支付的，应该代扣代缴预提所得税。

(2) 审查纳税人向外国银行、金融机构支付借款利息，有无税法列举的国际金融组织提供的优惠利率贷款，对此可享受减免税照顾，税法列举之外的其他国外金融组织、财团的贷款利息所得，企业按照规定在支付时代扣代缴预提所得税。

（3）审查纳税人专利权、专有技术的转让合同，对于支付的专有技术使用费中，是否包括与其有关的图纸、资料费、技术服务费和人员培训费用，有无未计入所得少缴税款的情况。

（4）审查纳税人有无用产品返销或交付产品等供货方式，偿还购进的设备、材料的垫付款，或用来料加工装配加工费抵付价款本金的情况，应根据企业签订的合同，重点查看纳税人的外币往来账，有无涉及预提所得税，而纳税人未履行代扣代缴义务的问题。

（五）清算所得审查要点

（1）核查委托人"实收资本"、"企业储备和发展基金"、"未分配利润"等账户的数字与清算前编制的资产负债表的数字是否相符，核查"清算损益"账户是否包括清算期间取得的资产收入，核查清算费用及有关原始凭证，核实清算过程中所发生的费用是否真实合法，有无将职工奖励及福利基金抵减了清算所得的问题。

（2）政策性减免税企业，应核算在清算期间是否享受减免税照顾，对于清算后破产的外商投资企业，如果实际经营期不满规定年限，应审查是否补缴由于享受税收优惠政策而免征、减征的所得税。

（六）外国企业常驻代表机构应税所得审查要点

（1）核查常驻代表机构的佣金、回扣收入是否全部入账，有无收入结算、支付地点在境外，或者直接支付给总机构而未计收入的情况。

（2）采取按经费支出征税方法应税所得的核查。根据纳税人的经费支出明细账，对照银行存款对账单，审查企业计税费用支出是否全部入账，有无应由纳税人负担但未在账面中反映的费用，如总机构直接支付给常驻代表机构雇员的工资可不入账，但属于该纳税人的经费支出。审查有无将发生的利息收入冲减经费支出的问题，有无属于纳税人的经费支出，如支付的滞纳金、罚款等，不应并入应纳税所得额的情况。

【例5-5】相关人员受托对某外商投资企业2007年度所得税汇算清缴进行审查，发现该公司对一部分未安装使用的机器设备计算累计折旧20万元，厂房建筑物折旧年限也不按规定，擅自按8～10年不等的年限计提折旧，比按规定折旧年限20年计提的折旧额多提了120万元；公司有3辆大客车停用了半年，仍照提折旧，多提折旧 15 万元。相关人员指出企业存在的上述问题，并建议企业作如下调账分录：

借：累计折旧　　　　　　　　　　　　　　　　1550000
　　贷：本年利润　　　　　　　　　　　　　　　1550000

并根据调账结果调增应纳税所得额 155 万元。

二、应纳所得税额的审查

（一）适用税率审查要点

（1）外商投资企业适用税率的审查。外商投资企业适用税率，是根据企业投资所在地和生产经营性质来确定的。

（2）外国企业适用税率的审查。采取按实征税方法核查应税所得。根据纳税人对外签订的合同，对照会计账簿及收支原始凭证，外国企业在中国境内设立两个或两个以上营业机构合并申报纳税，并且适用不同税率的，应分别计算各营业机构的应纳税额。按各营业机构所适用的税率纳税。对于发生亏损的营业机构，用以后年度盈利弥补完亏损时，应核查弥补后的利润是否再按该营业机构适用的税率纳税，对于擅自从低税率合并计算纳税的问题应予调整。

（二）再投资退税审查要点

（1）再投资是指外国投资者将其从企业取得利润直接用于增加注册资本，或者在提取后直接用于投资创办其他外商投资企业。在纳税人按税法规定申请退税时，要注意其再投资资金的来源及投向，用于再投资利润的所属年度，有无以免税期的分红用于投资而申请退税的，有无将正常追加投资、补充投资不足列为再投资的问题。

（2）纳税人在中国境内直接再投资创办、扩建产品出口企业或先进技术企业，可以全部退还再投资部分已缴纳的企业所得税款。相关人员审查时，除应核查载明其投资金额、投资期限的增资或者出资证明及用于再投资利润所属年度的证明外，还应核查纳税人是否有审核确认部门出具的确认创办、创建为产品出口企业或者先进技术企业的证明，有无投资于一般外商投资企业而享受 100% 退税率的问题。

（3）审查纳税人投资后的经营期是否达到 5 年，不满 5 年的，应当缴回已退税款，对于再投资于"两类企业"并按 100% 退税的，如接受投资企业 3 年内没有达到"两类企业"的标准，再投资者是否将已退税款60%补缴入库。

（4）审查再投资退税额的计算。主要包括①计算再投资退税时所使用的计算公式是否正确；②适用的退税率是否正确，有无多退少补税款；③原适用的企业所得税税率与地方所得税税率是否正确。

第三节　个人所得税纳税审查代理实务

个人所得税是对居民和非居民取得的个人所得收入征收的一种税，征税时对各项不同所得采取了不同的计税方法。所以，对个人所得税的计税依据，应该按不同项目分别审查。在日常审查业务中，涉及业务比较普遍的是工资、劳务报酬所得，利息、股息、红利所得。

一、工资、薪金所得审查要点

工资、薪金所得是通过任职和雇佣形式取得的个人收入，判定某项所得是属于工资、薪金所得还是属于劳务报酬所得，可以从纳税人与任职单位所存在的雇佣或非雇佣关系方面，判定是否属于非独立劳务，如存在雇佣关系就属于非独立劳务，应该按"工资薪金所得"税目征税，否则应该按"劳务报酬所得"税目征税。

（一）工资、薪金所得收入的审查

1. 中方个人工资、薪金收入的审查要点

（1）审查代扣代缴义务人代扣的税款有无及时申报缴纳。现行会计制度没有具体规定代扣税款在什么科目核算，但一般在以下两个科目核算：①通过"应交税费"科目核算；②通过"其他应付款"科目核算，在这两个科目下设置"代扣应交个人所得税"明细科目。审查时，查这两个科目的明细账户，看有无代扣应交个人所得税账户，看其贷方有无余额。是否已按规定期限解缴税款。

（2）对没有履行税法规定代扣代缴个人所得税的审查。个人的工资、薪金所得在代扣代缴义务人单位均在"应付职工薪酬"账户核算。企事业单位应付给职工的工资总额，包括各种工资、奖金、津贴等。审查"应付职工薪酬"账户时，根据每月会计记账凭证号码，核对记账凭证所附的工资单（工资单详细记录有基本工资、职务工资、各种补贴、津贴、奖金等），审查发给每人每月应付工资的

总额，有无达到应缴个人所得税的收入。如有，则应把其记录下来，按规定的适用税率计算出应缴的个人所得税。除审查"应付职工薪酬"账户外，还应审查"盈余公积"及"利润分配"两个科目。有的企业年终时为奖励对生产、经营有突出贡献者，往往从"盈余公积"或"利润分配——未分配利润"中提取奖金，而不通过"应付职工薪酬"账户，审查时应加以注意。

（3）审查纳税人一个月内从两个或两个以上单位或个人处取得工资薪金所得，或者取得两次或两次以上的工资薪金是否按规定合并计算纳税，有无分别计算其少纳税款的问题。了解纳税人有无外派劳务人员、双重职务人员和双重单位人员，核查从两处或两次取得的工资收入是否合并纳税。

【例5-6】相关人员对某企业全年代扣代缴个人所得税情况进行审查，发现该企业2007年1~12月每月工资计算时均作如下分录：

借：生产成本——基本生产成本　　　　　　　　　120000
　　制造费用　　　　　　　　　　　　　　　　　 36000
　　管理费用　　　　　　　　　　　　　　　　　 45000
　　应付福利费　　　　　　　　　　　　　　　　　3000
　　在建工程　　　　　　　　　　　　　　　　　　6000
　　贷：应付职工薪酬　　　　　　　　　　　　　210000
实发工资时
借：应付职工薪酬　　　　　　　　　　　　　　　210000
　　贷：现金　　　　　　　　　　　　　　　　　210000

假定企业每月工资计提发放数额均相等，经查每月工资分配情况表，发现实际签收数分别为：厂长960元/月，书记960元/月，车间主任900元/月，供销科长900元/月，行政科长850元/月，财务科长850元/月，其余74名职工月工资奖金达不到计征个人所得税标准。企业每月代扣个人所得税时

借：其他应付款（应付职工薪酬）　　　　　　　　　 31
　　贷：应交税费——应交个人所得税　　　　　　　　 31
附：个人所得税计算明细：
厂长：应纳个人所得税 =（960 - 800）×5% = 8（元）
书记：应纳个人所得税 =（960 - 800）×5% = 8（元）
车间主任：应纳个人所得税 =（900 - 800）×50% = 5（元）
供销科长：应纳个人所得税 =（900 - 800）×5% = 5（元）
行政科长：应纳个人所得税 =（850 - 800）×5% = 2.5（元）
财务科长：应纳个人所得税 =（850 - 800）×5% = 2.5（元）

要求：①扼要指出存在问题；

②正确计算应代付代缴个人所得税数额；

③计算应补个人所得税数额。

相关人员经过认真审核，认为该企业为职工个人负担个人所得税税款，未将税款计入应税所得，应将不含税收入换算成含税收入进行纳税调整。每月厂长、书记分别应纳个人所得税 =（960－800－0）÷（1－5%）×50% = 8.42（元）

每月车间主任、供销科长分别应纳个人所得税 =（900－800－0）÷（1－5%）×5% = 5.26（元）

每月行政科长、财务科长分别应纳个人所得税 =（850－800－0）÷（1－5%）×5% = 2.63（元）

每月合计代缴个人所得税 = 2×8.42＋2×5.26＋2×2.63 = 32.62（元）

全年合计应代缴个人所得税 = 12×32.62 = 391.44（元）

企业每月实际计算代缴个人所得税 = 31（元）

全年应补个人所得税 = 391.4431×12 = 391.44－372 = 19.44（元）

2. 外籍个人（包括港澳台同胞）工资、薪金收入的审查要点

外籍个人的情况比较复杂，在审查前，应了解外籍个人的工资、薪金的构成、聘任期限、职务、福利待遇，以及国籍、在中国的时间等情况。

（1）外籍个人在境内担任企业董事或高层管理职务，在境内连续或累计居住超过90日，或在税收协定规定期间在境内连续累计居住超过183日但不满一年的个人，是否对以前月份来源于中国境内而由境外支付的所得一并申报纳税。审查时，可根据外籍个人提供的派遣单位开具的原始明细工资单（包括奖金、津贴证明资料），与"个人所得税月份申报表"相对照，审核申报收入是否真实，是否按规定从入境第一日开始计算。

（2）外商投资企业的董事长同时担任企业直接管理职务，应核查其是否分别就董事长身份取得董事费和以雇员身份取得工资薪金所得征收个人所得税。对以董事费名义和分红形式取得的收入，应划分从事企业日常管理工作每月应取得的工资、薪金额，按工资、薪金所得计算纳税。

（3）企业以实物向雇员提供福利，如向外籍雇员提供的汽车、住房等个人消费品，应根据不同情况作不同的纳税处理。相关人员应核查所购房屋产权证和车辆发票，如房屋产权证和车辆发票均填写职员姓名，并满足一定条件后，房屋、车辆属于职员，这种情况应按规定申报纳税。纳税义务发生时间为取得实物的当月，将实物折合为现金，在规定工作年限内（高于5年的按5年计算）按月平均计算纳税。

(二) 税前扣除额审查要点

(1) 根据纳税人"工资结算单"对照个人所得税计算表,逐项核实扣除项目,如有无以误餐费的名义向职工发放补贴不计入工资收入而作为税前扣除的。

(2) 纳税人从两个或两个以上的单位和个人处取得工资、薪金所得应根据"个人所得税月份申报表"和"扣缴个人所得税报告表"审查有无重复计算扣除问题。特别是对外籍个人在境内担任高层管理职务,居住时间超过183日,对以前月份境外收入一并纳税时,是否有重复扣除的问题。

(三) 应纳税所得额的审查要点

(1) 核查个人所得税的计算方法。对于企业为个人负担税款的,应核查是否按规定将不含税工资薪金收入换算成含税所得计算纳税;个人一次取得数月奖金或年终加薪、劳动分红,是否单独作为一个月的工资薪金所得计算所纳税款,有无重复扣除费用问题。

(2) 核查计算个人所得税适用的税率和速算扣除数是否正确。

(3) 对于居民纳税人来源于中国境外的应税所得,按照该国税法规定实际已缴纳的个人所得税额,核查是否持有完税凭证原件,扣除额是否超过按税法规定计算的扣除限额。

【例5-7】相关人员审查某公司代扣个人所得税情况,审查2007年"应付职工薪酬"账户及"盈余公积"等账户,从每月的记账凭证中发现,该公司经理每月应发和实发工资(包括奖金、津贴)均为1420元。因其经营有方,企业超额完成上级下达的各项经济指标,经上级领导批准,年终奖励10000元,公司从"盈余公积"中提取,没有通过"应付职工薪酬"账户,同时,经查实,公司未履行代扣代缴义务代扣其个人所得税。

相关人员与企业会计人员提出了上述问题,并通过会计人员,与经理进行了沟通,该经理表示应履行纳税义务,并请相关人员代其计算应补缴个人所得税款。

相关人员按现行税法及有关具体规定,将其应补个人所得税具体计算如下:

每月所得应补个人所得税 = (1420 - 800) × 10% - 25 = 37(元)
年终一次奖金应补个人所得税 = 10000 × 20% - 375 = 1625(元)
该经理2007年度应补个人所得税 = 1625 + 37 × 12 = 2069(元)

同时做相关调账分录:

①借:其他应收款——×××　　　　　　　　　　　　　2069
　　贷:应交税费——应代扣个人所得税　　　　　　　　2069

②补缴时

借：应交税费——应代扣个人所得税　　　　　　　　　2069
　　贷：银行存款　　　　　　　　　　　　　　　　　　　　　　2069

二、其他应税所得审查

其他应税所得，包括承包承租经营所得，劳务报酬所得，特许权使用费所得，财产租赁、转让所得，利息、股息、红利所得，由于税务代理涉及较多的是劳务报酬所得和利息、股息、红利所得，故择要阐述。

（一）劳务报酬所得审查要点

企业向个人支付劳务报酬，一般是到税务机关代开"临时经营发票"，首先应审查企业取得发票是否合法，是否按规定计算纳税。纳税人为个人负担税款时，应审查是否将不含税的劳务报酬收入换算成含税收入。

【例5-8】工程师张某为某工业企业提供设计服务，取得设计收入3000元，按协议由支付单位代其缴纳个人所得税。该企业作如下处理：

(3000 - 800) × 15% - 125 = 205（元）

相关人员审查后提出调整意见如下：

该工程师不属于该企业的雇员，该企业与该工程师之间不存在雇佣关系，该工程师提供设计服务属于独立劳务活动，所以应按"劳务报酬所得"税目计算缴纳个人所得税。由于个人所得税税款是由企业负担，应将不含税收入换算成含税收入。具体计算如下：

不含税所得额：3000 - 800 = 2200（元）

应纳税所得额：2200 ÷ (1 - 20%) = 2750（元）

应纳税额：2750 × 20% = 550（元）

应补税额：550 - 205 = 345（元）

财务调整

借：营业外支出　　　　　　　　　　　　　　　　　　345
　　贷：银行存款　　　　　　　　　　　　　　　　　　　　　345

（二）利息、股息、红利所得审查要点

1. 企业向个人支付利息的审查

根据"财务费用"明细账借方发生额、"其他应付款"明细账贷方等有关凭

证，了解企业是否有职工个人集资，核查企业支付集资利息费用，对于支付的集资是否按规定代扣代缴税款，企业为个人负担税款的是否将不含税的利息收入换算成含税的收入纳税，对职工个人出资交纳的风险抵押金利息收入是否按利息所得处理。

2. 企业向个人支付股息、红利的审查

根据企业"利润分配——应付利润"明细账，及有关原始凭证审查支付对象有无个人，对于外国投资者从企业取得的股息（利润）、红利暂免征收个人所得税，对于中国公民取得的股息、红利应按规定纳税。

【例5-9】某机械厂系全民所有制企业，主要从事机械加工、汽车零配件业务，税务代理人受托对该企业2007年度个人所得税纳税情况进行审查。相关人员采取顺查法，发现该企业2007年6月12日收取个人集资款1584000元，在"财务费用"账户中发现2007年12月20日兑现个人集资利息142560元。经核对原始凭证及询问财会人员，证实了是用于兑现职工个人集资款利息，该企业未履行代扣代缴义务。

相关人员认为根据《中华人民共和国个人所得税法》第二条第七款"下列各项个人所得，应纳个人所得税……利息、股息、红利所得"及《中华人民共和国个人所得税法》第三十四条"扣缴义务人在向个人支付应税款项时，应当依照税法规定代扣代缴税款。按时缴库，并专项记载备查"的规定，该企业应补缴个人所得税。

具体补缴税款计算如下：

$142560 \times 20\% = 28512$（元）

同时作相关调账分录为：

借：其他应收款　　　　　　　　　　　　　　28512
　　贷：应交税费——应交个人所得税　　　　28512

补缴个人所得税时

借：应交税费——应交个人所得税　　　　　　28512
　　贷：银行存款　　　　　　　　　　　　　28512

第六章　其他税种纳税审查实务

第一节　印花税、土地增值税纳税审查实务

印花税就所列举的应税凭证贴花完税，征税对象种类繁多，适用税率各不相同，代理纳税审查的基本方法是对纳税人所有涉税凭证进行全面检查，以防止漏税。土地增值税因其特点，纳税审查必须结合会计核算进行，而且要特别注意会计处理与税法规定不一致需要调整的某些问题。

一、印花税纳税审查代理实务

（一）应税凭证的审查

1. 应税合同审查要点

印花税应税合同是指纳税人在经济活动和经济交往中书立的各类经济合同或具有合同性质的凭证。

（1）审查征税范围。纳税人在经济交往中书立的凭证种类很多，鉴别所书立的凭证是否具有合同性质，是判别征免的主要标准。在有关部门掌握凭证书立或领受情况后，应根据有关政策规定，对照纳税人的有关凭证从其内容、性质等方面进行审核。例如，审查纳税人有无错划凭证性质，将应税凭证划为非应税凭证，或因对政策规定理解有误，而将应税凭证作为免税凭证，造成漏纳印花税的问题。

（2）审查应税合同的计税依据。根据每一应税合同的内容审查各类经济合同上记载的计税金额，看其计税依据的确定是否正确，有无不按规定确定计税依据而多纳或少纳印花税的情况。对于已完税的应税合同，以其已纳税额除以该合同

的适用税率,便可核查出其计税依据的计算正确与否。例如,若一份合同是由两方或两方以上当事人共同签订的,有无将计税金额在当事人之间进行分摊,未按全额计税的情况。

(3)审查应税合同的适用税率。主要审查有无混淆合同性质,按低适用税率纳税的问题。例如,对载有两个或两个以上经济事项的应税合同是否分别按规定计税,即对同一合同中多个经济事项分别记载金额的,是否依适用税率计算应纳税额,按其相加后合计税额贴花;对未分别记载金额的,是否按其中一种最高的适用税率计税贴花,有无错用税率的情况。

(4)审查应税合同计税情况。对只载明数量,未标明金额的合同,是否按规定先计算出计税依据后再计算贴花;对所载金额为外国货币的合同,是否按规定先折合人民币后再计税贴花;对到期不能兑现或不能完全兑现的合同,有无将已贴印花税票揭下重用的情况。

【例6-1】相关人员受托对某银行进行纳税审查,实地观察该银行办公地点设在某大厦一至三层,并在审查其有关费用账目时发现有租金支出。询问相关人员了解到,该银行办公地系租用某大厦的财产,即要求该企业出示租赁协议文书,并对该租赁协议进行审查,发现协议未贴印花税票。租赁协议规定:办公楼一至二层年租金536.67万元,租金每年递增5%,第十年不递增,第三层年租金250万元,从第七年起租金262.5万元,并规定一至三层租期十年。租赁协议总金额8217.22万元。

相关人员认为该企业租赁协议未贴印花税票,违反了《中华人民共和国印花税暂行条例》第二条的规定,其行为属未按规定缴纳税款。根据《中华人民共和国印花税暂行条例》第三条第一款"按租赁金额的1‰缴纳印花税"的规定,要求企业补贴印花税票,82172200×1‰=82172.20(元),并作相关的调账分录:

  借:待摊费用——待摊印花税   82172.20
    贷:银行存款   82172.20

2. 其他凭证的审查要点

(1)审查营业账簿计税情况。首先,审查企业有无错划核算形式,漏缴印税的问题。例如,采用分级核算形式的纳税人,仅就财会部门本身设置的账簿计税贴花,对设置在二级核算单位和车间的明细账未按规定计税贴花的情况。其次,审查资金账簿计税情况是否正确。例如,企业"实收资本"和"资本公积"两项合计金额大于已贴花资金的,是否按规定就增加部分补贴印花税票。再次,审查其他账簿是否按规定计税贴花,除总分类账簿以外的账簿,包括日记账簿和各明细分类账等,是否按件贴花。

(2) 审查产权转移书据、权利许可证照的计税情况。了解和掌握纳税人在经济活动和经济交往中都书立、领受了哪些产权转移书据，如从政府部门领受的房屋产权证、工商营业执照、商标注册证、专利证、土地使用证等权利许可证照看其是否按规定每件贴花 5 元。

【例 6-2】某电器厂系街道办集体所有制企业，主要从事变压器制造业务。税务代理人员于 2008 年 10 月 15 日对该企业 1998 年 3 月至 10 月纳税情况进行审查。发现如下问题：该企业 2008 年 3 月成立，由街道政府投入资金 93000 元，个人投资 24600 元，合计 117600 元，实收资本 117600 元未贴印花税票，而该企业将投资记在"应付账款"科目。只在账本贴印花税票 5 元。相关人员认为企业的行为属于未足额缴纳印花税款。根据《中华人民共和国印花税票暂行条例》的规定，该企业应按实收资本的 117600 元 0.5‰贴印花税票 58.80 元。故企业应补贴印花税 58.80 元，并作相关调账分录：

①调增实收资本：
借：应付账款　　　　　　　　　　　　　117600
　　贷：实收资本　　　　　　　　　　　　　117600
②补缴印花税：
借：管理费用——印花税　　　　　　　　58.80
　　贷：银行存款　　　　　　　　　　　　　58.80

(二) 应纳税额的审查

1. 减税免税审查要点

审查时，要注意纳税人已按免税处理的凭证是否为免税合同，有无混淆征免税界限，扩大减免税范围的情况。

2. 履行完税手续审查要点

(1) 审查纳税人是否按规定及时足额地履行完税手续，有无在应纳税凭证上未贴或少贴印花税票的情况；已贴印花税票有无未注销或者未划销的情况；有无将已贴用的印花税票重复使用的问题。

(2) 审查平时"以表代账"的纳税人，在按月、按季或按年装订成册后，有无未按规定贴花完税的问题。

二、土地增值税纳税审查

对土地增值税进行纳税审查，关键是核实转让房地产所取得的收入和法定的扣除项目金额，以此确定增值额和适用税率，并核查应纳税额。

（一）转让房地产收入审查要点

纳税人转让房地产取得的收入，应包括转让房地产的全部价款及有关的经济收益。从收入的形式来看，包括货币收入、实物收入和其他收入。检查时，应着重从以下几方面进行：

（1）审查收入明细账，如房地产开发企业"经营收入"明细账，工商企业的"其他业务收入"（转让土地使用权）、"固定资产清理"（转让房地产）明细账等账户，并与房地产转让合同、记账凭证、原始凭证相核对，看企业有无分解房地产收入或隐瞒房地产收入的情况。

（2）审查往来账户，如"应付账款"、"预付账款"、"分期收款开发产品"、"其他应付款"等账户，并与有关转让房地产合同、会计凭证相核对，看有无将房地产收入长期挂账，不及时申报纳税的情况。

（3）审查房地产的成交价格，看其是否正常合理。对于转让房地产的成交价格明显偏低于评估价格，而又无正当理由的，应由评估部门进行评估，按房地产评估价格计算应纳的土地增值税。

（二）扣除项目金额审查要点

1. 审查取得土地使用权所支付的金额

按照房地产开发企业会计制度规定，实行国有土地使用权有偿使用后，企业为建办公楼房等而获得的土地使用权所支付的土地出让金，在"无形资产"科目核算；企业为房地产开发而获得的土地使用权所支付的土地出让金，在"开发成本"科目中核算。相关人员审查"无形资产"或"开发成本"账户，应与土地转让合同和有关会计凭证等相互核对，审查开发成本的分配与结转是否正确。例如，分期、分批开发、分块转让，其取得土地使用权时所支付的金额就需要在已开发转让、未开发转让的项目中进行分配，仅就对外转让部分计入扣除，审查时应根据"开发产品"、"分期收款开发产品"、"经营成本"明细账进行核实。

2. 审查房地产开发成本

房地产开发成本通过"开发成本"账户核算，开发成本的种类应按"土地开发"、"房屋开发"、"配套设施开发"和"代建工程开发"等设置明细账，按成本项目进行核算。房地产开发企业发生的开发间接费用，先通过"开发间接费用"账户核算，期末按企业成本核算办法的规定，分摊记入"开发成本"各明细账户之中。

审查房地产开发成本应着重从以下几个方面进行：

（1）审查"开发成本"明细账，并与有关会计凭证相核对，看企业成本核算是否真实、准确，有无将不属于开发房地产的成本、费用计入"开发成本"的情况；有关成本费用在各成本核算对象之间的分配和结转有无差错，有无多转"开发产品"成本的情况。

（2）审查"开发间接费用"明细账，并与有关会计凭证相核对，看有无不属于开发产品的费用计入了开发间接费用之中；已发生的开发间接费用在各成本核算对象之间的分配与结转是否合理、正确；有无多计应税项目费用而少计非应税项目费用的情况。

（3）审查"开发产品"、"分期收款开发产品"、"经营成本"各有关明细账，并与房地产转让合同、会计凭证相核对，看成本结转办法是否正确，有无虚列、多转房地产销售成本的情况。

3. 审查房地产开发费用

房地产开发费用是指与房地产开发项目有关的销售费用、管理费用和财务费用。根据现行财务会计制度规定，这三项费用作为期间费用，直接计入当期损益，不按成本核算对象进行分摊。

首先审查企业借款情况，看其借款利息支出能否按转让房地产项目计算分摊。一是利息的上浮幅度要按国家的有关规定执行，超过上浮幅度的部分不允许扣除；二是对于超过贷款期限的利息部分和加罚的利息不允许扣除。

4. 审查与转让房地产有关的税金

按房地产开发企业会计制度规定，企业转让房地产时缴纳的营业税、城市维护建设税、教育费附加，在"经营税金及附加"、"应交税费"、"其他应交款"账户核算；缴纳的印花税在"管理费用"账户中核算。审查时，应注意与土地增值税纳税申报表相核对，看其申报抵扣的税金是否正确，已缴纳的印花税，因在房地产开发费用中计入扣除，故在此不允许重复扣除。

5. 审查财政部规定的其他扣除项目

对从事房地产开发的纳税人，可按取得土地使用权所支付的金额与房地产开发成本计算的金额之和，加计20%扣除。审查时，应在核实纳税人取得土地使用权所支付的金额和房地产开发成本的基础上，按规定的扣除比例重新计算核实，看企业申报扣除的金额有无差错。

（三）应纳税额计算的审查

审查应纳税额计算是否正确的基本程序是：①核实增值额；②以增值额除以

扣除项目金额，核查增值额占扣除项目金额的比率，以此确定该增值额适用的级距、税率和速算扣除系数；③计算土地增值税应纳税额，并与企业申报数或缴纳数对照，看其税款缴纳是否正确，有无多缴或少缴的情况。

【例6-3】相关人员受托对某房地产开发公司土地增值税纳税情况进行审查，了解到该房地产开发公司本期转让土地一块，销售收入1200万元，申报缴纳土地增值税时，申报取得土地使用权及开发投资400万元，缴纳营业税、城市维护建设税及教育费附加66万元，开发费按购地款和开发成本10%扣除40万元，加计扣除20%即80万元，合计扣除项目金额586万元。

①增值额=1200-586=614（万元）
②增值率=614÷586=105%
③应交土地增值税=614×50%-586×15%=307-87.9=219.1（万元）
④已缴150万元
⑤欠缴69.10万元

相关人员经过认真审查，发现该房地产开发公司存在如下问题：

(1) 该房地产开发公司取得土地一块13000平方米使用权，支付金额500万元，未曾进行任何开发，便将7000平方米转让取得收入1200万元。

(2) 因为转让的土地没有开发，计征土地增值税时不能享受20%加计扣除。

根据以上两点，相关人员重新核实其扣除项目金额：

①取得土地使用权支付金额为：
500÷13000×7000=269.2305（万元）
②其开发费按购地款和开发成本10%予以扣除26.9231万元
③核实扣除项目金额=269.2305+66+26.9231=362.1536（万元）
④增值额=1200-362.1536=837.8464（万元）
⑤增值额占扣除项目金额的比例=837.8464÷362.1536=231%
⑥应缴纳土地增值税=837.8464×60%-362.1536×35%=502.7078-126.7538=375.954（万元）
⑦企业已缴纳土地增值税150万元。
⑧应补缴土地增值税=375.954-150=225.954（万元）
⑨企业少计提土地增值税=375.954-219.1=156.854（万元）

建议企业作相关调账分录：

借：经营税金及附加　　　　　　　　　　　　　　　156.854
　　贷：应交税费——应交土地增值税　　　　　　　　　　156.854

第二节 房产税、城镇土地使用税纳税审查实务

房产税、土地使用税的会计核算比较简单，纳税审查的针对性较强，相关人员在开展纳税审查工作时，应主要核查有关合同和会计账户，征免界限的划分，适用税率、幅度税额的确定等问题。

一、房产税纳税审查代理实务

房产税以房屋为征税对象，按照房屋的计税余值或出租房屋的租金为计税依据，向产权所有人征收，纳税审查的重点范围应是房屋原值和租金收入。

（一）自用房产审查要点

审查房产的原值是否真实，有无少报、瞒报的现象。审查"固定资产"账簿中房屋的造价或原价是否真实、完整，有无分解记账的情况。同时，要注意纳税人对原有房屋进行改建、扩建的，是否按规定增加其房屋原值，有无把其改建、扩建支出列作大修理范围处理的情况。审查纳税人"在建工程"明细账，看有无已完工交付使用的房产继续挂账，未及时办理转账手续，少记房产原值的情况。必要时要深入实地查看，看企业是否有账外房产。

（二）出租房产审查要点

（1）审查"其他业务收入"等账户和房屋租赁合同及租赁费用结算凭证，核实房产租金收入，有无出租房屋不申报纳税的问题。

（2）审查有无签订经营合同隐瞒租金收入，或以物抵租少报租金收入，或将房租收入计入营业收入未缴房产税的问题。

（3）审查有无出租使用房屋，或租用免税单位和个人私有房产的问题。

【例6-4】相关人员受托审查某企业房产税缴纳情况，从固定资产明细账查实该企业有房屋11幢，合计原值为34202200元，再查对"应交税费——应交房产税"账户的应缴税金，复核计算无误，税款亦已入库。但是，审查"其他业务收入"账户，发现有一笔固定资产出租收入62400元，核查原始凭证，这笔收入是出租长安街一幢房给某公司经营的租金收入，没有计缴房产税。

相关人员认为企业应补缴房产税,计算办法如下:

应补缴的房产税 = 62400 × 12% = 7488(元)

并作相关调账分录:

借:管理费用　　　　　　　　　　　　　　　　　　7488
　　贷:应交税费——应交房产税　　　　　　　　　　　　7488

（三）应纳税额审查要点

（1）审查征免界限的划分。对于纳税单位出租使用免税单位的房屋,或与免税单位共同使用的房屋,有无未缴房产税的问题。

（2）审查房产税计算纳税的期限。对于新建、改造、翻建的房屋,已办理验收手续或未办理验收手续已经使用的,是否按规定期限申报纳税,有无拖延纳税期限而少计税额的问题。

（3）审查房产税纳税申报表,核实计税依据和适用税率的计算是否正确,对于固定资产账户未记载的房产原值,或房产原值明显不合理的应提议纳税人按有关程序进行评估,以保证计税依据的准确完整。

二、土地使用税纳税审查代理实务

土地使用税以纳税人实际占用土地面积为计税依据,按照当地政府根据国务院制定颁布的条例和省、自治区、直辖市人民政府规定的年税额幅度确定的适用税额计算征收。在审查时,应重点审查纳税人实际占用土地的面积、减免税土地面积、适用单位税额以及税款计算缴纳等问题。

（一）应税土地面积审查要点

应税土地面积是纳税人实际占用土地的面积,它是计算土地使用税的直接依据。凡已由省、自治区、直辖市人民政府指定的单位组织测定土地面积的,以实际测定的土地面积为应税土地面积;凡未经省、自治区、直辖市人民政府指定的单位组织测定的,以政府部门核发的土地使用证书确认的土地面积为应税土地面积;对尚未核发土地使用证书的,暂以纳税人据实申报的土地面积为应税土地面积。检查时,应将"土地使用税纳税申报表"中填报的应税土地面积与实际测定的土地面积、土地使用证书确认的土地面积、"固定资产"明细账中记载的土地面积相核对,看其是否相符。

(二) 减免税土地面积审查要点

相关人员在审查过程中，应严格掌握土地使用税的减免税规定，对纳税人新征用的土地面积，可依据土地管理机关批准征地的文件来确定；对开山填海整治的土地和改造的废弃土地，可依据土地管理机关出具的证明文件来确定。另外，要审查是否将免税土地用于出租，或者多报免税土地面积的问题。

(三) 应纳税额审查要点

根据土地位置和用途，对照当地人民政府对本地区土地划分的等级及单位税额，审核纳税人适用税率是否正确。在此基础上，进一步复核土地使用税纳税申报表和有关完税凭证，审查纳税人应纳税款的计算正确与否，税款是否及时申报缴纳入库。

【例6－5】相关人员审查某运输公司2007年度土地使用税纳税情况，该公司有两个车站，一个在市区，占地34000平方米，按市政府规定该地段每平方米年应纳税额1.2元；另一个车站在市郊，占地93000平方米，按市政府规定，该地段每平方米年应纳税额0.8元，但该公司申报纳税时全按每平方米年应纳税额0.8元计算。相关人员经查实后，要求该公司纠正，并计算补缴2007年土地使用税 = 34000 × (1.2 - 0.8) = 13600（元）。并作相关调账分录：

借：管理费用　　　　　　　　　　　　　　　　13600
　　贷：应交税费——应交土地使用税　　　　　　　　13600
若跨年度审查，由调账分录为：
借：以前年度损益调整　　　　　　　　　　　　13600
　　贷：应交税费——应交土地使用税　　　　　　　　13600

第三节　资源税纳税审查代理实务

资源税的纳税人是在我国境内从事开采矿产品和生产盐的单位和个人，本节主要针对应税矿产品开采加工过程中资源税税额稽征的特点，阐述纳税审查的操作规范。

一、应税产品课税数量的审查

资源税实行从量定额征税。纳税审查首先应确定纳税人计税依据即应税产品的课税数量的确认是否准确无误。

(一) 销售应税产品审查要点

纳税人开采或者生产应税产品销售的,以销售数量为课税数量。应审查"产品销售税金及附加"、"应交税费——应交资源税"等账户,对照销售发票存根联等原始凭证,确认课税数量是否正确。对不能确认的,应以应税产品产量或主管税务机关确定的折算比换算成的数量为课税数量。

【例6-6】相关人员受托对某油田(系增值税一般纳税人)进行纳税审查,发现当期企业下列两笔经济业务异常:

(1) 用原油50吨等价换柴油互开普通发票,账务处理为:

借:原材料——燃料(柴油)　　　　　　　　30000(成本价)
　　贷:产成品——原油　　　　　　　　　　　30000(成本价)

(2) 有一笔产成品减少300吨的会计分录为:

借:银行存款　　　　　　　　　　　　　　　351000
　　贷:产成品　　　　　　　　　　　　　　　180000
　　　　其他应付款　　　　　　　　　　　　　171000

经核实该油田资源税的计算是以销售数量为课税数量,适用单位税额为10元/吨,该油田销售原油每吨不含增值税售价为1000元。相关人员认为,按现行税法及会计制度规定,用原油产品交换原材料应作销售处理,并缴纳资源税、增值税,企业用油换原材料直接冲减"产成品"成本,漏记销售收入 $50 \times 1000 = 50000$(元),少计增值税 $= 50000 \times 17\% = 8500$(元),少缴资源税:$50 \times 10 = 500$(元)。企业销售原油300吨,未记入"主营业务收入"账户收入300000元,少缴资源税3000元,增值税51000元,故予以调账处理:

(1) 调增主营业务收入。

①交换原材料业务:

借:原材料　　　　　　　　　　　　　　　　28500
　　产成品——原油　　　　　　　　　　　　　30000
　　贷:主营业务收入　　　　　　　　　　　　50000
　　　　应交税费——应交增值税(销项税额)　　8500

②未记收入的300吨业务:

借:其他应付款　　　　　　　　　　　　　　171000
　　产成品——原油　　　　　　　　　　　　　180000
　　贷:主营业务收入　　　　　　　　　　　　300000

　　　　应交税费——应交增值税（销项税额）　　　　　　　51000
（2）结转主营业务成本：
　　借：主营业务成本　　　　　　　　　　　　　　　　210000
　　　　贷：产成品——原油　　　　　　　　　　　　　　210000
（3）补提资源税：
　　借：营业税金及附加　　　　　　　　　　　　　　　3500
　　　　贷：应交税费——应交资源税　　　　　　　　　　3500
（4）结转增值税应缴税金：
　　借：应交税费——应交增值税（转出未交增值税）　　51000
　　　　贷：应交税费——未交增值税　　　　　　　　　　51000
（5）补缴资源税、增值税：
　　借：应交税费——应交资源税　　　　　　　　　　　3500
　　　　　　　　——未交增值税　　　　　　　　　　　51000
　　　　贷：银行存款　　　　　　　　　　　　　　　　54500

（二）自用应税产品审查要点

纳税人开采或者生产应税产品自用的，以自用数量为课税数量。自产自用包括生产和非生产自用。相关人员应审查"生产成本"、"制造费用"、"应交税费——应交资源税"等账户，对照领料单等原始凭证，确认自产自用数量是否正确。对不能确认的，应以应税产品产量或主管税务机关确定的折算比换算成的数量为课税数量。例如，对于连续加工而无法正确计算原煤移送使用量的煤炭，可按加工产品的综合回收率，将加工产品实际销量和自用量折算成原煤数量作为课税数量。对于无法准确掌握纳税人移送使用原矿数量的金属和非金属矿产品原矿，可将其精矿按选矿比折算成原矿数量作为课税数量。

【例6-7】相关人员审查某煤矿（系增值税一般纳税人）纳税情况，发现"生产成本"明细账借方发生额中有红字冲销额8000元，其账务处理为：

　　借：应付职工薪酬——应付福利费　　　　　　　　　8000
　　　　贷：生产成本　　　　　　　　　　　　　　　　8000

经核实，企业将宿舍区锅炉用煤直接冲减了基本生产成本，顺此线索继续审查，共查出职工生活方面用煤500吨，均以实际成本作上述账务处理，经验算该批煤炭平均生产成本为80元/吨，不含增值税售价为120元/吨，该煤矿适用的资源税税额为1.20元/吨。

相关人员认为，按《资源税暂行条例》及实施细则规定，纳税人自用应税产品，应在移送使用时按使用数量计算缴纳资源税。而该煤矿将宿舍区锅炉用煤及其他职工生活用煤直接冲减了"生产成本"，未缴纳资源税，应补缴资源税 500×1.2＝600（元），同时，企业未作视同销售处理，少计增值税销项税额＝500×120×13%＝7800（元），故建议企业作调账分录如下：

（1）补提税金：
借：应付职工薪酬——应付福利费　　　　　　　　　　　8400
　　贷：应交税费——应交增值税（销项税额）　　　　　7800
　　　　　　　　——应交资源税　　　　　　　　　　　600

（2）结转增值税应缴税金：
借：应交税费——应交增值税（转出未交增值税）　　　　7800
　　贷：应交税费——未交增值税　　　　　　　　　　　7800

（3）补缴税金：
借：应交税费——应交资源税　　　　　　　　　　　　　600
　　　　　　——未交增值税　　　　　　　　　　　　　7800
　　贷：银行存款　　　　　　　　　　　　　　　　　　8400

（三）收购应税产品审查要点

应重点审查"材料采购"、"原材料"、"应交税费——应交资源税"等账户，对照购货发票，确认收购数量及资源税的缴纳是否正确。

独立矿山、联合企业收购的未税矿产品，是否按本单位的适用资源税的单位税额，依据收购数量在收购地代扣代缴资源税。

其他收购未税矿产品的单位，是否按税法规定的单位税额，依据收购数量在收购地代扣代缴资源税。

【例6-8】相关人员对某工业企业进行纳税审查，发现企业所用煤炭不是从煤炭公司或煤矿外购的，而是从农民自开的小煤窑收购的，均未缴纳资源税。经核实，当期企业收购煤炭1000吨，每吨收购价为60元，该地区煤炭资源税单位税额为2.4元/吨。企业原账务处理为：

借：材料采购　　　　　　　　　　　　　　　　　　　60000
　　贷：银行存款　　　　　　　　　　　　　　　　　60000

验收入库后
借：原材料——煤炭　　　　　　　　　　　　　　　　60000
　　贷：材料采购　　　　　　　　　　　　　　　　　60000

相关人员认为，该企业收购未税矿产品未履行代扣代缴义务，应承担补税的

责任,故建议企业作如下调账处理:
(1) 补提代扣代缴税金:
借:原材料 2400
　　贷:应交税费——应交资源税 　　1000×2.4=2400
(2) 补缴资源税:
借:应交税费——应交资源税 2400
　　贷:银行存款 2400

二、适用税目、税率的审查

根据《资源税暂行条例》及其实施细则的规定,资源税的税目共有原油、天然气、煤炭等7个及若干个子目。其适用税额分为两个层次:一是原则性的幅度税额;二是具体的明细税额。相关人员应注意审查纳税人生产的应税产品是否属资源税产品。对照"资源税税目税额幅度表"、"资源税税目税额明细表"、地方政府有关的资源税具体规定,确定应税产品的适用税额。

三、减免税项目的审查

在审查中,应注意纳税人的减税、免税项目,是否单独核算课税数量,未单独核算或不能准确核算数量的按规定不能享受减税和免税。目前,具体的减税、免税规定为:

开采原油过程中用于加热、修井的原油,免税;

纳税人开采或者生产应税产品过程中,因意外事故或者自然灾害等原因遭受重大损失的,由省、自治区、直辖市人民政府酌情决定减税或者免税。

国务院规定的其他减税、免税项目。如独立矿山铁矿石资源税减按60%征收等。

第二部分
经典案例分析

某市工业研究所偷税违法案

一、案件来源

某市国税稽查局根据年度稽查工作计划，组成检查组于 2003 年 4 月 18 日持《税务检查通知书》对某市工业研究所增值税执行情况进行了例行检查。

二、企业基本情况

某市工业研究所（以下简称某所）原属某直辖军工科研单位。1999 年 7 月转制为企业，隶属某集团总公司。1992 年成立某轮胎发展公司。已在某市国税高新税务局办理税务登记证，经税务局同意，日常申报纳税以某所名义进行。而生产、经营、售后等业务在某公司记账、核算，年终汇总后全部以某所名义对外报送会计报表等有关资料。某所账册则负责登记营业外收支、科研费、行政事业经费的记载。某所和某公司是一个机构，一班人马，同一法人代表，同一条生产线，两块牌子。属国有企业，主营业务范围：轮胎研究、试制、制造、销售。核算方式：独立核算。经营方式：生产制造、销售。2002 年期末固定资产原值 16532241.91 元，管理人员和生产人员共计 1049 人。

三、案件违法手法及事实

（1）隐瞒销售收入。对正规单位发货收款不记销售，挂往来款。检查组通过对该所应收账、产成品、收入、税金等科目的检查和对销售处的了解、核实，发现某所（××公司）在 2002 年 1～12 月发出产品并收取货款 44393304.76 元（含税）未申报纳税。

（2）账外经营。对不需开要发票单位，使用自制的调拨单和收款收据，直接收款并发货。在做账时将所收取的货款挂在应收账款贷方，未计收入，未申报纳税。

（3）违法事实：通过对财务处和销售处检查核实：①该所2002年度采取直接收款方式发出货物（汽车轮胎）44393304.76元（含税），其中有16669544.89元（不含税）未计销售收入，未向主管税务机关申报纳税，违反了《中华人民共和国增值税暂行条例》第十九条第（一）项、第二十三条第二款、《中华人民共和国增值税暂行条例实施细则》第三十三条第（一）项规定，少缴增值税2833822.63元；

②扣除军品、农口尚有11645806.65元未计销售收入，未向主管税务机关申报纳税，违反了《中华人民共和国消费税暂行条例》第四条第一款、第十四条第二款规定，少缴消费税1164580.66元。

③该所2002年度销售货物（航空轮胎）并负责运输，向客户收取运费267629.60元（含税），未计销售收入，未向税务机关申报纳税，违反了《中华人民共和国增值税暂行条例》第六条第一款、第十九条第（一）项、第二十三条第二款及《中华人民共和国增值税暂行条例实施细则》第十二条规定，少缴增值税38893.62元。

④该所2002年度随同货物（航空轮胎、翻胎）销售而收取的包装费23642元（含税），直接冲减了销售费用，未计销售收入，未向税务机关申报纳税，违反了《中华人民共和国增值税暂行条例》第六条第一款、第十九条第（一）项、第二十三条第二款及《中华人民共和国增值税暂行条例实施细则》第十二条规定，少缴增值税3435.16元。

⑤该所2002年度转让原材料取得收入104662元（含税），未计销售收入，未向税务机关申报纳税，违反了《中华人民共和国增值税暂行条例》第十九条第（一）项、第二十三条第二款及《中华人民共和国增值税暂行条例实施细则》第三十三条第（一）项规定，少缴增值税15207.30元。

四、处理结果

根据《中华人民共和国税收征收管理法》第六十三条第一款的规定：纳税人伪造、变造、隐匿、擅自销毁账簿、《征管法实施细则》记账凭证，或者在账簿上多列支出或者不列、少列收入，或者经税务机关通知申报而拒不申报或者进行虚假的纳税申报，不缴或者少缴应纳税款的，是偷税。对纳税人偷税的，由税务机关追缴其不缴或者少缴的税款、滞纳金，并处不缴或者少缴的税款百分之五十以上五倍以下的罚款；构成犯罪的，依法追究刑事责任。

扣缴义务人采取前款所列手段，不缴或者少缴已扣、已收税款，由税务机关追缴其不缴或者少缴的税款、滞纳金，并处不缴或者少缴的税款百分之五十以上五倍以下的罚款；构成犯罪的，依法追究刑事责任。

对该所上述 1~5 项违法事实，依法追缴增值税 2891358.71 元，消费税 1164580.66 元。

五、案件点评

（1）强有力的组织领导，是检查工作取得成效的前提条件。查处资历老国有企业，尤其是科研单位，会遇到来自方方面面的阻力。在相当复杂的环境下取得显著成效，与各级领导的高度重视和大力支持是分不开的。

（2）高素质的稽查队伍，是取得成效的组织保障。在经济大潮中如何面对错综复杂，形式多样的偷税手法，如何提高税务稽查工作的综合查账能力，更进一步的利用信息手段，严厉查处偷税行为，为国家挽回损失，建立一支高素质、综合能力强的稽查队伍，也是各级税务机关的要务。

（3）科研事业单位的行政管理方法，财务制度跟不上，管理方法落后，纳税意识淡薄，也是造成此次偷税漏税的原因之一。如何进一步广泛深入的宣传国家税收政策、法律法规，提高全民纳税意识，税务部门任重道远。

（4）进一步加强老国有企业、科研单位欠税企业查账征收稽查力度，进一步加强征管工作中抽查，稽查工作中的重点检查工作，进一步提高宣传税收法规的力度、方式，使依法纳税深入人心，从而提高全民纳税意识，减少案件的发生。

思考题：

1. 从本案中你受到什么启示？对资历老的国有企业、科研企业欠税你有什么好的工作思路？

2. 对在查处国有企业、科研院所欠税案中，遇到的来自于方方面面的阻力，你有何解决经验？

某市机电中心偷漏税案

一、案件来源

某市税务稽查局收到举报,某市机电中心非法手段外购并填开(属于非运输部门填开的)运输费发票。

二、基本案情

某市机电中心于1996年5月、6月从某市仓库销售角钢,取得收入197360(含税),未计收入,未申报纳税造成少缴增值税28676.24元;分别于1997年7月11日、1999年3月16日、4月6日从某市某区某机电经营部取得三张由某市某区某机电经营部工作人员采取非法手段外购并填开(属于非运输部门填开的)运输费发票,号码分别为No.2576445、2576444、2576013,金额分别为15420元、8972.02元、9165.10元,申报抵扣了增值税进项税金2811.62元;于2000年6月6日被取消增值税一般纳税人资格,经结算其库存商品已抵扣增值税进项税金157214.85元,企业自行申报纳税22369.18元,未转出增值税进项税金129615.37元。

三、处理结果

依据《中华人民共和国增值税暂行条例》第一条 在中华人民共和国境内销售货物或者提供加工、修理修配劳务以及进口货物的单位和个人,为增值税的纳税人,应当依照本条例缴纳增值税。

第二条 增值税税率:

(一)纳税人销售或者进口货物,除本条第(二)项、第(三)项规定外,税率为17%。

（二）纳税人销售或者进口下列货物，税率为13%：

1. 粮食、食用植物油；

2. 自来水、暖气、冷气、热水、煤气、石油液化气、天然气、沼气、居民用煤炭制品；

3. 图书、报纸、杂志；

4. 饲料、化肥、农药、农机、农膜；

5. 国务院规定的其他货物。

（三）纳税人出口货物，税率为零；但是，国务院另有规定的除外。

（四）纳税人提供加工、修理修配劳务（以下称应税劳务），税率为17%。

税率的调整，由国务院决定。第十九条第（一）项，第十九条 增值税纳税义务发生时间：

（一）销售货物或者应税劳务，为收讫销售款项或者取得索取销售款项凭据的当天；先开具发票的，为开具发票的当天。

第十三条 小规模纳税人以外的纳税人应当向主管税务机关申请资格认定。具体认定办法由国务院税务主管部门制定。

小规模纳税人会计核算健全，能够提供准确税务资料的，可以向主管税务机关申请资格认定，不作为小规模纳税人，依照本条例有关规定计算应纳税额。

修订前的《中华人民共和国税收征实管理法》第三十一条、第二十条、第四十条，《国家税务总局关于贯彻实施〈中华人民共和国税收征收管理法〉有关问题的通知》对上述违法事实分别处以补征增值税161103.23元，滞纳金58936.26元。

四、案件特征

非法外购，虚开发票。

五、案件点评

（1）通过此案的查处，我们看到在新的经济形势下，企业的偷税手段越来越隐蔽，作为税务稽查人员，要跳出就账查账的稽查方法，既要注意对相关账簿凭证的审核，又要注意账户、凭证之间的内在联系，同时要多深入企业经营场所，掌握第一手资料，从中发现疑点，找准突破口，这样才能有效地打击偷税行为。

（2）在此案的查处过程中，稽查发现由于征收环节上的一些疏忽，导致了国家税款的流失，因此，在加强税收稽查的同时，仍应加强征管，特别是加强征收环节的稽核环节，加强对增值税专用发票的控管，只有这样，才能进一步的堵塞国家税款流失的漏洞。

（3）充分发挥人民群众的监督作用，建立健全监督制度，对群众举报的案件一定要高度重视，并做好查处工作。

思考题：

1. 如何加强对增值税专用发票的控管？
2. 如何充分发挥人民群众对偷税漏税的监督作用？

某市在线科技有限公司偷税案

一、案件来源

某市稽查某市税务局根据某区检察院转来的某市在线科技有限公司涉嫌偷税案，派员于2002年6月12日至6月21日对该单位进行了检查。

二、违法事实

（1）通过对以法人代表同为该经营部法人代表的另案——××××经营部的名义开具给某区教育局的发票进行追查，发现这些发票实际为在线科技有限责任公司向税务机关所购买，该公司为逃避纳税，2001年1～2月在销售货物给某区教育局、某市××国际旅游公司时采取了大头小尾分联填开的手段开具了9份货物销售普通发票，记账联、存根联金额合计70599元，发票联金额合计519682.05元，偷税88345.95元；

（2）经对其两本销售现金登记本进行检查，该公司2001年7月至2002年5月期间，采取账外经营手法购进货物553978元，进项税金80492.52元未申报抵扣，销售取得销售收入609375.80元未申报纳税，偷税8049.26元。

三、处理依据

根据修订前《中华人民共和国税收征收管理法》第四十条第一款、《中华人民共和国税收征收管理法》第六十三条、《国家税务总局关于印发〈增值税若干具体问题的规定〉的通知》、《国家税务总局关于贯彻实施〈中华人民共和国税收征收管理法〉有关问题的通知》的规定，某市税务局于2002年6月27日依照合法程序对该经营部下达了《税务处理决定书》和《税务行政处罚决定书》，对上述违法行为作补缴增值税 96395.20 元、罚款 48197.60 元、加收滞纳金 31825.23 元处理,并已执行入库完毕。

四、本案特点

大头小尾分联填开。

五、案件点评

第一,货物销售普通发票的管理,由于其客户持有联不再经过税务机关相关档案管理,相对来说比增值税专用发票的管理难度更大,纳税人采取分联填开、大头小尾填开偷税的问题,目前征收管理部门在日常税收征管中很难监控,只能通过社会进行群众监督,而社会监督,必须建立在人民群众普遍具有高度自觉纳税、纳税监督意识的社会基础之上才能取得良好的效果。现在我们所缺乏的正是这种基础,而形成这样的社会基础需要漫长的时间。因此,必须加强对普通发票的相关管理:一是借助于相关技术,使发票的记账联或存根联与发票联在开具内容上形成无法分割的关联;二是借鉴增值税专用发票的认证管理,对普通发票的管理体制进行改革,开辟新思路,将发票联纳入税务机关发票管理网络。

第二,纳税人采取账外经营手法进行偷税已是屡见不鲜。对于增值税一般纳税人来说,无外乎两种情况,一是购进不要发票或要普通发票,销售不开具发票或大头小尾、分联填开发票;二是购进货物取得专用发票不申报抵扣,销售不开具发票或大头小尾、分联填开发票。该案纳税人账外经营采取的应是第二种手法,这种情况的发现应该不存在太大问题,只要借助金税工程网即可实现:增值税专用发票的管理实行双向认证制度,即对申报抵扣进行认证,对开具亦实施认证。而对第二种手法,就目前管理水平则难以监控,必须借助于普通发票管理水平的提高、国家对现金流量的有效控制和国家对纳税人货币流量高水平的电子化网络化管理的建立。

第三,加强与检察机关的联合办案的力度,齐抓共管,建立财政资源共享和信息共享,防范偷税漏税案件的发生。

思考题:

1. 如何加快信息化手段加强对普通发票的管理工作?
2. 如何加强与检察机关的联合办案的力度?

某市某电器有限公司故意滞后取得对方企业的增值税专票进行虚假抵扣偷税案

一、案件来源

某市国税稽查某市税务局在实施年度稽查计划检查中发现本案。

二、涉案企业基本情况

某市某电器有限公司，经济类型：其他有限公司，经营地址：某市××路，经营范围：批零兼营家用电器。核算方式：独立核算。经营方式：批零兼营，2002年5月领工商执照，5月29日开业，于2002年7月17日经某市税务局批准从2002年7月1日起暂定为一般纳税人。2002年期末固定资产原值1581元；2002年全年销售收入1098061.96元，销售成本1018744.92元，期间费用114020.89元，利润总额-34703.85元。职工人数7人，法人代表：李某，财务负责人：张某。

三、违法事实

经某市税务局检查，发现：某市某电器有限公司2002年6月22日购入家电一批价值69294元，于6月26日转账支付货款10万元，对方未按照发票开具时限规定开具发票，6月份实现销售，并按小规模纳税人申报纳税共纳税额2791.54元；2002年7月1日经某市国税局批准暂定为一般纳税人后，该公司分别于7月、9月取得对方滞后开具该批货物的增值税专用发票6张，价税共计69294元（金额59225.66元，税额10068.34元）。原始记录为：7月3凭证借：库存商品72823.08元，借：应交税费12379.92元，贷：预付账款85203元，（1）No.00192992，金额：

11498.29元，税额：1954.71元，合计：13453元，（2）No.00192993，金额：12410.26元，税额：2109.74元，合计：14520元，（3）No.00192994，金额：22828.21元，税额：3880.79元，合计：26709元，（4）No.00192995，金额：11616.25元，税额：1974.75元，合计：13591元，（5）No.00192997，金额：11470.09元，税额：2459.91元，合计：16930元；（属6月货物：金额：51004.29元，税额：8670.71元，合计：59675元）9月14凭证借：库存商品86111.96元，借：应交税费14639.03元，借：预付账款79615.01元，贷：银行存款180366元，（6）No.00×××××金额：86111.96元，税额：14639.03元，合计：100450.99元，（属6月货物：金额：8221.37元，税额：1397.63元，合计：9619元）；并分别于7月、9月在向某市国税南区征收某市税务局进行纳税申报纳税时，记入增值税进项税金，并抵扣当月销售收入的销项税金。即是有意滞后取得对方的增值税专票进行虚假抵扣。根据有关规定，此项，应作进项转出处理。

四、处理依据

第一，对某电器有限公司2002年6月属小规模纳税人时，购入并销售商品，该公司分别于7月、9月滞后取得该批货物增值税专用发票6张价税共计69294元（价值59225.66元，税款10068.34元），该6张增值税专用发票进项税额10068.34元。根据《中华人民共和国增值税暂行条例》第九条，第十三条；《增值税专用发票使用规定》第三、五、六条，第八条第（三）点，已抵扣增值税10068.34元，应作进项转出处理。

第二，根据《中华人民共和国税收征收管理法》第三十二条规定，对追缴入库的增值税10068.34元，从滞纳税款之日起，每日加收万分之五滞纳金，现暂按到2003年10月8日止计算加收滞纳金，加收滞纳金为2089.07元，具体见《某市某电器有限公司滞纳金计算表》，以后应加收的滞纳金在解缴税款入库时计征。

第三，根据《中华人民共和国税收征收管理法》第63条的规定，已构成偷税，偷税金额为10068.34元，建议处以偷税额一倍罚款，计10068.34元。以上共计应补增值税10068.34元，滞纳金2089.07元，罚10068.34元。

第四，该公司2002年度向税务机关申报纳税各税种总额20720.92元。经检查调整，年度各税种应纳税总额20720.92元。现偷税金额为10068.34元。占各税种应纳税总额的48.59%。该单位上述偷税违法事实，依照《中华人民共和国刑法》第二百零一条第一款的规定，已涉嫌构成犯罪，根据《中华人民共和国税收征收管理法》第七十七条规定，可移送公安机关依法追究刑事责任。

五、本案特点

有意滞后取得对方的增值税专票进行虚假抵扣。

六、案件点评

本案虽然涉税金额不大，但确是一起典型的利用办理一般纳税人时间差，滞后取得货物增值税专用发票以偷漏税的案件。对检查新办一般纳税人企业有否故意滞后取得对方的增值税专票进行虚假抵扣的漏税行为具有指导意义。

思考题：
1. 如何加强对新办一般纳税人的税收监管？
2. 对新办一般纳税人企业的税收政策宣传工作上你有什么好的建议？

某市某卫材经营部偷税案

一、案件来源

根据群众举报材料,某市稽查局组成的检查组于2004年9月7日至2004年10月28日,持《税务检查通知书》对某市某卫生材料经营部2000年1月1日至2004年8月30日税法执行情况进行了检查。采取实地检查法和详查法,经对该经营部提供的税务登记证、发票领购簿、发票存根等纳税资料进行检查,发现该经营部存在着违反税收法律、法规的问题。

二、涉税企业基本情况

某市某卫生材料经营部,小规模纳税人,经济类型:个体,经营范围:一、二、三类医疗器械,经营方式:批零兼营,法人代表:过某,2000年1月至2003年2月该经营部经营地址:××路北巷11栋2楼1-1号,属某市国家税务局南区税务分局管辖,征收方式:定期定额征收,税务机关核定每月应纳增值税税额为120.00元。2003年1月至今经营地址:××路××花园××栋×号门面,属某市国家税务局管辖,征收方式:定期定额征收,税务机关核定每月应纳增值税税额为300.00元。

三、违法事实

经检查:该经营部2000年1月1日至2004年8月30日期间为定期定额征收户,在此期间采取直接收款、部分发票分联填开的方式向某市、县部分医院(有某市×××医院、口腔医院、第×人民医院、市中医院等医院销售货物,2000年销售收入为1306254.96元(含税),2001年销售收入为1986273.87元(含税），2002年销售收入为2196762.97元（含税），2003年销售收入为2705906.30元（含税），2004年1月至8月销售收入为818191.47元（含税））销售货物共取得含税销售收入9013389.57元（原取证证据涉及销售收入为9371494.57元，扣除取证不全的283669.20元，2000年1月1日至2004年8月30日止所取得的证据中已开出发票8304066.16元，只有发货单无销售发票的有783759.21元），应纳增值税9013389.57/1.04×4% = 346668.83（元），实际向某市国家税务局征收分局申报缴纳增值税13499.49元，共少缴纳增值税333169.34元。

四、处理意见及依据

第一，对上述违法事实，根据《中华人民共和国增值税暂行条例》第一条、第十二条、第十三条、第十九条第（一）项、《中华人民共和国增值税暂行条例实施细则》第三十三条第（一）项和《财政部、国家税务总局关于贯彻国务院有关完善小规模商业企业增值税政策的决定的通知》的规定、已造成少缴增值税333169.34元，根据《中华人民共和国税收征收管理法》第六十三条规定，予以追缴。

第二，对上述违法事实，根据《中华人民共和国税收征收管理法》第六十三条第一款和《某自治区国家税务局转发国家税务总局关于实行定期定额纳税的个体户实际经营额超过定额如何处理问题的批复》第一条和第三条第2项的规定，已构成偷税，偷税金额333169.34 − 10320×20%（扣除超定额20%）= 331105.34元，建议处以所偷税款一倍的罚款，罚款金额331105.34元。

第三，对上述违法事实，根据1995年2月28日第八届全国人民代表大会常务会常务委员会第十二次会议修正的《中华人民共和国税收征收管理法》第二十条和《国家税务总局〈贯彻实施中华人民共和国税收征收管理法〉有关问题的通知》的规定，根据《中华人民共和国税收征收管理法》第三十二条的规定，对应追缴入库的增值税税款，从滞纳税款之日起至2001年4月30日，每日加收千分之二的滞纳金；2001年5月1日起每日加收万分之五的滞纳金，现暂计算到2004年9月7日（下达税务检查通知书之日）止，共计加收滞纳金157817元（见滞纳金计算表），以后应加收的滞纳金在解缴税款入库时计征。

第四，该经营部2000年向某市国家税务局征收分局申报缴纳增值税1912.45元，经检查调整后，2000年应缴纳增值税总额为54376.82元，扣除超定额20%部分288.00元，现偷税金额为48816.12元，占应纳增值税总额89.77%。2001年向某市国家税务局征收分局申报缴纳增值税1898.63元，经检查调整后，2001

年应缴纳增值税总额为81090.44元，扣除超定额20%部分288.00元，现偷税金额为73858.35元，占应纳增值税总额91.08%。2002年向某市国家税务局征收某市税务局申报缴纳增值税1751元，经检查调整后，2002年应缴纳增值税总额为887746.20元，扣除超定额20%部分288.00元，现偷税金额为81998.50元，占应纳增值税总额93.45%。2003年向某市国家税务局征收分局申报缴纳增值税3993.24元，经检查调整后，2003年应缴纳增值税总额为111083.71元，扣除超定额20%部分720.00元，现偷税金额为99472.55元，占应纳增值税总额89.55%。2004年1月至8月向某市国家税务局征收分局申报缴纳增值税4569.28元，经检查调整后，2004年1月至8月应缴纳增值税总额为31468.90元，扣除超定额20%部分480.00元，现偷税金额为26419.62元，占应纳增值税总额84.01%。已达移送公安机关标准，建议移送公安机关。

以上合计应补增值税333169.34元，滞纳金157817.00元，并处以所偷税款一倍的罚款331105.34元，合计822091.68元。

五、案件特点

定期定额征收户，在此期间采取直接收款，部分发票分联填开的方式偷漏税。

六、案件点评

第一，定额定税征收管理是税务机关经常采用的一种税收征收管理办法。据不完全统计，目前税务机关实施税收管理的纳税人中，个体工商户（含个人独资企业）的比例达到目的80%左右，此类纳税人实行定额定税征收管理的占95%以上。还有相当一部分基层税务机关对生产经营规模小的、未建账或无能力建账的私人有限公司也按照〈个体工商户定期定额征收管理办法〉实行定期定额征收管理。尽管实行定期定额征收管理的税款规模较小，但因其涉及大多数纳税人，社会影响较大。

第二，如何面对错综复杂纳税人和形式多样的偷税手法，如何提高税务稽查工作的查账能力，如何进一步宣传国家税收政策、法律法规，提高全民纳税意识，这些都是摆在税务工作者面前的重要课题。从上述具体分析来说，在检查中，发现该企业的相关人员抱有侥幸心理：对于收款发货，所收货款挂在应收账贷方。作为企业相关人员应该懂得税收政策是实行权责发生制，有了收入就应该当期去申报。

第三，通过查处本案件，从中也看出税务的征管查工作存在着一些问题和漏洞。税收定额核定，是税务机关一项重要的自由裁量权，因此，在日常征管工作中，我们的税务部门如何加强管理，防止腐败现象的发生，税务人员认真履行职责，进一步定期加强对定额定期企业稽查工作，加强查账征收稽查力度，进一步提高宣传税收法规的规模，使依法纳税深入人心，提高全民纳税意识，是不容忽视的一项重要工作。

思考题：
1. 如何进一步加强对定额定期企业管理，你有何好的建议和措施？
2. 对定额定期企业进行税务稽查，在稽查方法方面你有何建议？

某运输集团有限责任公司待处理财产损溢未在账上作进项税额转出偷税案

一、案件来源

根据某市税务稽查局年度稽查工作计划,组成检查组于 2005 年 3 月 11 日至 2005 年 4 月 25 日,持《税务检查通知书》对某运输集团有限责任公司 2004 年 1 月 1 日至 2004 年 12 月 31 日税法执行情况进行了日常检查。采取实地检查法和详查法,经对该公司提供的 2004 年度财务报表、总账、明细账、记账凭证进行检查,发现该公司存在着下面违反税收法律、法规的问题,于 2005 年 4 月 10 日向本局呈报《立案审批表》,4 月 10 日本局批准立案检查立案。

二、企业基本情况

某运输集团有限责任公司,经济类型:国有企业,2001 年被某市国家税务局北区税务分局认定为增值税一般纳税人,经营地址:××南路 427 号,经营范围:公路运输、货运输、租赁及服务代理业务,经营方式:批零兼营,2004 年期末固定资产原值 0 元,管理人员和生产人员共计 256 人,2003 年增值税税负 1.645%,法人代表张某,财务负责人:孙某,企业办税员:孙某。

三、违法事实

2004 年 12 月待处理财产损溢科目余额 652614.58 元,经查:2004 年 12 月 31 日编号为第 38 号凭证的会计凭证反映为借:待处理财产损溢 652614.58 元,贷:库存商品 652614.58 元,未在账上作进项税额转出,也未向所属某市国家税务局征收分局申报,此项业务应作进项税额转出,其中以下几点经核实应给予减除：

（1）经核，该企业1999年4月会计误作账务一笔，1999年4月30日编号为第43#的会计凭证反映为借：库存商品9365.36元，贷：应交税费9365.36元，作进项税额转出，多缴纳增值税9365.36元，以后年度都未作调整。

（2）该企业1994年税务局核批1994年年末存货已征税款时，已扣除的积压报废材料有308791.07元，当时没有计算进项税额。现核实该企业调整库存商品金额应为343823.51元（652614.58 - 308791.07）属非正常损失，应作进项税额49084.63元（343823.51×17% - 9365.36）转出。

四、处理意见及依据

第一，对上述该企业待处理财产损溢，未在账上作进项税额转出，也未向所属某市国家税务局征收某市税务局申报的事实，已造成少缴增值税49084.63元的违法事实，根据《中华人民共和国增值税暂行条例》第十条第（五）项"非正常损失的购进货物"，《中华人民共和国增值税暂行条例实施细则》第二十二条"已抵扣进项税额的购进货物或应税劳务发生条例第十条第（二）至（六）项所列情况的，应将该项购进货物或应税劳务进项税额从当期发生的进项税额中扣减，无法准确定额该项进项税额的，按当期实际成本计算应扣减的进项税额"，《中华人民共和国税收征收管理法》第六十三条第一款"纳税人在账簿上少列、不列收入，不缴或者少缴应纳税款的，是偷税，由税务机关追缴其不缴或者少缴的税款"的规定，予以补缴增值税49084.63元。

第二，上述应予补缴的增值税，根据国家税务总局《增值税日常稽查办法》附件2《增值税检查调账办法》第二条"若余额在贷方，且'应交税费——应交增值税'账户无余额，按贷方余额数，借记本科目，贷记'应交税费——未交增值税'科目"的有关规定，经增值税检查账务调整，应入库增值税49084.63元。

第三，对该企业上述违法事实，依据《中华人民共和国税收征收管理法》第三十二条的规定纳税人未按照规定期限缴纳税款的，扣缴义务人未按照规定期限解缴税款的，税务机关除责令限期缴纳外，从滞纳税款之日起，按日加收滞纳税款万分之五的滞纳金，对应追缴入库的增值税49084.63元税款，从滞纳税款之日起，每日加收万分之五的滞纳金，对应追缴入库的增值税49084.63元现暂按到2005年3月11日（下达税务检查通知书之日）止计算，以上合计应加收滞纳金1448元，对应追缴入库的增值税49084.63元以后应加收的滞纳金在解缴税款入库时计征。

第四，对该企业上述的偷税违法事实，依据《中华人民共和国税收征收管理法》六十三条第一款："纳税人伪造、变造、隐匿、擅自销毁账簿、记账凭证，或者在账簿上多列支出或者不列、少列收入，或者经税务机关通知申报而拒不申报或者进行虚假的纳税申报，不缴或者少缴应缴税款的，是偷税。"的规定，该企业上述的违法事实已构成偷税，偷税金额49084.63元，建议处以所偷税款的一倍的罚款，罚款金额为49084.63元。

第五，该企业2004年度向主管税务征收机关申报纳税各税种总额为513465.58元，经检查调整后，年度各税种应纳税总额为562550.21元。现偷税金额为49084.63元，占各税种应纳税总额8.73%，根据《中华人民共和国刑法》第二百零一条的规定，未涉嫌犯罪，根据《中华人民共和国税收征收管理法》第七十七条的规定，建议不移送公安机关查处。

以上合计应补增值税49084.63元，滞纳金1448.00元，建议罚款49084.63元，合计99617.26元。

五、本案特点

经批准的积压报废材料未做进项税转出。

六、案件点评

这个案件是众多小企业普遍存在的漏税现象，大多数相关人员在材料和产品报损后，存在侥幸心理，对报批后的产品和材料不做进项税额转出，税局查到就补，查不到就漏税。因此，加强对有此项工作的管理尤其重要。可以从以下几个方面来抓：

第一，加强税收征收信息化的建设，在企业报损失备案审批时，建立信息网，企业当月报损，次月纳税申报时必须进行进项转出，征收和稽查、前台后台联网，确保税源的及时入库。

第二，加强对税务人员的培训工作，尤其是信息化，无纸化的学习。对有条件的×市税务局配备各种信息化设备，提高办公智能化。

第三，建立稽查信息体系，为稽查实施提供充分的依据。

首先，要制订全面的计算机开发和应用规划，搞好计算机监控网络建设，充分发挥"集中征收"和计算机网络的功能，科学管理纳税人报送信息、税务管理信息、税务稽查信息等信息资料库。其次，是密切注意社会协税护税网络提供的信息。通过利用联席会议、群众举报等形式，多渠道获取纳税人资料信息，可以建立包括工商、国地税、银行、公检法、计委等部门在内的整体联动制，形成税务信息情报网络，人机结合，提高工作效率。

第四，规范税收执法行为，加大税务稽查力度。

制定税务稽查协调工作制度。使稽查各环节职责明确，指标过硬，衔接顺畅，确保良好运行。更要加大处罚力度。要查处一批，震慑一片，在能征善查的技能素质下，公正执法，检查不论成分，处罚不看身份，税法面前一律人人平等。

思考题：

1. 如何理解税法面前人人平等？
2. 如何做好文明执法？

某药业有限责任公司对需要退回发票作废重开的增值税应抵扣进项税漏税案

一、案件来源

根据某市税务局年度稽查工作计划在稽查中发现。

二、涉案企业基本情况

某药业有限责任公司成立于1998年3月10日，1999年5月17日被某市国家税务局南区分局暂认定为增值税一般纳税人；经营地址：某市高新区骖鸾路，经营范围：畜用药（散剂、片剂、丸剂、溶液剂、水针剂）、饲料生产销售，经营方式：生产制造，职工88人，法人代表赖某，财务负责人罗某。

三、检查情况

经查：该公司2003年9～11月（所属期）账簿、记账凭证、会计报表、纳税申报表、抵扣明细表及取得的增值税专用发票等纳税资料。该公司2003年9月21日取得一张黄冈市宏亚药业有限责任公司2003年9月2日开具的增值税专用发票，发票号码为00348420，金额：1260.68元，税额为214.32元。于9月22日送某市国税秀峰税务局认证，并把发票入会计账，认证后，9月29日黄冈市宏亚药业有限责任公司来电话告知：该企业发现00348420发票开错某药业有限责任公司名称，需要退回该发票作废重开，某药业有限责任公司请示某市国税秀峰税务局后，税局要求在当月认证结果清单上写明情况，要求在当月进项发票中，扣除此发票的进项税214.32元，企业于2003年9月30日将此发票（连同抵扣联）寄回给对方单位，但企业在申报纳税时，企业办税人员抵扣了不该抵扣的此发票的进项税 214.32 元；2000 年 10 月 25 日某药业有限责任公司取得对方 2003 年 9 月 20 日重开一张增值税专用发票号码 00348838（金额、税款相同），相关人员于 2003 年 10 月 28 日认证，在 11 月申报、抵扣。根据有关规定，某省斯达药业有限责任公司将增值税专用发票 00348420，不该抵扣的进项税 214.32 元，在 10 月已抵扣，此项，不该抵扣的增值税进项税 214.32 元应作进项转出。

四、处理依据

第一，某药业有限责任公司 2003 年 9 月 21 日取得一张黄冈市宏亚药业有限责任公司 2003 年 9 月 2 日开具的增值税专用发票，发票号码为 00348420，金额：1260.68 元，税额为 214.32 元，于 2003 年 9 月 30 日将此发票（连同抵扣联）寄回给对方单位作废重开，但企业在申报纳税时，企业办税人员忘记了此事，造成已抵扣不该抵扣发票的进项税 214.32 元，根据《中华人民共和国增值税暂行条例》第九条、《增值税专用发票使用规定》第八条第一款，已抵扣增值税 214.32 元，应作进项转出处理。

第二，上述行为，根据《中华人民共和国税收征收管理法》第六十三条规定，已构成偷税，偷税金额 214.32 元，处以所偷税款的一倍罚款，罚款金额为 214.32 元。

第三，根据《中华人民共和国税收征收管理法》第三十二条规定，对追缴入库的增值税 214.32 元，从滞纳税款之日起，每日加收万分之五滞纳金，现暂按到 2003 年 11 月 19 日（下达税务检查通知书之日）止计算加收滞纳金，加收滞纳金为 4.29 元，具体见《某药业有限责任公司滞纳金计算表》，以后应加收的滞纳金在解缴税款入库时计征。

共计应补增值税 214.32 元，罚款 214.32 元，滞纳金 4.29 元。

五、案例点评

此案涉及金额虽然不大，但是极具有代表性。

根据《国家税务总局〈关于进一步做好增值税纳税申报"一窗式"管理工作〉的通知》第一条的规定增值税一般纳税人发生销售货物、提供应税劳务开具增值税专用发票后，如发生销货退回、销售折让以及原蓝字专用发票填开错误等情况，视不同情况分别按以下办法处理：

第一，销货方如果在开具蓝字专用发票的当月收到购货方退回的发票联和抵扣联，而且尚未将记账联作账务处理，可对原蓝字专用发票进行作废。即在发票联、抵扣联连同对应的存根联、记账联上注明"作废"字样，并依次粘贴在存根联后面，同时对防伪税控开票子系统的原开票电子信息进行作废处理。如果销货方已将记账联作账务处理，则必须通过防伪税控系统开具负数专用发票作为扣减销项税额的凭证，不得作废已开具的蓝字专用发票，也不得以红字普通发票作为扣减销项税额的凭证。销货方如果在开具蓝字专用发票的次月及以后收到购货方退回的发票联和抵扣联，不论是否已将记账联作账务处理，一律通过防伪税控系统开具负数专用发票扣减销项税额的凭证，不得作废已开具的蓝字专用发票，也不得以红字普通发票作为扣减销项税额的凭证。

第二，因购货方无法退回专用发票的发票联和抵扣联，销货方收到购货方当地主管税务机关开具的《进货退出或索取折让证明单》的，一律通过防伪税控系统开具负数专用发票作为扣减销项税额的凭证，不得作废已开具的蓝字专用发票，也不得以红字普通发票作为扣减销项税额的凭证。根据962号文的规定已经说明，除去退货外只有原发票开具错误，才可以退回给销货方重新开具增值税专用发票发票（实际操作先按原错票内容开具一张负数发票，然后再按正确的内容开具一份蓝字发票交给购货方）。

第三，该企业对此笔业务应该作进项税转出，将此发票复印（包括抵扣联）后将原票退回对方，同时让对方重开一份，复印件留存，待该企业主管税务局的协查函来后，由该企业要写一个说明，连同付款凭证、转出凭证、抵扣凭证一并交给税务机关。

思考题：

1. 发生销货退回、销售折让以及原蓝字专用发票填开错误等情况，应当如何处理？
2. 税务机关如何加强对"作废"增值税专用发票的检查的管理？

某市某被服厂非正常损失的购进货物少调整进项税漏税案

一、案件来源

根据某市税务局年度稽查工作计划在稽查中发现。

二、涉案企业基本情况

某市税务局某区局认定为增值税一般纳税人，经营地址：××南路25号，经营范围：出口本企业自产羽绒及各类制品、销售羽绒制品服装，经营方式：生产制造，2003年期末固定资产原值897438.89元，管理人员和生产人员共计340人，2002年增值税税负12％，法人代表曾某，财务负责人：龙某，企业办税员：龙某。

三、违法事实

（1）2003年分期收款发出商品明细账上年结转余额48251.99元，追查到1999年发现：1999年6月30日编号为第101#的会计凭证反映为借：分期收款发出商品48251.99元，贷：产成品48251.99元，（1997年12月23日调拨单注明售价83040.00元），根据产品调拨单出库记录表明，证明此项业务1997年12月23日确已发出产成品，未在账上列销售收入83040.00元，历年来也未向所属某市国家税务局申报纳税。

（2）2003年3月31日编号为第86#、87#、88#的会计凭证反映调整产成品账金额1415974.69元，例：第86#为借：利润分配825194.13元，贷：产成品825194.13元，经核实，该项业务属于企业根据2003年某市国税北区稽查局处理决定书作的账务调整,该处理决定书应调整金额 761174.20 元,企业多调整产成品金额 388451.48 元(1415974.69 - 761174.20 - 266349.01 = 388451.48 元),附:266349.01 元为 94~95 年少结转销售成本,经核实多调整产成品金额为非正常损失,应作进项税额转出。

四、处理意见及依据

第一,对上述(1)1997 年 12 月 23 日发出产成品,未在账上列销售收入 83040.00 元,未向税局申报纳税的事实,已造成少缴增值税 83040/1.17 × 17% = 12065.64 元的违法事实,根据《中华人民共和国增值税暂行条例》第十条第(五)项"非正常损失的购进货物",《中华人民共和国增值税暂行条例实施细则》第二十二条"已抵扣进项税额的购进货物或应税劳务发生条例第十条第(二)至(六)项所列情况的,应将该项购进货物或应税劳务进项税额从当期发生的进项税额中扣减,无法准确定额该项进项税额的,按当期实际成本计算应扣减的进项税额",《中华人民共和国税收征收管理法》第六十三条第一款"纳税人在账簿上少列、不列收入,不缴或者少缴应纳税款的,是偷税,予以补缴增值税 12065.64 元。

第二,对上述(2)对非正常损失的产成品 388451.48 元,根据《中华人民共和国增值税暂行条例》第十条第(五)项"非正常损失的购进货物",《中华人民共和国增值税暂行条例实施细则》第二十二条"已抵扣进项税额的购进货物或应税劳务发生条例第十条第(二)至(六)项所列情况的,应将该项购进货物或应税劳务进项税额从当期发生的进项税额中扣减,无法准确定额该项进项税额的,按当期实际成本计算应扣减的进项税额",应作进项税额转出 43452.18 元(388451.48 × 65.80% × 17% = 43452.18 元)。

第三,上述应予补缴的增值税,根据国家税务总局《增值税日常稽查办法》附件 2《增值税检查调账办法》第二条若余额在贷方,且"应交税费——应交增值税"账户无余额,按贷方余额数,借记本科目,贷记"应交税费——未交增值税"科目的有关规定,经增值税检查账务调整,应入库增值税 55517.82 元。

第四,对上述(1)的违法事实,依据《中华人民共和国税收征收管理法》第六十三条第一款"纳税人在账簿上少列、不列收入,不缴或者少缴应纳税款的,是偷税,由税务机关追缴其不缴或者少缴的税款"的规定,的规定,已构成偷税,偷税金额 12065.64 元,建议处以所偷税款的一倍罚款,罚款金额 12065.64 元。

第五,对该公司上述第(1)、(2)项的违法事实,《国家税务总局〈贯彻实施中华人民共和国税收征收管理法〉有关问题的通知》、1995年2月28日第八届全国人民代表大会常务会常务委员会第十二次会议修正的《中华人民共和国税收征收管理法》第二十条、《中华人民共和国税收征收管理法》第三十二条的规定，对应补缴入库的增值税税款55517.82元，从滞纳税款之日起，每日加收万分之五的滞纳金，现暂到2004年7月15日（下达税务检查通知书之日）止计算加收滞纳金加收增值税滞纳金46134.22元（见滞纳金计算表），以后应加收的滞纳金在解缴税款入库时计征。

第六，该厂2003年度向主管税务征收机关申报纳税各税种总额为451403.32元，经检查调整后，2003年度各税种应纳税总额为526322.36元。现偷税金额为43452.18元，占各税种应纳税总额8.26%，以上合计应补增值税55517.82元，滞纳金46134.22元，建议罚款12065.64元，合计113717.68元。

五、案件点评

根据增值税相关法律之规定，增值税一般纳税人依法取得增值税进项专用发票的，该专用发票注明之增值税进项税额，可以在当期申报缴纳增值税时，从销项税额中予以抵扣，从而减少增值税的应纳税额。但是，并非企业取得的所有合法有效的增值税专用发票的进项税额均可抵扣。相反，增值税相关法律规定了进项税不予抵扣的多种情形，如果企业错误的在此种情形下将增值税进项税予以了抵扣，则依法应当作进项税额的转出。

根据《中华人民共和国增值税暂行条例》第十条"下列项目的进项税额不得从销项税额中抵扣：（五）非正常损失的购进货物"，以及《中华人民共和国增值税暂行条例实施细则》第二十二条"已抵扣进项税额的购进货物或应税劳务发生条例第十条第（二）至（六）项所列情况的，应将该项购进货物或应税劳务的进项税额从当期发生的进项税额中扣减"之规定，企业发生非正常损失的购进货物，其进项税额不得从销项税额中抵扣。如果企业在货物发生非正常损失之前，已将该购进货物的增值税进项税额实际申报抵扣，则应当在该批货物发生非正常损失的当期，将该批货物的进项税额予以转出。

该企业原依法可以申报抵扣，并已实际申报抵扣的所购原材料进项税额，即予以转出该部分货物的进项税额，但该企业却没有依法及时转出，在发现当期申报增值税时也没有将该转出在纳税申报表上予以反映，并据以补缴税款，从而造成了不缴或者少缴税款的结果，根据《中华人民共和国税收征收管理法》第六十三条的规定，该企业的行为属于进行虚假的纳税申报，不缴或少缴应纳税款的偷税行为，应依法予以处理。

思考题：

1. 《中华人民共和国增值税暂行条例》第十条规定，哪些项目的进项税额不得从销项税额中抵扣？

2. 《中华人民共和国增值税暂行条例实施细则》中规定：已抵扣进项税额的购进货物或应税劳务发生，什么情形下，应将该项购进货物或应税劳务的进项税额从当期发生的进项税额中扣减？

某市阀门总厂待处理财产损溢偷税案

一、案件来源

根据某市稽查局年度工作计划，由两位稽查人员组成的检查组于 2005 年 6 月 6 日至 2005 年 6 月 10 日，对某市阀门总厂 2004 年 1 月 1 日至 2004 年 12 月 31 日税法执行情况进行了检查。采取实地检查法和详查法，经对该厂提供的 2004 年度财务报表、总账、明细账、记账凭证进行检查，发现该厂存在着下面违反税收法律、法规的问题。

二、涉案企业基本情况

某市阀门总厂，经济类型：国有企业，1994 年被某市国家税务局认定为增值税一般纳税人，经营地址：××街，经营范围：中、低阀门，经营方式：生产制造，2004 年期末固定资产原值 6406932.40 元，管理人员和生产人员共计 243 人，2003 年增值税税负 7.79%，法人代表：王某，财务负责人：李某，企业办税员：李某。

三、违法事实

经查：2004 年 9 月 21 日编号为第 81#的会计凭证反映为借：以前年度损益调整 4063930.30 元，贷：待处理财产损溢——单位 2282724.59 元，待处理财产损溢——材料 479163.91 元，待处理财产损溢——产品 1063905.38 元，待处理财产损溢——材料盈亏 123411.19 元。待处理财产损溢——产品 1063905.38 元，未在账上作进项税额转出，也未向所属某市国家税务局申报，此项业务应作进项税额转出，其中该企业 1993 年税务局核批 1994 年年末存货已征税款时，有待处理财产损溢 573646.69 元，当时没有计算进项税额。经核实该企业调整待处理财产损溢金额应为 490258.69 元（1063905.38－573646.69）属非正常损失，材料占产成品比例为 53.3%（见 2004 年产成品生产志本表）应作进项税额 44422.34 元（490258.69×53.3%×17%）转出。

四、处理意见及依据

第一，对上述该企业待处理财产损溢，未在账上作进项税额转出，也未向所属某市国家税务局申报的事实，已造成少缴增值税 44422.34 元的违法事实，根据《中华人民共和国增值税暂行条例》第十条第（五）项"非正常损失的购进货物"，《中华人民共和国增值税暂行条例实施细则》第二十二条"已抵扣进项税额的购进货物或应税劳务发生条例第十条第（二）至（六）项所列情况的，应将该项购进货物或应税劳务进项税额从当期发生的进项税额中扣减，无法准确定额该项进项税额的，按当期实际成本计算应扣减的进项税额"，《中华人民共和国税收征收管理法》第六十三条第一款"纳税人在账簿上少列、不列收入，不缴或者少缴应纳税款的，是偷税，由税务机关追缴其不缴或者少缴的税款"的规定，予以补缴增值税 44422.34 元。

第二，对该企业上述违法事实，依据《中华人民共和国税收征收管理法》第三十二条的规定纳税人未按照规定期限缴纳税款的，扣缴义务人未按照规定期限解缴税款的，税务机关除责令限期缴纳外，从滞纳税款之日起，按日加收滞纳税款万分之五的滞纳金，对应追缴入库的增值税 44422.34 元税款，从滞纳税款之日起，每日加收万分之五的滞纳金，对应追缴入库的增值税 44422.34 元现暂按到 2005 年 6 月 6 日（下达税务检查通知书之日）止计算，以上合计应加收滞纳金 5175.20 元，对应追缴入库的增值税 44422.34 元以后应加收的滞纳金在解缴税款入库时计征。

第三，对该企业上述的偷税违法事实，依据《中华人民共和国税收征收管理法》第六十三条第一款的规定，对纳税人偷税的，由税务机关追缴其不缴或者少缴的税款，滞纳金，并处不缴或者少缴的税款 50% 以上五倍以下的罚款，该经销部偷税金额 44422.34 元，建议处以所偷税款的一倍的罚款，罚款金额为 44422.34 元。

第四，该企业 2004 年度向主管税务征收机关申报纳税各税种总额为 803658.48 元，经检查调整后，年度各税种应纳税总额为 848080.82 元。现偷税金额为 44422.34 元，占各税种应纳税总额 5.24%，根据《中华人民共和国刑法》第二百零一条的规定，未涉嫌犯罪，根据《中和人民共和国税收征收管理法》第七十七条的规定，建议不移送公安机关查处。

以上合计应补增值税 44422.34 元，滞纳金 5175.20 元，建议罚款 44422.34 元，合计 94019.88 元。

五、案例点评

此案是待处理财产损溢挂账，未在账上作进项税额转出，也未向所属某市国家税务局申报，而产生的偷税漏税行为。

待处理财产损溢是指在清查财产过程中查明的各种盘盈、盘亏、毁损的价值。经常设置两个明细科目，即"待处理固定资产损溢"、"待处理流动资产损溢"。待处理财产损溢在未报经批准前与资产直接相关，在报经批准后与当期损溢直接相关。因此对待处理财产损溢的检查不容忽视。

第一，检查"待处理财产损溢"贷方发生额是否长期挂账。制度规定，企业清查的各项财产损溢，应于期末前查明原因，并根据企业的管理权限，经股东大会、董事会，或经理（厂长）会议等类似机构批准后，在期末结账前处理完毕。如果清查的各项财产损溢，在期末结账前尚未批准的，在对外提供财务报告时应先按核算规定进行处理，并在会计报表附注中作出说明。检查时，如果企业盘盈的财产跨年度仍然挂账，就有可能是故意利用"待处理财产损溢"账户隐瞒已经报经批准的财产损溢，从而减少当期应纳税所得额。因此应在了解企业待处理财产损溢处理制度的基础上，直接审查其明细账贷方发生额的账龄，以判断企业是否存在故意挂账的行为。

第二，检查"待处理财产损溢"的会计处理。如果是流动资产损溢，应审查流动资产盘点表单价是否与材料、库存商品明细账相符。如果是固定资产损溢，要特别注意企业是否有随意估价的行为，应要求企业提供计价的原始资料。通过审查这些资料，来确定其计价的正确性。财产清查后，发现财产损溢不按规定处理、不通过"待处理财产损溢"账户进行过渡处理，或将盘盈资产挂在往来账上，从而导致账实不符，总账、明细账不符的现象，应检查"固定资产"、"原材料"、"库存商品"等明细账借方，通过分析摘要，找到相应的会计凭证并对原始凭证进行重点检查。也可以直接审查盘点表，查明是否属于盘盈财产，再查实其是否按会计制度进行了相关正确的会计处理。

第三，检查企业发生的财产盘亏或毁损，是否将责任单位、个人赔款、残料价值等作为损失的减项扣除。对此，检查人员应查看企业有关权限机构对财产盘亏或毁损批准处理的文件，明确责任事故必须有责任单位和人员进行赔偿，如果是毁损，应当有残值入账。如果经检查发现账上无上述记录，则可能将赔款或残值转作了账外账。

第四，检查企业存货发生的非正常损失，是否作增值税进项税额转出处理。检查方法是看"待处理财产损溢——待处理流动资产损溢"的借方发生额，通过账户记录，找到相对应的会计凭证，看其对应科目是否同时有增值税进项税额转出的会计处理。如果会计分录没有反映增值税进项税额转出，核实后，调减增值税进项税额并作出相应的账务处理。

思考题：
1. 待处理财产损溢科目的性质是什么？
2. 待处理财产损溢科目的账龄反映了什么？

某市某电动车工业有限公司故意滞后取得增值税专票进行虚假抵扣偷税案

一、案件来源

某市国家税务局根据稽查工作计划，由两位稽查人员组成的检查组于2005年4月，对某市某电动车工业有限公司2004年1月1日至2004年12月31日税法执行情况进行了日常检查。发现该公司存在着下面违反税收法律、法规的问题。

二、涉案企业基本情况

某市某电动车工业有限公司纳税识别号为×××00000000××××，经济类型：有限责任公司，2003年7月被某市国家税务局临时认定为增值税一般纳税人，经营地址：××街××号，经营范围：电动自行车及配件的生产、销售，经营方式：生产制造，管理人员和生产人员共计33人，2003年增值税税负1.72%。

三、违法事实

经检查，发现：2003年6月编号为第5#的会计凭证反映销售电动自行车7台（豪华型4台，轻便型3台）销售收入为12500元，已按小规模缴纳增值税750元（12500×6%），并已暂估价入库原材料进货并结转销售成本。2003年6月编号为第19#的会计凭证反映暂估价入库原材料9830.00元，6月17日转账支付货款14200.00元，对方未开具发票。2003年7月经某市国税局批准暂定为一般纳税人后，该公司2003年7月30日编号第10#的会计凭证反映购进原材料取得对方滞后开具该批货物的增值税专用发票4张，价税共计74115.00元（金额63346.16元，税额10768.84元）。原始记录为：借：库存商品63346.16元，借：应交税费10768.84元，贷：应付账款74115.00元，（1）No.06996496 金额：20000.00元，税额：3400.00元，合计：23400.00元，（2）No.00661962 金额：19401.71元，税额：3298.29元，合计：22700.00元，（3）No.10567962 金额：6217.95元，税额：1057.05元，合计：7275.00元，（4）No.0××××××× 金额：17726.50元，税额：3013.50元，合计：20740.00元，并分别于8月在向某市国家税务局秀峰分局进行纳税申报纳税时，计入当月增值税进项税金，并抵扣当月销售收入的销项。即是有意将取得滞后的增值税专票进行虚假抵扣。根据有关规定，此项，应作进项转出处理。

四、处理意见及依据

第一，对上述该企业2003年6月属小规模纳税人时，购入并销售商品，于7月取得滞后该批货物增值税专用发票4张价税共计74115.00元（价值63346.16元，税款10768.84元），该4张增值税专用发票进项税额10768.84元。未在账上作进项税额转出，已造成少缴增值税10768.84元的违法事实，根据《中华人民共和国增值税暂行条例》第九条"纳税人购进货物或者应税劳务，未按照规定取得并保存增值税扣税凭证，或者增值税扣税凭证上未按照规定注明增值税额及其他有关事项的，其进项不得从销项税额中抵扣。"《中华人民共和国增值税暂行条例》第十三条"小规模纳税人销售货物或者应税劳务，按照销售额和本条例第十二条规定的征收率计算应纳税额，不得抵扣进项税额。"《增值税专用发票使用规定》第三条"除本规定第四条所列情形外，一般纳税人销售货物（包括视同销售货物在内）、应税劳务、根据增值税细则规定应当征收增值税的非应税劳务（以下简称销售应项），必须向购买方开具专用发票。"第五条第（八）项"按照本规定第六条规定的时限开具专用发票。"第六条第（一）项"采用预收货款、托收承付、银行委托收款结算方式的，为货款发出当天。"第八条第（三）项"销售方开具的专用发票不符合本规定第五条第（八）项至（九）项和第（十一）项的要求。"《中华人民共和国增值税暂行条例实施细则》第二十二条"已抵扣进项税额的购进货物或应税劳务发生条例第十条第（二）至（六）项所列情况的，应将该项购进货物或应税劳务进项税额从当期发生的进项税额中扣减，无法准确定额该项进项税额的，按当期实际成本计算应扣减的进项税额"，《中华人民共和国税收征收管理法》第六十三条第一款"纳税人在账簿上少列、不列收入，不缴或者少缴应纳税款的，是偷税，由税务机关追缴其不缴或者少缴的税款"的规定，予以补缴增值税 10768.84 元。

第二，对上述应补缴的增值税，根据国家税务总局《增值税日常稽查办法》有关规定，经增值税检查账务调整，应入库 10768.84 元。

第三，对该企业上述违法事实，依据《中华人民共和国税收征收管理法》第三十二条的规定纳税人未按照规定期限缴纳税款的，扣缴义务人未按照规定期限解缴税款的，税务机关除责令限期缴纳外，从滞纳税款之日起，按日加收滞纳税款万分之五的滞纳金，对应追缴入库的增值税 10768.84 元税款，从滞纳税款之日起，每日加收万分之五的滞纳金，对应追缴入库的增值税 10768.84 元现暂按到 2005 年 4 月 14 日（下达税务检查通知书之日）止计算，以上合计应加收滞纳金 3289.88 元，对应追缴入库的增值税 10768.84 元以后应加收的滞纳金在解缴税款入库时计征。

第四，对该企业上述的偷税违法事实，依据《中华人民共和国税收征收管理法》第六十三条第一款的规定，对纳税人偷税的，由税务机关追缴其不缴或者少缴的税款，滞纳金，并处不缴或者少缴的税款百分之五十以上五倍以下的罚款，该经销部偷税金额 10768.84 元，建议处以所偷税款的一倍的罚款，罚款金额为 10768.84 元。

第五，该企业 2003 年度向主管税务征收机关申报纳税各税种总额为 12055.04 元，经检查调整后，年度各税种应纳税总额为 22823.88 元。现偷税金额为 10768.84 元，占各税种应纳税总额 47.19%，根据《中华人民共和国刑法》第二百零一条的规定，涉嫌犯罪，根据《中华人民共和国税收征收管理法》第七十七条的规定，已达到移送公安机关标准，建议移送公安机关查处。以上合计应补增值税 10768.84 元，滞纳金 3289.88 元，建议罚款 10768.84 元，合计 24827.56 元。

五、案件点评

这是一起故意将取得滞后的增值税专票进行虚假抵扣案。

依据《国家税务总局关于修订〈增值税专用发票使用规定〉的通知》：一般纳税人取得专用发票后，发生销货退回、开票有误等情形但不符合作废条件的，或者因销货部分退回及发生销售折让的，购买方应向主管税务机关填报《开具红字增值税专用发票申请单》。《申请单》所对应的蓝字专用发票应经税务机关认证。

思考题：
1. 小规模纳税人销售货物或者应税劳务，可以抵扣进项税额吗？
2. 如何加强对小规模纳税人的纳税管理？

某县A电子有限公司虚开增值税专用发票案

一、基本案情

2011年4月，某市国税稽查局在检查某进出口贸易有限公司一案中，发现某县A电子有限公司与某进出口贸易有限公司有业务往来，并向该公司开具了增值税专用发票，某市国税稽查局立即将案源移交某县国税局稽查分局。4月22日某县国税局稽查分局成立检查小组，对该公司2009年7月1日至2011年3月31日进行立案检查。

税务机关通过对该公司负责人的一台笔记本电脑的记录资料检查，发现纳税人账外经营的违法事实。在公安机关的协助下开展内查外调的取证，固定了纳税人虚开增值税专用发票和取得虚开专用发票抵扣税款的违法事实证据材料。最后查实纳税人在2009年7月1日至2011年3月31日期间，偷逃税款662867.06元；虚开专用发票8份，虚开税额110626.59元；让他人为自己虚开增值税专用发票一张，申报抵扣税额4596.54元。税务机关对偷税行为依法加收滞纳金并处0.8倍的罚款，对虚开发票的行为处以1万元的罚款，并将该案移送司法机关处理。

二、被查对象基本情况

某县A电子有限公司成立于2009年7月30日，成立后30日内办理税务登记，公司类型为有限责任公司，2009年10月被认定为增值税一般纳税人，经营地址为某县××区第×号标准厂房。经营范围：电子元器件、电脑配件、LED灯生产、销售，经营方式为生产销售。税款征收方式为查账征收，公司拥有员工80人。

三、办案经过

（一）案前分析

根据本案案源的特点，某县国税稽查局成立检查小组进行了查前的仔细研究，制订出检查预案，以确保案件检查工作的顺利开展。

（1）销售方面。某县 A 电子有限公司地处某县县城，将鼠标销售到某市区的某进出口贸易有限公司，货物流向渠道不正常，可以从纳税人鼠标销售业务找到检查的突破口。

（2）抵扣方面。假如纳税人销售鼠标业务不实，增值税抵扣链条方面就有可能存在问题。

（3）账外经营。虚开发票势必增大销项税额，纳税人不可能因此而让自己多缴税款，所以，很可能会将部分不开票收入用于为他人虚开，从中获利。

（二）办案过程及采取的稽查技术、手段和方法

根据检查预案，稽查人员拟定了具体的检查方法：因本案可能涉及虚开增值税专用发票的违法行为，经县局分管领导批准后，请公安机关提前介入；按照常规调取账簿，库存记录资料和纳税申报资料；从银行等部门调取资金流动信息，提取证据；向纳税人鼠标购进方和销售方税务机关发协查函，必要时到实地核实；事先拟定谈话方案，力争谈话取证一次成功，防止串供；取得证据材料后，展开下面交锋，揭穿其违法事实，及时宣传税收政策，争取有关人员主动配合破案。

1. 正常检查法

经过充分准备，2011 年 4 月 22 日经批准后，先由税务检查人员进入公司，检查组按常规检查方法和程序，对办公场地进行了查看，了解生产经营情况，查看账簿的记录和纳税申报情况。从初步调查了解的情况看，公司账簿反映的收入与其向税务机关申报数额相符。检查没有收获。

2. 寻找突破口

第一次基本情况了解后，检查组长召集全体成员开碰头会，并提出了下一步工作方案。5 月 4 日，检查人员在公安人员的配合下，对公司的财务室和相关人员进行突击检查，没有找到破绽。正在大家一筹莫展的时候，其中一名检查人员注意到了公司负责人办公桌上的笔记本电脑，并过去试着要求公司负责人打开查看，但遭到了拒绝，同时，公司负责人威胁说：电脑上记录有个人隐私和公司的

商业秘密，检查人员没有检查私人电脑的权力。至此，检查工作陷入僵局。参与检查的公安人员向公司负责人再次出示了检查证件，要求其提供笔记本电脑中与涉案有关的资料内容，否则将启动公安检查程序，采取强制措施。在强大的政策攻势下，公司负责人终于答应将笔记本电脑交由检查人员查看。为了尽快找到突破口，检查人员顾不上休息，将笔记本电脑记录的账簿内容全部打印出，并要求公司负责人在证据上办理完毕签章手续。经检查、分类汇总和核对，确定笔记本电脑记载的就是第二套账。

检查人员兵分两路，一路负责询问取证工作，一路负责根据掌握的信息到银行查询账户取证。负责询问的一路人马首先向相关人员宣传法律知识，对公司收、存、销人员分别制作询问笔录。经对两路检查和询问情况的汇总，公司虚开增值税销售发票的部分线索，以及账外经营的违法事实情况已基本掌握，案件的主动力权已逐步向税务机关方面转移。但收集到的回函材料仍然没有取得该公司虚开发票和接受虚开的有力证据，取证工作又一次陷入了困境。

3. 锁定最后证据

经批准后，对公司负责人的个人银行储蓄存款账户进行了检查；同时，经稽查批准后，开始从外围查找证据。通过对公司负责人的个人银行储蓄存款账户查证，公司将一部分销售款通过其个人银行储蓄存款账户走账。通过外调取证，获取了供货单位无货虚开发票的证据材料，同时，取得了购货方虚假业务的证据材料。掌握证据后，检查组认为对公司领导展开了攻势，在证据面前，公司负责人如实承认了全部违法事实。

4. 巩固成效

因涉本案涉及税款金额较大，公司又存在虚开增值税专用发票行为。于是，公安机关根据检查发展的具体情况，果断地对涉案关键人员进行了控制，防止主要涉案人员外逃。

经核实，该公司2009年7月1日至2011年3月31日期间，虚开增值税专用发票8份，金额650744.39元，税额110626.59元；隐瞒销售收入3898049.13元，让广东惠州博罗冠业电子有限公司为自己虚开增值税专用发票一张，货物名称铝箔，金额27038.46元，税额4596.54元，进项税额已申报抵扣。共造成少缴税额662867.06元。

四、处理处罚结果

该公司违反了《中华人民共和国增值税暂行条例》第一条、《国家税务总局对代开、虚开增值税专用发票征补税款问题的批复》规定，造成少缴增值税税款662867.06元。根据《中华人民共和国税收征收管理法》第六十三条第一款的规定，应予以追缴不缴少缴的税款，认定偷税金额662867.06元，处所偷税款80%的罚款，罚款金额530293.66元。

鉴于该公司虚开增值税专用发票尚未取得开票手续费，对方公司也未取得出口退税款，根据《中华人民共和国发票管理办法实施细则》（国税发〔1993〕157号）第四十八条第（七）项规定，对虚开发票的行为处以一万元的罚款。该公司虚开增值税专用发票的行为和偷税行为已涉嫌犯罪，根据《中华人民共和国税收征收管理法》第七十七条第一款和《行政执法机关移送涉嫌犯罪案件的规定》（国务院令第310号）第三条规定，已移送公安机关查处。

五、案件点评

税务执法风险上升。从本案看，一是基层管理人员业务素质不高，对纳税人的生产经营情况欠缺了解，不能及时察觉到货物流的异常情况。二是，部分税务人员仅局限于"就单审单"的程序化操作，征收、退税、稽查部门之间内部信息渠道不畅通、信息不对称，业务上缺乏有力配合和衔接，阻碍了预防骗税机制的形成，给税务管理工作带来风险隐患。

本案的查处，关键在于各项准备工作的及时到位，精准的检查预案，完整的询问方案，及时的公安机关介入；检查人员的敏锐思路，关注细节的工作方法，保证了证据的完整性，是本案查处的一大亮点。

思考题：

1. 如何防范虚开增值税专用发票行为发生？
2. 如何加强对纳税人宣传《中华人民共和国税收征收管理法》，在宣传的方式上有何创新。

某建设集团有限公司某市
分公司虚假发票偷税案

一、案件背景情况

（一）案件来源

某市国税局第一稽查局经选案分析，2011年对建筑安装业专项检查安排，发现某省某建设集团有限公司某市分公司税负偏低，故决定对某省某建设集团有限公司某市分公司，2008年和2009年度纳税情况进行专项检查。

（二）纳税人基本情况

该公司2007年10月23日成立，2008年建财务账，公司类型集体企业，经营地址在某市××区××路100号××庭院2栋1-1-3号。经营范围：承接公司承包的房屋建筑工程、建筑装修。装饰工程、市政公用工程、消防设施工程、公路工程、公路路基工程、桥梁工程。纳税申报方式为自行申报，税款征收方式为查账征收。有员工42人。该公司自2007年成立至检查所属年度未有因偷税被税务机关处罚的情况。

二、检查过程与检查方法

（一）检查预案

根据近年来查处建筑安装企业的情况来看，普遍存在利用假发票冲账，虚列成本的情况，稽查人员决定以查处假发票为线索，检查该公司取得的各类发票，利用《中国税收征收管理系统》发票查询模块进行比对，核实其成本列支的真实性。

(二) 检查具体方法

1. 分析税负及主要经济指标

2008年度：主营业务收入30760172.17元，主营业务成本29132498.67元，利润总额10289.5元，毛利率为5.29%，收入利润率为0.03%，所得税税负0.01%；2009年度：主营业务收入103787330.05元，主营业务成本99836660.817元，利润总额23200.00元，毛利率为3.8%，收入利润率为0.02%，所得税税负0.006%，与建筑安装企业的盈利水平明显不符，因其建造的工程对方基本上都索取发票，隐瞒收入的可能性不大，盈利水平明显偏低的主要原因是成本支出过大。

2. 筛选出异常发票

为了获取准确而有力的证据资料，稽查人员按规定程序调取了该公司的账簿、记账凭证等财务资料，利用《中国税收征收管理系统》发票查询模块对该公司取得的区内发票逐一比对，筛选出异常发票，再分别出差到相关开票单位的主管征收税务机关进行调查取证，并取得书面证明。经查实，该公司取得的发票中，相关开票单位的主管征收税务机关未向开票方发售过相应号码的发票55份（2008年度35份，2009年度20份），涉税金额1340441.71元（2008年度1181261.51元，2009年度159180.20元）。

3. 核实其交易的真实性

经了解，该公司购买原材料主要由具体工程项目部直接购买并支付现金，项目部的资金来源由财务部拨付备用金，采购完成后，由项目部归集发票到财务报账。从上述流程可以看出，财务部对上述发票的业务真实性根本无法掌控。因此，稽查人员对于上述项目部取得虚假发票，某局根据《中华人民共和国税收征收管理法》第五十四条第（三）项的规定，下达《税务事项通知书》，限期该公司提供合法票据及交易真实性相关资料，该公司在限期内未能提供上述虚假发票涉及交易真实发生的合法票据及有关资料。

三、违法事实及定性处理

(一) 违法事实

稽查人员最终核实：某建设集团有限公司某市分公司2008年、2009年度共取得的55份虚假发票，已全额计入"工程施工"科目，其中，结转到主营业务成本 1257994.55 元（2008 年 965439.13 元，2009 年 292555.42 元），并进行了虚假的纳税申报，造成少缴企业所得税 314498.64 元（其中 2008 年 241359.78 元、2009 年 73138.86 元）。

（二）处理结果

（1）对该公司虚假纳税申报的违法事实，造成少缴企业所得税 314498.64 元（其中 2008 年 241359.78 元、2009 年 73138.86 元），依据《中华人民共和国税收征收管理法》第六十三条第一款的规定，依法追缴。

（2）依据《中华人民共和国税收征收管理法》第三十二条的规定，对少缴税款依法加收滞纳金。

（3）依据《中华人民共和国税收征收管理法》第六十三条第一款的规定，已构成偷税，偷税金额 314498.64 元，处所偷税款 0.6 倍的罚款，罚款金额为 188699.18（其中 2008 年 144815.86 元、2009 年 43883.32 元）元。

（4）对该公司未按规定取得发票的违法事实，依据《中华人民共和国发票管理办法》第三十六条第一款第（四）项、第二款和《中华人民共和国发票管理办法细则》第四十九条第（二）项的规定，下达《税务事项通知书》，责令该公司限期改正，并罚款 3000.00 元。

四、案件分析

第一，从该案的查处发现，大量的现金支付存在诸多弊端，为不法分子偷税提供便利，也容易造成财务对现金流难以控制，从而对其采购原材料的真实性、成本核算的准确性增加难度。

第二，稽查介入滞后，特别是对企业所得税的检查滞后。对企业所得税的检查，一般要到次年的 6 月 1 日企业所得税清算后进行，对于企业取得不符合规定的发票，其经济事项大部分早已完成，检查人员对当事人询问取证时，有的已经不在该单位上班，特别是发票开具单位大多已经注销，这样增加了稽查人员调查取证的难度。

第三，主管征收税务机关应加强对所属企业的日常监督，建立税负预警机制，对税负低的企业及时进行纳税评估。

第四，加强税法宣传，特别对企业相关人员辨别发票真伪、发票真伪网络查询的培训教育。加大对制售假发票的打击力度，从根本上遏制抵扣类发票的造假行为。出台政策，完善企业的现金管理，对大宗采购原材料要求企业转账，便于检查人员顺藤摸瓜,掌握确切的证据资料。

思考题:

1. 简述该案件中工作思路的选择与把握。

2. 你对依据《中华人民共和国税收征收管理法》第六十三条的法律适用有何看法和认识?

某市某贸易有限责任公司
虚开增值税专用发票案

一、案件来源

2012年5月，某市国税第一稽查局接到某市公安机关转来某市某贸易有限责任公司涉嫌逃税和虚开发票函。第一稽查局第一时间对公安机关移送的案件资料进行全面分析，初步确定该企业存在账外经营和虚开增值税专用发票这一情况后，第一稽查局立即挑选有经验的稽查人员组成专案组于2012年5月14日对该公司进行立案，制作检查预案。

二、企业基本情况

某市某贸易有限责任公司成立于1997年8月8日，属私人有限责任公司，增值税一般纳税人，主要批零兼营润滑油、化工产品（危险品除外）、纺织品、服装、办公用品、装饰材料、室内装修、空调安装、锅炉燃料油（成品油除外）。法定代表人黎某；财务负责人：黎某，企业办税员：潘某，主管税务征收机关为某市某区国家税务局，纳税申报方式为自行申报，税款征收方式为查账征收。有员工8人。2008年9月9日因偷税被税务机关处罚826.02元。

2009年度：增值税申报情况：该公司2009年度申报销售收入为12890921.31元，销项税金2191456.52元，进项税金2396913元，进项税额转出11600.54元，应缴增值税税金61889.49元，已缴增值税税金61889.49元，增值税税负0.48%。

2010年度：增值税申报情况：该公司2009年度申报销售收入为12890921.31元，销项税金2191456.52元，进项税金2396913.00元，进项税额转出11600.54元，应缴增值税税金61889.49元，已缴增值税税金61889.49元，增值税税负 0.48%。

2011年度：增值税申报情况：该公司 2009 年度申报销售收入为 12890921.31 元，销项税金 2191456.52 元，进项税金 2396913.00 元，进项税额转出 11600.54 元，应缴增值税税金 61889.49 元，已缴增值税税金 61889.49 元，增值税税负 0.48%。

三、检查过程与检查方法

（一）检查预案

调取资料进行查前分析。稽查人员对公安机关移送的询问笔录、账外经营的收款记录、送货记录以及取得虚开的 8 份增值税专用发票进行了分析，同时调取了公司日常征管资料进行分析，并根据分析作出检查预案。

（二）检查难点

（1）由于该案的法人代表黎某已被公安羁押，按公安部门的规定，非公安的侦查人员，在犯罪嫌疑人羁押期间，不能接触。对办案过程中一些证据的收集不能直接、及时取得。

（2）与该公司的会计和出纳人员接触，会计和出纳人员一问三不知，相关纳税资料也无法取得。

（3）公司账号没有什么资金。

（4）该公司法人代表黎某有宁可坐牢也不交税款的想法。

（三）检查具体方法

2012 年 5 月 14 日稽查人员对某市锦荣贸易有限责任公司的 2010 年 1 月 1 日至 2012 年 4 月 30 日涉税情况进行了检查。检查组对该公司的账簿、凭证等进行初步分析后，似乎没有发现有什么异常情况。

由于该案的法人代表黎某已被公安羁押，按公安部门的规定，非公安的侦查人员，在犯罪嫌疑人羁押期间，不能接触。对办案过程中一些证据的收集不能直接、及时取得。

检查人员转换思路，重点对某市公安局经侦支队移交资料提及该公司涉嫌账外经营和抵扣虚开增值税专用发票的疑点进行突破。

1. 追查私人银行存款账户，查出企业账外经营收入

税务稽查的定案必须有确凿的证据，确定企业偷税的关键证据在于找到货物交易及收款资料。检查组通过仔细查找，在该公司记账凭证中发现了该公司法人代表黎某的一个个人账户出现过一次，检查组立即对这个个人账户记录进行了查询，发现此账户从某市 A 运输有限公司大量收款，同时发现了记录该公司对 A 公司送货的笔记本；然后检查组对该公司具体业务人员采取了攻心战术，将这些资料摆在他们面前，终于取得突破，该公司业务负责人承认了该公司 2010 年 3 月 1 日至 2012 年 2 月 29 日采取销售成品油给某市某运输有限公司、收取的货款存入该公司法定代表人私人存款账户不纳税申报进行偷税，数额巨大，共隐瞒销售收入 1069 万元，逃避缴纳增值税 182 万元。

2. 内查外调，发现该公司存在让他人为自己虚开发票行为

根据某市公安局机关询问笔录，发现 2012 年 1 月至 2012 年 4 月期间，该公司涉嫌让丁某、某石油 B 公司业务经理为其虚开 8 份增值税专用发票。了解此线索后，检查组立即到 B 公司实地协查，发现 8 份增值税专用发票涉及成品油实际是丁某购买的，付款是丁某刷卡支付的，货物也是由丁某提走的，但丁某是个体户不要增值税专用发票抵扣税款，故锦荣公司法人代表 F 了解后以支付手续费的方式向丁某购买这 8 份增值税专用发票，之后丁某让某石油 B 公司业务经理为 F 虚开专用发票。至此，案情已查清，锦荣公司抵扣 8 份虚开增值税专用发票，造成国家流失增值税款 8.17 万元。

四、违法事实及定性处理

（一）违法事实和作案手段

（1）该公司利用购货方不要发票入账，让购货方直接将销货款直接汇入该公司法人代表的私人存款账户，隐瞒销售收入 1069 万元，少缴增值税 182 万元。

（2）该公司利用一些个体户不要增值税专用发票的情况，在无购进货物的情况下，以支付手续费的方式，让购进货物方（个体户丁某）和销售货物方（中国石油化工股份有限公司某市石油分公司）为自己虚开了 8 份增值税专用发票，税款 8.1 万元，已申报抵扣税款。

（二）处理结果

（1）根据《中华人民共和国税收征收管理法》第六十三条第一款；《中华人

民共和国增值税暂行条例》第一条、第二条第一款第（一）项、第十九条第（一）项、《中华人民共和国增值税暂行条例实施细则》第三十八条第（三）项的规定，对该公司少列销售收入、少缴税款的行为定性为偷税，追缴其少缴的增值税 1817023.05 元，并处少缴税款 0.5 倍的罚款 90.85 万元。

（2）根据《中华人民共和国税收征收管理法》第六十三条第一款；《中华人民共和国增值税暂行条例》第八条第一款和《国家税务总局关于纳税人取得虚开的增值税专用发票处理问题的通知》第一条的规定，对企业让他人为自己虚开发票的行为定性为虚开发票，补征增值税 8.1 万元，处以少缴税款 1 倍的罚款 8.1 万元。

（3）根据《中华人民共和国税收征收管理法》第三十二条的规定，对其少缴的税款 1898752.37 元，从滞纳税款之日起加收滞纳金 36.63 万元。

（4）根据《中华人民共和国刑法》第二百零一条和第二百零五条的规定，该公司已达移送司法标准。根据《中华人民共和国税收征收管理法》第七十七条的规定建议移送公安部门查处。构成虚开增值税专用发票行为，建议移送公安机关处理。

五、案件分析

第一，该案件是近几年来查补金额大、办案所需时间最短，税务、公安和检察部门合作最密切的一个案件。案件得以顺利查结并及时入库，得到了公安的大力支持，公安机关的威慑力使得该案涉税人员的询问笔录非常详细，对账外经营证据的收集也很及时、很顺利。

第二，由于该案的法人代表黎某已被公安羁押，按公安部门的规定，非公安的侦查人员，在犯罪嫌疑人羁押期间，不能接触。了解到掌握公司财政大权的法人代表黎某已被羁押，正处于移送检察机关进行证据审查的阶段，为保证国家税款全部足额入库，避免形成欠税，及时与主办该案的检察机关取得联系并寻求支持，从介绍案情、解释相关税收法规入手，全方位地与检察机关进行沟通，获得检察机关大力协助，检查人员得以在检察机关侦查办案人员询问的间隙与黎某见面，一是让该公司法人代表在证据及相关证据材料签字确认，做好询问笔录；二是让检查流程顺利进行。三是让检察机关做好黎某宣传教育工作，争取宽大处理，并做好犯罪嫌疑人家属的工作，检察院的介入和多次对涉案法人代表做思想工作，使涉案企业法人放弃了宁可坐牢也不交税款的想法，确保了税款及时、足额入库，为案件的最终圆满查结奠定了基础，犯罪嫌疑人家属多方筹资查补预缴税款 207 万元。

六、案件点评

对该案件进行查处过程中，发现一些大的石油批发企业对增值税专用发票的开具，存在未严格对应购货方开票的行为，造成发票虚开的后果，对本案涉及的其他纳税人违法的情况建议移送相关部门查处。加强与检察机关联系，也是稽查工作一种创新的思路。本案就是很好的例子。

思考题：
1. 你认为本案件的成功查处有何借鉴意义？
2. 在如何加强与检察机关联合办案方面你有何建议？

某市某贸易有限公司虚开增值税专用发票账外经营偷税案

一、案件背景情况

（一）案件来源

某局于2009年接到稽查局转来《关于对山东×××虚开增值税专用发票协查取证的通知》，该文介绍了某省A工贸有限公司在没有真实货物交易的情况下向中间人按照价税合计额3.5%～4.1%的比例支付开票费后取得进项增值税专用发票，然后再向中间人按照价税合计额4.5%～8%不等的比例收取开票费，向外大肆虚开增值税专用发票。该案涉及辖区某市B钢业有限公司、某市C有限公司两家企业，因案情重大，某局立即安排检查人员突击检查。

（二）企业基本情况

某市C贸易有限公司，经济类型为其他有限责任公司，成立日期2008年7月，于2008年2月起正式认定为一般纳税人，经营地址：某市××路，经营范围：销售矿产品、建筑材料、装饰材料、五金交电。

二、检查过程及采取的检查方法和手段

（一）检查预案

（1）制定检查方案。一是成立检查组，明确分工。二是找准取证方向，要求从物流、票流、资金流等方面锁定证据，拟好询问对象和询问思路，为进场检查做好准备工作。

(2) 做好组织协调和检查力量合理分配工作。因案情重大，由市稽查局牵头、某局主管副局长、检查股副股长负责，提请公安局经侦支队配合检查，与检查员组成若干突击小组，分工协作。

（二）检查具体方法

1. 突击检查，未取得有力证据

时间紧迫，某省案发的消息一旦被某市 C 有限公司知晓，可能会出现该公司走逃、串供等变数。2009 年 12 月 9 日下午 3 点，联合办案小组对某市某贸易有限公司的办公场所进行了突击检查。在依法履行了相关检查程序后，联合办案小组一组对账簿、发票、相关凭证进行检查，主要检查企业是否存在隐匿账户和销售收入，查找山东××××案涉及的增值税专用发票的系列相关资料；另一组在办公场所查找销售合同、销售记录、电脑记录和仓储资料，主要检查企业是否有其他虚开增值税专用发票行为或账外经营行为。

经查该公司账目，该公司 2008 年 11 月向某省 A 工贸有限公司开具某省增值税专用发票十份，合计金额 878445.59 元、税额 149335.76 元、价税合计 1027781.35 元。该公司账上资金走向正常，由某省 A 公司转账到某公司；出库手续齐备，发货单签发手续完整，发货人均为某市某钢材商贸有限公司（某公司钢材存放地）仓管员，提货人为李某某，为自行提货。C 公司出示了某省 A 公司提供的一般纳税人资格证书、让李某购货的委托书。从账面上看，交易正常且手续完备，只是某省来某市购钢材且自行提货不符合常理。

2. 税警联袂，揭开违法事实真相

在经侦支队同志的协助下，联合办案小组将有关涉案人员和涉税资料全部带到了经侦支队，发扬吃苦耐劳的精神，连夜对法人代表、业务员、开票员分别进行询问。一开始，涉案人员避重就轻，坚持与某省 A 公司有真实交易，资金转账、货物出库单、业务员委托书等是他们真实交易的证明。虽然公安部下文证实某省 A 工贸有限公司购销均未发生过真实交易，但是 C 公司真的是无辜受牵连吗？某省 A 公司没收货，那货物的最终去向呢？由于 C 公司是某钢铁集团的下属公司，2008 年的法人代表（业务具体负责人）刘某已被调任，现在的法人代表不了解这笔交易，联合办案小组将重点突破口放在业务员蒋某的身上。联合办案小组明确告知该公司虚开增值税专用发票的行为已触犯法律，做伪证将面临更为严厉的法律惩处，对其宣讲了税法的有关政策和法律后果，在办案人员动之以情、晓之以理的谈话中，蒋某终于说出与某省 A 公司是没有实际货物交易的，是 B 钢业公司购货后要求开票给某省 A 公司，公司所有的交易流水账他全保留在自己办公室的电脑中。联合办案小组立即返回某公司办公室,当着法人代表和蒋某的面打印出了该公司的销售流水账,当场签字盖章,锁定了证据。打开了突破口后,其他人也就陆续开口说了交易的当时情况:开票员接到刘某(2008年法人代表)的开票指示,查出某省A公司的货款已经到账,检查资料后发现中海钢材公司是实际购货人,就提出要某省顺风公司出具委托书,几天后他收到了一份某省A公司委托业务员李某某购货的委托书,则认为手续齐备为某省A公司开具了增值税专用发票;业务员蒋某办理的发货手续、转库(转入中海钢业公司仓库)都是按照公司正常发货程序,单据真实,来提货的人是中海钢业公司李某某。

(三)连续作战,锁定证据

虽然取得了C公司实际发货对象的有力证据,但是在证据链上还是不够完整。联合办案小组再次商讨了下一步行动方案,分两组行动,一组去某市控制C公司当时经手的负责人,一组去某市××钢材商贸有限公司(某公司、B钢业公司钢材存放地)找仓管员调查取证。办案人员顾不上连续作战的疲惫,经侦支队同志找到C公司原负责人当天就将其控制回到某市,刘某的供述,进一步证明了某公司为某省A公司虚开增值税专用发票、货物实际发给了B钢业公司的事实真相。检查人员经询问××钢材公司有关仓管员,证实某公司从未向某省顺风公司发过货,该笔业务发货单上签名提货的是B钢业公司李某某,取还办理了钢材转库手续,提供了转库单;在管理B钢业公司钢材的仓管员记录的货物流水账上查找到了相应的入库记录,进一步证实C公司向某省A公司虚开增值税专用发票涉及的货物实际发给了B钢业公司,而B钢业公司账上查找不到此笔货物的入账记录,进行了账外经营。

至此,某省A公司虚开增值税专用发票的公安部发文、发货流水账和转库单、银行资金往来、案件相关人员的询问笔录得以相互印证,形成了完整的证据链,最终证实了某公司虚开增值税专用发票的违法事实。之后办案人员到某省××市外调取回某省A公司已抵扣税款的证据,本案得以告破。

三、违法事实及定性处理

(一)违法事实和作案手段

某市C贸易有限公司2008年11月向某省A工贸有限公司开具某省增值税专

用发票五份，发票金额合计 878445.59 元，税额合计 149335.76 元，价税合计 1027781.35 元，受票方已抵扣，造成受票方少缴增值税 149335.76 元。

（二）处理结果

根据《中华人民共和国税收征收管理法实施细则》第九十三条之规定，对该企业虚开增值税专用发票导致其他单位未缴、少缴增值税 149335.76 元的行为，处造成受票方少缴税款 1 倍的罚款，罚款金额为 149335.76 元。根据《中华人民共和国刑法》第二百零五条第一款、《中华人民共和国税收征收管理法》第七十七条第一款的规定，已达移送标准，建议移送公安机关处理。

四、案件点评

第一，本案是一个高效率、短而快的典型案例，从接到案源到锁定完整证据链只用了 7 天时间，办案组的快速行动让涉案企业无改账、串供、出逃的机会，保证了案件突破的基础。

第二，公安机关的介入对突破涉案企业负责人的心理防线、交代虚开增值税专用发票的违法事实起到了关键作用，联合办案的力量优势明显，思路相辅。

第三，涉案企业虚开手法可谓很隐蔽，有真实的货物发出，出库手续、单据完整，受票方的货款转账到户，受票方的一般纳税人资格证明、给业务员的委托书等一应俱全，虚构了一个真实交易的假象，有反稽查经验，给税务机关的查处带来了一定难度。但熟悉了市场的供需模式、行业经营方式，就会找到企业的破绽。如本案，钢材此类货物的购销一般遵循就近交易的原则，山东企业舍近求远到某省来采购普通钢材的这一行为，本身就存在一定的不合理性，物流违法常理更增加了疑点。

第四，随着房地产行业的兴起，近几年钢材价格年年攀升，钢材市场交易非常活跃，"抄单"行为、账外经营行为随之而来。某省钢材销售的平均税负 0.4%，某市钢材销售的平均税负 0.8%，在批发业中偏低，应引起各地税务机关的重视。某市钢材批发企业绝大多数集中在某市沙河路钢材批发市场，某市某贸易有限公司是某市钢铁集体的销售公司，占有市场大多数份额，本案的告破，对钢材市场的违法行为起到了很大的震慑作用。

第五，当前很多企业已经具备应对税务检查的"经验"，账面检查已很少能直接发现问题。这就需要稽查人员善于变换角度，通过外部调查、经营流程等寻找线索和证据。要善于通过外围调查、经营流程寻找证据。

第六，税务机关要增强管理意识。税收管理员的日常管理应深入企业，加强调查研究，熟悉企业的经营情况，对经营变化情况和税负变动情况要做到心中有数，注意对企业的经营实际与发票使用情况是否相符。税务机关应进一步加强税收法律法规的宣传力度，逐步提高纳税人守法经营，如实申报纳税的意识。

思考题：

1. 你认为本案件的成功查处有何借鉴意义？
2. 对《中华人民共和国税收征收管理法实施细则》第九十三条的法律适用有何认识？

某市某餐饮有限公司账外经营偷税案

一、案件背景情况

（一）案件来源

2010年7月某税务分局接到某市税务局转来评估报告，反映某市某餐饮有限公司生意红火，税款贡献率却很低的情况。接到材料后，局领导高度重视，要求选案人员对这户企业的申报情况、经营状况进行全面了解，经过选案人员的数据分析，该公司申报情况和经营状况与评估报告内容相差巨大，如检查属实，这将是一起大案要案。得知这一情况，局领导马上召开了案件讨论会，决定抽调专查大案要案的三个检查小组联合进行专案检查，重拳出击。

（二）纳税人基本情况

某市某餐饮有限公司，2000年9月26日成立，登记注册类型港、澳、台商独资经营公司，经营地址：某市××路，经营范围：中西餐制售（不含裱花蛋糕），拥有员工187人。主管税务征收机关为某市秀峰区国家税务局，纳税申报方式为自行申报，税款征收方式为查账征收。检查所属年度之前未有因偷税被税务机关处罚的情况。

二、检查过程及采取的稽查方法和手段

检查小组在接到检查任务后，充分发扬了办理大案要案的吃苦耐劳的战斗精神，做好事前分析、事中讨论，环环推进，做到狠、准、快，最终成功查处了该起大案要案。

（一）剖析案情，明确思路

涉税案件的查处离不开工作思路的指导，工作思路决定着取证的方式和过程，决定着取得的证据所证明事实的性质，也决定着对调查所认定事实相应的处理结果。由于某餐饮有限公司是某市较为知名的餐饮企业，每天客流量较大，加上外资的背景，局领导对检查员的办案素质提出了更高的要求，要求办案人员明确好检查思路，使检查工作能更加有的放矢，不能让企业以影响经营为由使绊子。检查小组认真研究案情，明确了以查实某餐饮有限公司是否如实申报为切入点，进一步揭开某餐饮有限公司偷税的工作思路，检查小组制定的工作思路：以快制胜，突击取证，获取第一手资料，查明企业是否设置账外核算资料，设法取得企业的账外核算资料是本案取证的关键。实践证明，明确的办案工作思路在成功查处某餐饮有限公司偷税案中起着决定性的作用。

（二）讲究方法，巧妙取证

有了明确的检查工作思路，查处案件就有了调查方向和取证目标。如何取得证据证实某餐饮有限公司偷税的违法事实，某局的做法主要是：

（1）认真分析，找出疑点。检查组到征收某市税务局调取了相关的申报资料，就评估报告内容和调取的相关资料召开了案前分析会，集思广益。通过分析，组员们认为对这一户不能直接下户检查，应当根据材料提供的有关线索对该公司的经营场所进行摸底调查等计划，充分做好事前调查准备工作，了解其连锁店数量、收款程序、客流时间等，确保该案的检查方向正确。

（2）工作深入细致，注重细节。制定好检查方案后，检查小组兵分三路，分别到该公司的经营场所（门面）进行了调查，调查中发现，该公司经营场所（门面）消费人员非常多，偷税的可能性也非常大，同时也观察了门面的电脑、仓库所在地，还意外发现了该公司经营场所服务员每日都制作营业日报表。检查小组及时将查前调查情况向局领导进行了详细的汇报，局领导在听取了汇报后，召开有关人员专门对此户召开了案情分析会，与会人员各抒己见，讨论并制订详细的行动方案。

（3）税警携手，加大办案力度。因案情重大，某局提请公安局经侦支队配合检查，与检查员组成如干突击小组。为做好保密工作，检查当天才宣布突击方案，分配好布控点，仅一个小时就完成准备工作迅速出发。

（三）突击检查，案件浮出水面

2010年7月21日，按照行动方案，检查组兵分三路，分别对阳桥店、中心店、观音阁店经营场所进行检查，主要控制收银台、相关人员、业务经理和公司所有的电脑，搜查相关的涉税资料，同时对该公司的仓库进行搜查，查找出、入库的原始单据，控制仓库保管员，令该公司负责人措手不及。经过大家近7个小时的搜查，调取了该公司大量的销售日报、月报、收据、书面合同、仓库出入库单等账外经营资料和相关电脑数据。

（四）连续作战，锁定证据

检查组将有关涉案人员和涉税资料全部带到了经侦支队，当晚，办案人员发扬吃苦耐劳的精神，按照制定的计划分成三组人员工作：一组人员分别对法人、业务经理、主管人员、仓库保管人员、相关人员以及其他犯罪嫌疑人进行询问，打铁趁热，趁该公司法定代表人和相关人员还没有缓过神来，对该公司有关人员进行政策攻心；一组人员对仓库保管账和出、入库单进行汇总、核对、计算等工作，翔实的数据是案件的基础；还有一组人员对门面搜出的合同、销售报表等资料进行整理、分类，并对电脑数据进行核对确认，进一步固定证据。

通过对资料的整理以及对犯罪嫌疑人的突审，初步确定，该公司涉嫌偷税上百万元，由于时间有限，资料众多，为了能尽快查清违法事实，联合办案小组人员又开始了数据的统计工作，终于理清了所有的违法事实和相关的证据。通过上述调查，终于查清该公司的违法事实：该公司2008年度取得营业收入合计8974170.00元，同期仅向主管税务机关申报营业收入6172911.00元，少申报2008年度营业收入2801259.00元；该公司2009年度取得营业收入合计8081884.00元，同期仅向主管税务机关申报营业收入5634265.00元，少申报2009年度营业收入2447619.00元。

（五）几经交锋，一举获胜

没有企业偷税后会甘心被逮住，不出所料，一开始，该公司负责人百般狡辩，声称电脑只是摆设，拒不承认其电脑记账功能，还称一些收银单是服务员自己写着玩的。检查员耐心地对企业负责人宣传税收法律，表明利害关系，并出示了搜查到的营业日报表、公司财务的汇总报表等资料，该公司的法定负责人不得不承认了偷税的违法事实。但是该公司又提出，为了保证税负，做到公司正常纳税的假象，这次搜查到的上百万进料单据并未计入公司账簿申报扣除成本，有十几万金额的收银单是公司领导签单用于打点关系的招待餐并未收取款项。面对搜到的进料原始单据和企业的陈述，检查组一面加班统计进料原始单据的金额，一面走访供料商落实进料单的真实性，还向市局企业所得税科做了专门的案情汇报寻求政策上的支持。通过市局案情专题讨论会后，本着所得税法关于真实发生的原则，对纳入营业成本核算的水果、蔬菜、肉类等进料由供应商补开发票后准予据实扣除，对公司签单并未收取款项的收银单金额作为公司业务招待费准予补扣其中物料部分，对公司高层从台湾自带的调理品，因不符合我国海关管理规定且无法提供台湾的有关证明，不予扣除。一波未平，一波又起，该公司又提出，该公司在被某局突击检查后，深感问题重大，检查期间急忙主动到主管征收局申报缴纳了企业所得税13.82万元，这部分主动申报并入库的税款不应被定性偷税并罚款。为此，检查组专门携带了《中华人民共和国征收管理法》及释义资料到该公司宣讲政策，说明虽然税款已入库但不影响定性偷税的理由，使该公司心服口服，履行告知程序后未申请听证和复议。经过几番博弈，在办案人员共同不懈的努力下，该案做到了狠、准、快，终于成功查结。

三、违法事实、作案手段及定性处理

（1）该公司的上述违法行为造成少缴企业所得税合计617725.07元，扣除该公司在检查期间自行缴纳的企业所得税138185.88元，该公司实际应补缴企业所得税479539.19元。根据《中华人民共和国税收征收管理法》第六十三条第一款的规定，依法予以追缴。

（2）根据《中华人民共和国税收征收管理法》第三十二条的规定，对该公司应追缴入库的企业所得税479539.19元依法加收滞纳金。

（3）该公司的上述行为，根据《中华人民共和国税收征收管理法》第六十三条第一款的规定，已构成偷税，偷税金额617725.07元，处所偷税款百分之五十的罚款，罚款金额为308862.54元。

四、案件分析

第一，办案前确定一个正确的办案思路和稽查重点相当重要。

本案的顺利查处与稽查前确定的办案思路分不开，根据企业的实际情况有针对性地实施稽查，并在稽查前搜集与之相关的信息，找到案件的稽查重点，既节省了检查时间，又提高了检查的质量和深度，有利于较好地完成检查任务。

第二，要尽可能多地取得证据材料，全面掌握案件的真相和全貌。

本案查处中，稽查员不仅取得企业的电子数据，还取得了公司大量的纸质材料，更主要是获取了相对应的分店营业日报表与公司的汇总月报，取得铁证，使

案件得以突破，让企业无从狡辩。

第三，明确政策，为检查处理扫清障碍。

稽查人员要全面提高职业素质，不仅要对案情有敏锐的反应能力，还要有扎实的理论功底，注重知识的更新和积累，在实际检查工作中总结、积累经验，再运用于工作中解决实际问题。

五、案件点评

该案采取的是账外经营偷税手段，为做到正常税负的假象，其进料和经营收入均不入账，这是目前大多数民营、私人企业和个体经营户普遍采用的偷税手段，偷税后果严重，监管和稽查难度较大，建议可以用分类、分行业等方法针对企业共性问题加强日常监管。

第一，该案件是征收部门通过纳税评估筛选出来的，由此我们可以看到税收管理员的日常检查工作对提高征管质量，堵塞税收漏洞的重要性。主管税务机关对重点税源户应进行有效地日常监督，充分了解企业的实际经营情况。对经营变化情况和税负变动要做到心中有数。对有事实表明具有偷税嫌疑的应立即移送稽查部门查处。

第二，开展行业经营相关调查，建立科学的行业监控模型。

日常监管中要多关注企业申报的营业收入结构有无发生异常变化，有无与同行业相关指标背离，力争将企业的各种违法行为消灭在萌芽状态。

第三，实现收款与税控装置的联结。

对于餐饮业等建账一贯不健全的行业，要督促企业加强税控装置的推广和应用，要将税控装置与企业所使用的计算机收银结算系统联结起来，实现网络互通和数据共享，实现实时监控，从而从源头上掌握企业的营业情况，保障国家税款不流失。

思考题：

1. 你对电子证据的取得、认证和应用有何看法和认识？
2. 你认为本案件的成功查处有何借鉴意义？

某市某房地产开发有限公司以甲方供应钢材虚增成本方式偷税案

一、案件来源

某市税务局稽查局转来举报材料，材料中举报人检举该公司从某市福联物资有限公司取得650万元钢材发票，以甲方供应钢材方式虚增成本偷逃税款。

二、涉案企业基本情况

某市某房地产开发有限公司2006年6月13日成立，注册资本2000万元，经营范围：房地产开发、房地产信息咨询、房地产居间、代理、行纪。该公司开发项目为住宅小区，位于××路东侧，××路延长线北侧，分为二期建设。规划总用地面积66844平方米，一期52494平方米、二期14350平方米；总建筑面积147000平方米，一期132000平方米（住建129800平方米、公建2200平方米），二期15000平方米。建筑密度25.3%，总容积率2.2，绿地率40%，居住户数1262户，规划停车位597个（户外123个，地下474个）。

住宅小区一期2007年4月开始施工（二期至今尚在规划），设计单位为某建筑设计院，施工单位为某市地建公司建设有限公司，监理单位为某省中湘建设工程监理咨询公司。

三、案件查处过程

（一）高度重视，精心布置

鉴于涉案金额巨大，某市税务局领导高度重视，立即抽调精干人员组成专案组，要求案件查处工作尽快取得突破，锁定证据，办成铁案，并多次召开案前分析会，对检查方案内容，实施步骤以及检查过程中可能出现的问题一一提出具体的指导意见。

(二) 外围调查，旁敲侧击

专案组首先进行了外围调查，通过"ctais"系统以及到该公司的主管税务征收机关了解企业办理税务登记，包括投资主体、注册资本、关联企业等基本情况，了解企业检查期限内的申报纳税、享受税收减免优惠等情况，查看以前年度检查档案，掌握企业以前年度税务检查情况。

进场后，为避免过早惊动该公司，专案组按常规到该公司售楼部、物业管理公司了解房屋的销售、交付情况，实地查看样板房，并与该公司财务、销售等人员进行交流以了解该公司日常经营情况。在此期间，专案组得知该公司不仅销售清水房，还销售精装修房，精装修房的装修主材如木地板、瓷砖、洁具、橱柜等属于甲供材，进而询问该公司相关人员是否还有其他甲供材的情况，该公司相关人员回答2007年从某一家公司购进了几百万钢材提供给施工单位用于住宅小区土建施工。

(三) 账务检查，直切主题

2007年3月该公司与某市地建公司签订的住宅小区一期1~6号楼的建设工程施工合同中并无由该公司供应施工钢材的条款。2007年6月该公司与某市地建公司签订补充协议，约定由该公司供应施工钢材即甲供材。2007年7月该公司与某市某物资有限公司签订钢材购销协议，约定由某物资公司送货到该公司工地。

该公司2007年7月、8月共向某福联预付钢材款2050万元，2007年8月、9月收到某福联退回钢材款1400万元，2007年9月在"开发成本——建安工程"科目列支650万元，取得某福联开具的普通发票8份，金额650万元，数量1864吨。

专案组要求该公司提供这批钢材的运输、交接、仓储、领用等相关资料，该公司以仓库保管人员已离职、施工队管理人员更迭、资料在外地保管等各种借口拖延不予提供。

(四) 外调取证，陷入困境

为查清钢材的运输交接情况，专案组到南宁福联进行外调，经核实，该批钢材的资金流、票流情况一致，某福联在情况说明中承认钢材应该是其运至某市的，但未能提供出有关的运输交接单据。

专案组通过账务检查和外调取证，该批钢材的资金流、票流情况吻合，但购销双方均未能提供物流证据。但仅凭缺失物流证据是不能定案的，至此案件查处工作陷入困境。

(五) 独辟蹊径，柳暗花明

在案件查处工作停滞不前，常规检查手段不灵的困难局面下，某市税务局领导多次召集专案组进行案情分析，要求大家集思广益，拓展检查思路，以寻求打破僵局的办法。最终，有同志提出国家对钢筋在工程施工中的使用有着严格的规定，钢筋必须经检测合格才可以用于工程施工，能否从钢筋的质量检测报告入手，取得突破，打破僵局。这个建议得到了某市税务局领导的肯定。

据此，专案组决定对住宅小区一期的施工、监理单位进行延伸调查，在调查过程中，具体了解到国家建设主管部门要求钢筋进场时必须附带生产厂家提供的产品质量证明文件，并注明原件存放地址、产品批量、批号、使用部位、购买时间和经销商名称。施工单位和监理单位必须对进场钢筋进行抽样送检，检测机构出具检验报告，检测合格才可以用于工程施工，检验报告由施工单位归档，竣工后报送城建档案馆保存。工程上使用了未经复验或复验不合格的钢筋，应委托检测机构对工程实体进行钢筋抽样检验，否则不得验收。同时钢筋进场还要向监理单位报验材料的数量、规格等。

中湘监理"御林湾"住宅小区项目2007年4~12月监理月报显示，每月进场的钢筋数量100~200吨，没有一个月进场1864吨钢筋的记录。某市地建公司"御林湾"住宅小区项目2008年竣工交付使用1-6、10-11号楼的基建工程竣工技术资料（材料卷）档案上也没有南宁福联钢材的产品质量证明书以及检验合格报告。

(六) 证据锁定，真相大白

专案组根据以上掌握的情况，到某市地建公司进行调查取证，并将有关利害关系——讲明，因"御林湾"住宅小区1-6、10-11号楼的基建工程竣工技术资料（材料卷）没有某福联钢材的产品质量证明书以及检验合格报告，若某市地建公司坚称在施工中使用了某福联的钢材，就意味施工单位在"御林湾"住宅小区土建施工中使用了未经检测的钢筋，这会给某市地建公司带来非常严重的后果。

某市地建公司书面答复，在"御林湾"住宅小区项目土建施工中没有使用过南宁福联的钢材。

终于，在确凿的证据面前，某市某房地产开发有限公司承认在"御林湾"住宅小区项目中未使用南宁福联的钢材，但在2008年作为成本结转并税前扣除。

专案组在查实该公司甲供钢材虚增成本的基础上，共查补入库企业所得税2384636.51元，罚款1614724.06元，加收滞纳金116536.54元，合计3308535.07元。

四、案件点评

本案的发生反映了当前的房地产企业在征收管理、后续检查等方面存在的不可以忽视的问题。应引起重视。

对于房地产企业在隐蔽工程中存在的虚假摊列成本，不是个别现象，因此，对房地产企业的征收管理，除企业自行申报外，稽查人员要加强对其项目的成本进行跟踪稽查，防止偷税漏税行为发生，确保税源及时入库。

思考题：
1. 房地产企业在隐蔽工程中存在哪些虚假摊列成本现象？
2. 如何加强对房地产企业的征收管理？

某市某汽车有限公司账外账隐瞒收入偷税案

一、案件背景

1. 案件来源

2010年11月，某市国家税务局第一稽查局接到举报，反映某市某汽车有限公司采取设置账外账的手段进行偷税嫌疑。在接到此案后，局领导深感案情重大，不容拖延，及时组织检查组开展查办工作。

2. 被查对象基本情况

某市某汽车配件有限公司，该公司于2009年10月28日成立；经济类型：自然人出资有限责任公司，所属行业：零售业，征收方式：查账征收，经营地址在某市某区净瓶路12-3号。经营范围：销售机电产品、汽车配件、建筑材料、化工产品、家用电器、摄影摄像器材。主管税务征收机关为某市某区国家税务局，纳税申报方式为自行申报，税款征收方式为查账征收。企业员工人数8人，检查所属年度之前未有因偷税被税务机关处罚的情况。

二、检查过程和检查方法

（一）检查预案

某市税务局领导根据举报线索立即安排稽查人员对该公司的情况进行初步了解，制定检查预案。

稽查人员认为，如果该公司存在账外经营，即使手段再高明，其账簿凭证上也会留有蛛丝马迹，根据以往的经验，企业若设置账外账，其真实的财务数据往往隐匿在电脑中。于是稽查人员制定了"快速行动，突击取证，获取第一手资料"的检查方法。于是决定：①事先不通知纳税人，出其不意，直接进行检查；②考虑到该企业使用电脑记账，一旦有关人员负隅顽抗，不提供密码或破坏系统，就会功亏一篑，领导小组特别申请公安机关提前介入协助检查；③严格纪律，制定统一行动方案，各行动小组要听从命令，全面出击，尽可能地获取第一手资料。

（二）检查具体方法

1. 突击检查，调取有关资料

2010年11月22日上午9点整，各行动小组以迅雷不及掩耳之势进入该公司经营地点，迅速控制了财务室、销售科、经理室等部门，令该公司负责人措手不及，由某市公安局经济侦查支队二大队调取了该公司2009年10月至2010年10月期间的各类报表、账册、凭证、纳税申报表等会计资料及用于财务核算的电脑主机两台。

2. 常规检查，未能取得突破

检查组对依法调取的有关资料进行检查分析，发现提供的资料不完整，数据钩稽关系前后矛盾。通过对该公司相关负责经营人员和财务、会计人员进行询问发现，该公司相关人员是根据开票金额进行纳税申报的，有些货物已发出，但是未收款未开票，有些客户未要求开票的，未记入销售收入，资金结算大部分采取现金交易方式，且未在账上反映，做的财务账只是反映了用于申报纳税和应付工商、税务等行政部门的检查，只是反映了该公司的部分销售收入以及成本、费用的支出情况，不能真实反映其生产经营的情况。

3. 调取电子数据资料，锁定证据

稽查人员将该公司电脑服务器主机调回税务机关后，在公司相关人员在场情况下启封、开机，对存储在其中的数据进行全面检查，在财务软件中发现了与核算销售收入有关的"商品销售汇总表"及"发出商品明细表"，并将数据导出，打印成纸质材料，由公司负责人签字确认两表中所载的公司销售收入数据系该公司两年来的实际销售收入，保证了电子数据的合法性、客观性、有效性，使该公司偷税行为得以最终认定。

三、违法事实及定性处理

（一）违法事实和作案手段

2009年10月至2010年10月期间，该公司采用账外经营的方式，隐匿销售收入（不含税）1322223.04元，少缴增值税39666.69元。

(二) 处理结果

（1）根据《中华人民共和国税收征收管理法》第六十三条第一款，《中华人民共和国增值税暂行条例》第一条、第二条第一项、第六条的规定，对该公司追缴增值税税额39666.69元，并处少缴税款一倍的罚款。

（2）根据《中华人民共和国税收征收管理法》第三十二条的规定，从滞纳税款之日起至缴纳税款之日止每日加收万分之五的滞纳金。

（3）该案上述违法行为已涉嫌触犯《中华人民共和国刑法》第二百零一条的规定，根据《中华人民共和国税收征收管理法》第七十七条以及《最高人民检察院 公安部关于经济犯罪案件追诉标准（二）的规定》第五十七条第（一）项的规定，未达移送标准，建议不移送公安机关处理。

四、案件分析

1. 找准突破口是成功的关键

在新的经济形式下，纳税人偷税手段越来越诡秘，偷税过程越来越隐蔽，其提供的资料一般都经过精心策划，从账面上很难发现其涉税问题。稽查人员在检查过程中，要善于利用其较真实的核算资料掌握其真实的情况，从最真实反映经营状况的环节寻找突破口，并围绕疑点问题提取证据资料，用证据资料把违法问题确定下来。

2. 依法采取措施，成功提取并锁定电子证据

在查处利用财务软件设置"账外账"进行偷税的行为时，相关的电子证据提取至关重要。由于存储在电脑中的电子证据具有不确定性，可以随时更改，因此税务机关必须严格依法采取有效措施，保证提取的电子证据具有合法性、客观性。本案中稽查人员通过公安机关依法扣压的电脑主机，在涉案企业相关人员在场的情况下，将计算机中存储的资料输出打印后，由涉案企业负责人签字确认，从而使提取的电子资料固定成为合法有效的证据。

五、案件点评

深入了解企业，及时发现涉税疑点，税收管理员在日常管理中，经常深入企业了解，及时发现偷税迹象。加强管理，督促企业依法报备会计软件。

根据《中华人民共和国税收征收管理法》第二十条第一款规定，从事生产、经营的纳税人的会计核算软件应报送税务机关备案。税务管理部门应依法加强对纳税人会计软件报送备案的管理工作，提高对此类企业的税收管理水平。

思考题：
1. 在稽查案中如何有效地提取和保全电子资料证据？
2. 如何加强对纳税人会计软件报送备案的管理工作？

某市××村某采石场偷税案

一、基本案情

某市××村某采石场(以下简称采石场)经济类型为集体,为小规模纳税人,经营地址××村,经营范围片石、石渣,经营方式采掘,双定户(核定每月销售额15000元,税额900元)。法定代表人原为雷某,2004年5月变更为莫某。

根据某市公安局经侦大队提供的线索,某市税务局派员到某市基础工程总公司进一步调查核实。取得的证据表明:采石场于2001年8月至2003年9月由原任法定代表人雷某负责经营期间,销售石料给某市基础工程总公司下属非独立核算单位——某市基础工程总公司××公路No.2合同段项目经理部,取得销售收入共计1513425.00元(含税价),同期只按定额月销售额15000.00元(税额900元)向某市国家税务局南区分局申报纳税,未按月如实申报纳税。案发后,采石场现任法定代表人莫某表示积极配合追缴雷某所偷税款。

二、处理意见及依据

第一,对采石场上述的违法事实,依据国务院令第134号《中华人民共和国增值税暂行条例》第一条的规定,并根据《某省(区)国家税务局转发国家税务总局关于实行定期定额纳税的个体户实际经营额超过定额如何处理问题的批复》的规定,已造成少缴增值税65738.73元。依据《中华人民共和国税收征收管理法》第六十三条第一款的规定,予以追缴;

第二,对采石场上述的违法事实,依据《中华人民共和国税收征收管理法》第三十二条的规定,对应追缴入库的增值税65738.73元,从滞纳税款之日起,每日加收万分之五的滞纳金,现暂按到2004年7月6日(下达税务检查通知书之日)止计算加收滞纳金17341.55元,以后应加收的滞纳金在解缴税款入库时计征；

第三，对采石场上述的违法事实，依据《中华人民共和国税收征收管理法》第六十三条第一款的规定，并根据《某省（区）国家税务局转发国家税务总局关于实行定期定额纳税的个体户实际经营额超过定额如何处理问题的批复》的规定，已构成偷税，偷税金额62021.33元，建议处以所偷税款的一倍罚款，罚款金额为62021.33元；

第四，该采石场2001年度偷税金额为3415.53元，未达到依法移送公安机关标准；

该采石场2002年度向主管税务征收机关申报纳税各税种总额为18459元，经检查调整后，年度各税种应纳税总额为44432.95元。现偷税金额为24236.55元，占各税种应纳税总额54.55%，依据《中华人民共和国刑法》第二百零一条的规定，已涉嫌犯罪，依据《中华人民共和国税收征收管理法》第七十七条的规定，建议移送公安机关查处；

该采石场2003年度向主管税务征收机关申报纳税各税种总额为15048元，经检查调整后，年度各税种应纳税总额50857.25元。现偷税金额为34369.25元，占各税种应纳税总额67.58%，依据《中华人民共和国刑法》第二百零一条的规定，已涉嫌犯罪，依据《中华人民共和国税收征收管理法》第七十七条的规定，建议移送公安机关查处。

以上合计应追缴增值税65738.73元，加收滞纳金17341.55元，建议罚款62021.33元，合计145101.61元。

三、查处结果

在公安税务的大力支持、配合下，慑于法律的威严，雷某从居住地南宁市专程前来补缴税款。已追缴增值税65738.73元，加收滞纳金17341.55元（含下达《税务检查通知书》以后时段的滞纳金1084.69元），罚款62021.33元，合计已追缴入库146186.29元。

四、案件启示

通过查处某市××村某采石场偷税案，再现了开展动员全社会力量协税护税工作的重要性。就此案来说，正是因为有公安机关提供重要线索（有利于立案）、协调联系被调查单位（有利于取证）、震慑偷税者（有利于追缴税款）等方面的大力支持和配合，税务稽查机关才能顺利、迅速地了结此案。

思考题：

1. 从本案件中你收获了什么？
2. 如何理解动员全社会力量协税护税工作的重要性？

某市世纪地产开发有限责任公司企业所得税偷税案

一、案件背景情况

1. 案件来源

根据某市稽查局稽查工作计划,某局对某市××地产开发有限责任公司2006年1月1日至2007年12月31日外商投资企业所得税执行情况进行了专项检查。在确认该公司违法行为后,某局于2009年4月8日对该户立案检查。根据房地产行业的特点,决定采用实地调查和外部调查等方法进行检查。

2. 纳税人基本情况

某市××地产开发有限责任公司,1999年3月4日成立,登记注册类型为合资经营企业,经营地址为某市××路××大厦十三楼,经营范围为房地产开发、商品房、物业管理(凡涉及许可证的项目凭许可证在有效期限内经营)。2005年期末固定资产原值131807.5元,管理人员和生产人员共33人。主管税务征收机关为某市某区国家税务局,纳税申报方式为自行申报,税款征收方式为查账征收。

二、基本案情

(一)外围调查,掌握该公司的经营等基本情况

在检查该公司前,按照所制定的查前计划,某局检查小组首先从外围展开调查,先后走访了市地税局、市建规委、市房产局等有关部门并到征收分局查阅了该公司的纳税申报情况,同时也对该公司所售楼盘进行了实地核实,经对该公司的财务报表、纳税申报表、税款缴款书以及在各部门所收集的资料进行分析后,一致认为该公司企业所得税税负偏低，可能会存在多计成本费用和少计收入部分收入问题，建议对该公司进行立案检查。

（二）查前分析，拟订检查计划和检查思路，立案检查

根据检查小组对该公司的案前分析，拟订了如下重点检查项目：竣工结算条件的检查，规划、测绘面积的检查，销售方式的归类检查，确认收入（含视同销售收入）的原则、范围、方式的检查，成本对象确定和计税成本分配方法的检查，成本的归集、分配和成本会计处理与税法之间差异的检查，开发产品主营业务成本和其他业务成本与税法之间的差异检查，期间费用和营业外支出的检查。

同时也拟订了检查的基本思路：按照税收政策规定判断房地产企业开发项目是否完工，合理区分已完工项目和未完工项目，最后确定重点检查方向。从立项、开发、竣工、销售四个环节入手，全面调取销控台账、销售合同、行政审批文书和证书、招投标合同、施工预决算书、监理记录等资料，运用建筑安装成本分析、利润率分析、实际投资额与概算差额控制、大额资金支付控制等方法找准疑点，采用实地检查和询问调查相结合、账内检查和外调核查相结合的方法，全面审核项目的收入和成本费用支出的真实性和准确性。

（三）根据检查程序循序检查，对重点项目进行重点检查

根据检查程序，某局检查小组对售楼处、财务部门和项目实地进行了全面的检查。

1. 售楼处的检查

（1）实地查看，了解楼盘销售情况，核对房源销售平面图，调查、询问阁楼、停车位、地下室是否单独作价销售、有无折扣和赠送，掌握住宅、阁楼、停车位、地下室的销售状况；（2）查看售楼场所公示的商品房预售面积、测绘技术报告书、共用面积分摊情况、建筑面积分摊内容、房屋销控表、销售合同统计数据等材料，并将销控表的已售楼盘与房屋交易网商品房预售项目逐一核对。

2. 财务部门的检查，要求提供以下资料

（1）发票领购本（包括收据）和所有发票；（2）销控台账、销售合同等纸质资料以及预售房款统计数据、售房发票记录等资料；（3）成本构成及结转明细表；（4）房地产企业与中介签订的代理合同、协议，根据计提的销售佣金金额和比例反向计算销售额，与申报的预售收入和销售收入比对，寻找差异；（5）企业会计报表、审计报告等资料。

3. 项目实地检查

（1）到楼盘所在地实地观察，看是否有变更容积率、增加可售面积的情况；（2）车库和人防工程的是否出租或销售的核查；（3）取得房源表到项目工地实地核查，与物业公司提供的入住情况进行核对，看是否有已售未转收入的房屋；（4）调取出租物业明细表，实地检查出租物业的情况，查找未入账的租赁收入。

对该公司的财务账进行全面检查，对收入、成本、费用进行重点检查：

（1）收入的检查要点。

①未完工开发主营业务收入是否预缴税款；②完工开发主营业务收入确认是否及时，收取的价款和价外费用是否按规定入账，有无隐匿收入等；③出租收入反映是否完整，是否按时申报，价格有无存在关联交易的情况；④视同销售是否及时申报，价格是否公允。

（2）开发成本的检查要点。

①检查土地使用及拆迁补偿费、前期工程费、建筑安装费、基础设施费、公共配套设施费、开发间接费等项目的入账是否真实、准确；②检查开发企业是否准确区分期间费用和成本、开发产品建造成本和销售成本的界限；是否有序列、多列、重列成本的情况；③土地征用及拆迁补偿费、公共设施配套费是否按照成本对象进行归集；是否将成本对象完工后实际发生的费用全部计入当期销售成本；④多个开发项目的成本核算划分是否清楚，有无混淆成本核算对象；是否按照配比原则结转产品成本；销售成本结转是否正确；⑤关注票据的合法性，检查是否有白条、自制收据等不合法凭证入账。

（3）费用的检查要点。

①检查是否有合法凭据；②检查董事会和股东决议是否在符合规定范围开支；③检查其真实性；④严格区分广告费支出与赞助支出；⑤检查销售佣金支出是否符合规定；⑥开发产品完工之前借款利息是否计入开发成本，不应计入期间费用；⑦借款费用属于不同成本对象共同负担的，按照直接成本法或预算造价法进行分配；⑧利息是否合理，是否超过银行利率。

三、案件处理结果

通过上述检查，检查小组最终查明该公司 2006 年、2007 年未按银行同期贷款利率收取关联企业某市安厦房地产开发公司、港资协旺有限公司借款利息 2006 年 847858.83 元、2007 年 739679.71 元，未进行纳税调整向某市某区国家税务局申报纳税，造成少缴外商投资企业所得税 238130.78 元；该公司 2006 年、2007

年多计成本 5364993.73 元，多计费用 2031432.91 元，少计收入 830990.00 元，未进行纳税调整向某市某区国家税务局申报纳税，造成少缴外商投资企业所得税 1234112.50 元；依据《中华人民共和国外商投资企业和外国企业所得税法》第一条第一款、第十三条、《中华人民共和国外商投资企业和外国企业所得税法实施细则》第二条第二款、第五十五条、第十九条第十款、《国家税务总局关于外商投资房地产开发经营企业所得税管理问题的通知》第五条、第六条、《外商投资企业执行新企业财务制度的补充规定》第一条第十项第三目、第二条第十八项第十目、《中华人民共和国税收征收管理法》第三十六条、第六十三条第一款的规定，调整征收外商投资企业所得税 238130.78 元，追缴外商投资企业所得税 1234112.50 元，依法加收滞纳金，罚款 617056.25 元。

四、案件分析

纵观此案，此案违法手段主要是多计成本、少计收入，虽然该案偷税手段不复杂，但是检查、计算过程却较为复杂，因为房地产行业成本核算本身就较为复杂，从开发成本到库存商品成本、从库存商品成本结转主营业务成本，而影响当期应纳税所得额的仅仅是主营业务成本。一遇到房产公司开发地域广、楼栋多、期数滚动进行等复杂楼盘，如何准确划分、核算当期主营业务成本，不仅工作量大，而且政策上、技术上都对检查员业务水平提出了较高的要求。企业就是利用这点，混淆各期成本（提前结转成本）、加大单位负担成本、摊销应单独核算的自建固定资产成本到开发成本中、利用不同科目重复计算开发成本等，从而达到减少当期应纳税所得额的目的。另外，企业还利用其他应付款隐匿其他业务收入偷逃税款。

该案之所以偷税巨大，是因为 2006 年、2007 年正逢该公司交房时期，应确认收入，按照收入与成本配比原则进行开发成本的结转，从而暴露了该公司开发成本核算混乱、不符合税法规定的未做纳税调整等违法事实。

五、案件点评

第一，检查人员在稽查过程中首先对被查对象的业务流程进行熟悉，从各个业务流程中判断可能会出现问题的环节，对该环节涉及的有关事项进行重点检查；

第二，通过对房地产行业的专项检查，发现该行业普遍存在成本较高的问题，结算下来大部分房地产企业发生亏损，这与房地产行业的现状不符。据检查人员对票据的核实，发现列支成本的发票票据是真实的，但是否为真实交易就难以核实。用合法的票据虚列成本是房地产企业偷逃企业所得税的重要手段，且难以核查，所以在检查中应加强对这方面的发票核查。

第三，加强业务学习，努力提高业务知识，提高业务技能，增强独立查账能力，对努力学习取得各项学习荣誉的应给予相应的奖励。

思考题：

1. 你从本案的稽查过程得到了什么启发？

2. 合法的票据虚列成本是房地产企业偷逃企业所得税的重要手段，在工作中如何做好这方面的甄别？

某市某混凝土有限公司偷税案

一、案件背景情况

（一）案件来源

根据某市国税局稽查工作计划，某局对选定的混凝土行业其中的一户——某市某混凝土有限公司进行解剖检查，为下一步的行业专项检查做准备。

（二）纳税人基本情况

某市某混凝土有限公司，2006 年成立，登记注册类型为有限责任公司，经营地址为某市某创业园，经营范围为混凝土生产、销售。法定代表人李某，财务负责人秦某，办税人员秦某，2005 年期末固定资产原值 1672 万元，管理人员和生产人员共 116 人。主管税务征收机关为某市某区国家税务局，纳税申报方式为自行申报，税款征收方式为查账征收。

二、基本案情

（一）专题分析，寻找案件突破口

为了下一步对某局辖区内混凝土行业的专项检查，某局特派出一个检查小组选定辖区内的某市某混凝土有限公司作为解剖检查对象进行检查。在检查前，专门召开了检查专题讨论会，并以前案件——某混凝土公司偷税案件作为案例进行了分析。认为查处混凝土公司应从应收账款、其他应收款、库存商品等科目入手，彻底清查其真实的销售收入，检查方式应当以突击检查方式和外调方式相结合的方式进行。

（二）制订行动方案，突击检查，外调协查

在确定了以突击检查方式和外调方式相结合的方式后，某局检查小组一行四人于2009年7月30日对该公司进行了突击检查，通过对该公司的财务室有关资料的收集、整理，现场发现了该公司一些账外的结算单据，在调取了相关资料回到办公室，检查组成员立即对相关资料进行了分类核对，清理出了该公司账外销售混凝土的一些资料，并立即拿着这些资料到有关用料单位进行了外调协查。通过调查，该公司存在账外经营的情况。

（三）梳理资料，与应收账款等科目核对，确定证据

在确定违法事实后，某局检查人员开始有目的性的进行取证，先后对账上的应收账款、其他应收款、库存商品、主营业务收入等科目以及申报资料进行核对，并复印取证，在确定完证据后，某局检查人员找来该公司主要人员进行了谈话，该公司法人在与检查人员进行交谈时主动承认了错误，认识错误的态度较好，并当场与检查人员一道积极配合，顺利完成了所有的取证工作。

三、案件处理结果

通过检查，某市某混凝土有限公司2007年4月至2008年11月期间供应给某市第五建筑公司4629立方米混凝土，金额1365060.00元（含税），未在账上列销售收入，未向主管税务机关申报纳税。某局根据《中华人民共和国税收征收管理法》第三十二条、第六十三条第一款，《中华人民共和国增值税暂行条例》第一条、第十九条第（一）项，《中华人民共和国增值税暂行条例实施细则》第三条、第三十三条第（一）项以及《国家税务总局关于商品混凝土实行简易办法征收增值税问题的通知》的规定，对该公司处以追缴增值税77267.55元，按规定加收滞纳金，并处所偷税款百分之五十的罚款38633.78元。

四、案件点评

该案件的主要亮点在于能详细分析企业的经营状况和经营流程，并对经营中可能出现的问题进行了认真的思考，并将检查重点放在该行业最容易出问题的应收账款上，并通过突击检查和外调协查的方式对该公司进行了重点打击。通过总结该案件的成功经验，有如下经验：

第一，在办理案件之前，对企业的行业流程和行业特点，包括经营方式、销售方式、收款方式等特点应当做全面了解，并要善于借鉴其他案件的成功经验，才能找准案件突破口，才能制定好有效的检查方案。

第二，在办理案件的过程中要积极主动，在发现案件线索后应当及时进行判断并做出决定，以免贻误战机，此案中，检查小组在发现账外经营的情况，第一时间整理出有关资料，并立即派员到有关单位去了解落实，在检查中占据了主动，取得了先机。

第三，在取证过程中与偷税者的交流沟通也非常重要，摆事实，讲道理，讲法律，讲政策，通过交流沟通，使偷税者能够明白所触犯的法律的后果，引导偷税者能够主动改正错误，积极配合，争取宽大处理为检查攻心的上上之策。

思考题：
1. 在案件的取证过程中如何与偷税者交流沟通？
2. 在税务稽查执法中如何引导偷税者主动改错，积极配合查处？

某市某粮油食品有限公司接受虚开增值税专用发票抵扣税款偷税案

一、案件背景情况

（一）案件来源

2009年4月中旬，某市国家税务局第二稽查局接到公安机关转来的一个涉税案件。资料显示，某市某粮油食品有限公司涉嫌取得虚开的增值税专用发票抵扣税款。经初步分析，局领导意识到该案案情重大，立即安排人员于2009年4月21日组成检查组对该公司进行专案检查。

（二）被查对象基本情况

某市某粮油食品有限公司，企业类型为有限责任公司，2003年3月被认定为增值税一般纳税人，经营范围：粮食、食用植物油、定型包装食品、粮油制品、饴糖、饲料原料、自营和代理各类商品和技术进出口、禽蛋、蔬菜、瓜果、编织袋以及塑料制品商标印刷等；经营方式为加工销售。

二、检查方法及发现的主要问题

（一）熟悉案情，磨砺宝剑

凡事预则立，全面掌握案情及涉案企业的状况，找准切入点是检查组首要的工作任务。本案的信息主要来源有两方面：

（1）税务征管部门的企业纳税信息。检查组在实地检查前，特别到征收部门，调取了某市某粮油食品有限公司的征管档案，并向熟悉企业情况的税收管理员详细了解其生产经营模式，初步掌握了企业的基本经营情况：①该公司经营品种繁多，所以购入的材料品种也很多，而且量大，每个月的抵扣联就有数百份；②该公司经营粮食、食品，销售范围包括某市及周边县，每月的销量大，开具的普通发票及增值税专用发票数量也多，纳税申报正常。

（2）公安部门的问讯材料。检查组对公安机关转来的资料进行了仔细的分析，特别是公安机关对相关人员的询问笔录。开票方（某市福利助剂厂）当事人（法定代表人秦某）在接受公安机关讯问时承认了虚开增值税专用发票的违法事实，并陈述自己是唯一的开票人。

从以上资料来看，某市某粮油食品有限公司每月购入的货物多而杂，取得的专票也多，供货方肯定也不会少。通过公安机关对开票方法定代表人所作的询问笔录看，开票方已承认虚开的事实，因此从开票方收集证据应该更可行。检查组于是初步订立检查方向从对开票方的检查入手。

（二）一波三折，见招拆招

开票方某市福利助剂厂是民政福利企业，主要涉案人员为该厂的法定代表人秦某，其自称是虚开增值税专用发票的唯一开票人，但其在被公安机关提审后自杀身亡。检查组进入该厂实地检查后发现，该厂会计由秦某的妻子担任，仅设置了简单的流水账簿，无相关的材料账及出入库记录。根据开票方的账簿资料汇总统计，该厂 2004 年 1 月～2009 年 3 月期间开具给某粮油公司的增值税专用发票共计一百份，因为没有确切的出入库资料，双方交易的真实性无法在账务上予以证实。在这种情况下，从开票方取得虚开的证据有相当的难度。查案似乎陷入了僵局。

从开票方无法获取确实的证据，检查组立即掉转方向，从货、票、款这三方面的实物流向着手，将取证的主攻方向对准增值税专用发票的抵扣方某粮油公司和真正的供货方。

某市某粮油食品有限公司是增值税一般纳税人，存有完整的账务资料和进销货的入库单据。从某公司的财务资料上看，它与某市福利助剂厂有业务往来，但其业务往来的数量是否与开具的专用发票相符，还需进一步查证。检查人员首先从某粮油公司取得的专用发票入手，统计出和案情有主要关联的收购废旧塑料的具体数额，然后再进行分类和鉴别，得出具体而翔实的数据。接着对该公司的采购部门进行检查，收集到对查办案件极为有利的证据：该公司 2004 年 1 月～2009 年 3 月期间记载收购原材料（塑料颗粒）的几千份"编织袋收货凭证"。

所有"编织袋收货凭证"在右下角都标注了实际销售人的名字,证实了某公司名为从某市福利助剂厂购买塑料颗粒,实为从个体户手中购买编织袋。检查组对此资料进行分类统计,发现2004年1月~2006年10月间福利助剂厂和某粮油食品公司没有真实交易发生。从2006年11月~2009年3月,有部分交易真实,但是从增值税专用发票的开具金额来看,与真实交易数额不符,也属于虚开增值税专用发票,这部分发票也不能用于抵扣进项税额。这些"编织袋收货凭证"成为某粮油公司获取虚假发票抵扣进项税额的有力物证。

在完成了对增值税专用发票抵扣方的取证后,检查组赶赴公安机关,对已被羁押的五名销售塑料颗粒的个体户问询。由于当事人并不知道税务机关已掌握了详细的证据,百般抵赖和推诿。检查人员技巧地周旋,用不同当事人的话语互相质证,当事人感受到强大的心理压力,最终突破心防,将案情和盘托出,交代了三方交易的流程和方式。这五名销售塑料颗粒的个体户供认案情的笔录,充实了证据链条,使整个案情更加丰满和确定。

(三)利剑出鞘,水落石出

至此,根据某粮油公司的"编织袋收货凭证"和供货方个体户的口供说明,再结合开票人秦荣辉自认虚开增值税专用发票的口供,从开票方、受票方、供货方获取的三方面证据组成完整的证据链条,某市某粮油食品有限公司接受虚假增值税专用发票抵扣税款的案件水落石出。

某市某粮油食品公司在2004年1月~2009年3月期间向个体老板龚某、蒋某、周某、王某、李某购进原材料——塑料颗粒,由于个体户不能提供相应的增值税专用发票,经龚某的介绍,负责材料采购的公司副总张某认识了福利助剂厂法定代表人秦某,三人合谋,达成虚开增值税专用发票的"共识":秦某为某粮油公司虚开增值税专用发票,按开票金额的6.38%收取手续费。

具体做法为:(1)某粮油公司向个体老板购进原材料时由仓库保管员开具"编织袋收货凭证"(以下简称收购凭证),双方凭"收购凭证"结算;(2)某粮油公司需要增值税发票时,某市福利助剂厂则根据"收货凭证"为其开具增值税专用发票,票面金额为"收购凭证"上的金额乘以0.0638得出,然后仓库保管员会根据增值税专用发票填开的品名、数量、金额等内容填开"某市大米厂原料入库验收单"交给会计记账。

该公司在多方确凿的证据面前,承认了检查出的违法事实和偷税金额。

三、违法事实及依据

2004年1月~2009年3月期间，某市某粮油食品公司接受某市福利助剂厂虚开的100份增值税专用发票并用以抵扣进项税额，造成少缴增值税1135773.56元。

（1）该公司上述行为，违反了修订前的《中华人民共和国增值税暂行条例》第九条的规定，及修订后的《中华人民共和国增值税暂行条例》第九条的规定，造成少缴增值税1135773.56元。

（2）根据《中华人民共和国税收征收管理法》第三十二条的规定，对该公司应追缴入库的增值税1135773.56元，从税款滞纳之日起，按日加收滞纳税款万分之五的滞纳金。

（3）根据《国家税务总局关于纳税人取得虚开的增值税专用发票处理问题的通知》第一条及《中华人民共和国税收征收管理法》第六十三条第一款的规定，该公司的上述行为已构成偷税，偷税金额合计1135773.56元，追缴所抵扣的进项税1135773.56元，并处所偷税款一倍的罚款，罚款金额为1135773.56元。

该公司已于2009年10月25日将税款、罚款、滞纳金清缴完毕。

四、检查中遇到的困难和阻力

（1）开票方的账证不健全，难以从开票方着手，收集相应的证据性；

（2）检查人员在对销售货物的个体工商户进行询问时，阻力较大。要么是以时间太久，记不起来为由，拒绝回答相关问题。要么是回答问题前后不一致，试图混淆视听，有翻供的可能。

五、拍案说法，警世明言

本案中的几个当事人可谓下场凄凉：开票方某市福利助剂厂法定代表人秦某，经公安机关审讯后，自忖无法逃脱法律的制裁，在提审后自杀身亡；供货方几名个体户目前仍被关押狱中，看着铁窗透进来的微弱光线，等待莫测的前途；受票方某市某粮油食品公司副总李某，因涉嫌偷税金额巨大，触犯刑法，面临法律的严重裁决。

从这个案件当中，应当注意到两个方面：

第一，个人法律意识淡薄。几名个体户为了销售货物，便找人虚开增值税专用发票，最终身陷囹圄；开票人秦某为了获得18万元的利益，虚开发票，直到被公安机关提审，才明白事情的严重性，以自杀的方式逃避法律后果，付出了生命的代价；受票方也因偷税金额巨大将面临失去人身自由甚至更严重的审判。这些人付出的代价可谓巨大，如果他们在事前对法律后果能有足够的认识，衡量二者轻重，就不会轻易地做出这种追悔莫及的行为。

第二，该案的检查方法及思路，对今后检查类似的案件有一定的启示。对接受虚开增值税专用发票的检查，一般是从开票方着手，证实存在虚开行为，再证实存在接受虚开行为。在本案中，开票方的法定代表人死亡，且开票方的账证不健全，从开票方取证难度大。在本案的调查取证过程中，检查人员通过对销售货物的个体户进行询问，取得相应证据；对接受虚开方的相关资料进行收集、统计，两者相互印证，互为依托，构成主要的证据链，从而将该案突破。

六、本案点评

本案涉案金额巨大，并有主要涉案人员自杀而酿成严重后果。

对于类似的税收违法行为，税务机关在今后的管理工作中应当在如下方面多做努力：

第一，加强税法宣传。许多个人认为税法宣传都是针对企业而言，甚至认为税法跟个人无关。说明目前税法宣传还不到位。宣传的形式也应有所改变，税法宣传每年都在做，但宣传方式多数采用纸质的宣传资料，使人学习起来略显枯燥。

改变税法宣传模式，可以增加宣传的效果。税务机关可将案例制作成为税法讲座或是重大税务案件公告在电视节目上播出，使所有公民都能从视与听的双重渠道接收到税法信息，加强税法学习的趣味性和可观性，并用真实案例令人直观地认识到，违反税法同样会产生严重的法律后果。

第二，税务机关应加强评估与管理。对即征即退企业，税务征收部门可以加强日常管理，多下企业实地检查，对该企业是否具备相应的生产能力作出相应的评估。在严格的监督下，企业在处理涉税的事宜上更谨慎，防止重大案件的发生。

思考题：

1. 本案的查处对你有何启示？
2. 如何加强税收宣传工作及提高宣传效果？

某纸业有限公司接受虚开增值税专用发票偷税案

某市税务稽查局从 2004 年 9 月 30 日止共查处了一起接受虚开增值税专用发票案件。某市造纸厂（现名某市某纸业有限公司）税案涉及善意接受虚开增值税专用发票十八份，金额共计 1615442.44 元，税额共计 210475.56 元。

一、基本案情

该厂 2001 年 1 月、3 月、4 月和 6 月购进货物时（货物为精煤和精烟煤），付款方式为银行转账，购进货物方式为送货上门，分别取得 18 份由江西省萍乡市五坡新发煤矿开出的虚假增值税专用发票（经通过金税工程协查系统发函协查证实无该企业、查无此票或假票废票）。这 18 份增值税专用发票票面金额共计 1615442.44 元，税额共计 210475.56 元，该厂已分别于 2001 年 2 月、4 月、5 月和 7 月向某市国家税务局北区分局进行了申报抵扣税款 210475.56 元。

二、突破方式

主要通过对该案购进货物渠道产生疑问（送货上门，无购销合同），且购进货物的地区为虚开增值税专用发票案件多发区，通过金税工程协查系统发函协查进行突破的。经发函核实该厂 2001 年 4 月第 09/0629 号凭证中购进货物（货物为精烟煤，付款方式为银行存款转账）从江西省萍乡市五坡新发煤矿取得（货物交易正常）6 份虚假发票，经金税工程协查系统发函，回函为无该企业，查无此票，正式函件已收到：萍乡市国家税务局查实截至 2003 年 11 月 12 日 CTAIS 系统中无五坡新发煤矿的户籍资料，未出售过发票代码为（00×××026-00×××031 的增值税专用发票），金额 552235.92 元，税额为 71790.68 元，该厂取得该六份虚假发票后于 2001 年 5 月向某市国家税务局北区征收某市税务局申报抵扣税款

71790.68元（证据材料：发票联、抵扣联复印件、购进原材料和付款凭证及附件复印件、验收入库过秤资料复印件、领料单复印件、询问笔录、企业自述材料及有关人员材料证明、有关回函资料）。

该厂在2001年1月第07/0482号、07/0483号，3月第03/0146号，6月第10/0759号凭证中购进货物（货物为精煤和精烟煤，付款方式为银行存款转账）从江西省萍乡市五坡新发煤矿善意取得（货物交易正常）12份虚假发票。金税工程协查系统于2004年3月29日回函，回函结果为：无该企业，查无此票。其纸质资料于2004年5月8日邮寄我局，回函结果为：发票号码为00052014——00052017号发票经查实为萍乡市第二电瓷厂销售处领购，萍乡市第二电瓷厂销售处已注销，法人和会计均无法找到；发票号码为000××071——000××074经查实为上栗木供电公司领购并已申请空白作废，查处结果为假票废票；发票号码为00×××047——00×××050结果为无该企业，查无此票，经查实萍乡市局发票所从未领购和发售此代码和此号码的增值税专用发票。这12份发票涉及金额1066806.52元，税额138684.88元，分别于2001年2月、4月、7月向某市国家税务局北区征收某市税务局申报抵扣税款138684.88元（证据材料：发票联、抵扣联复印件、购进原材料和付款凭证及附件复印件、验收入库过秤资料复印件、领料单复印件、询问笔录、企业自述材料及有关人员材料证明、有关回函资料）。

本案中该局采取了实地检查、询问（谈话笔录）、企业自述的稽查方式进行稽查的。

三、处理依据和结果

对该案该违法事实定性善意取得增值税专用发票，处以追缴增值税税款210475.56元，加收滞纳金90473.55元。该案连同其他违法事实共应补缴的增值税292277.60元，加收的滞纳金213970.74元。

四、案件点评

近几年，国家对增值税进项发票抵扣问题先后做出了增值税专用发票交叉稽核、商业企业凭付款凭证抵扣等规定。这些政策的出台对加强增值税管理发挥了重要作用。

以该案为例，某市国税局根据国家规定并结合本市情况，规定对单张进项税额 5 万元以上的增值税专用发票必须发函稽核后才能抵扣,同时规定对经审核发现有疑点的发票,不论金额大小都要先稽核再抵扣。本案所述某医疗保健品有限公司从广东省购进货物,从青海省取得增值税专用发票,即借贷方与开票方不一致。另一个案件则是通过对该案购进货物渠道产生疑问(送货上门,无购销合同),且购进货物的地区为虚开增值税专用发票案件多发区,通过金税工程协查系统发函协查进行突破的。对这种联号开出且税款总额较大又没有付款凭证的发票,本应引起税务机关高度注意,发函稽核后才准予抵扣,但该企业主管税务机关却在既未发函核实,企业又提供不出付款凭据的情况下同意其做了进项抵扣,致使不法分子偷税阴谋得逞,导致国家税款不应有的流失。

另外,在增值税专用发票稽核中还存在对方不回函或回函时间过长等现象。有时发函机关一两个月都接不到对方回函,考虑到企业资金周转问题,只好先同意企业做了抵扣进项,时间一长,接不到对方回函也只能不了了之。

要加强对增值税专用发票管理,除要制定严格的管理制度外,还必须制定相应的工作责任制度,对不按规定发函稽核或不按规定时间复函造成国家税款流失的,要依法追究有关人员责任。从而提高税务人员的工作责任心和使命感,切实把好纳税申报审核关,从根本上堵住利用增值税专用发票偷逃国家税收的漏洞。

思考题:

1. 在日常工作中你对进货物的地区为虚开增值税专用发票案件多发区开回来的发票,你是如何处理的?谈谈你的经验。

2. 国家对增值税进项发票抵扣问题先后做出了增值税专用发票交叉稽核、商业企业凭付款凭证抵扣有哪些规定?

某市某建筑机械有限公司隐瞒收入偷税案

一、案件背景

(一) 案件来源

为了进一步推进税收科学化、精细化管理,强化税源监控,提高税收征管质量和效率,某市国税稽查局建立了税收分析、纳税评估、税源监控和税务稽查"四位一体"的横向良性互动机制。征管、评估和稽查等部门紧密联系,信息互通,取得良好的效果。此案就是"四位一体"良性互动机制运行后查处的一个比较典型的案例。

2008年10月,某市某区国家税务局纳税评估小组对该市某建筑机械有限公司进行评估,发现该公司2007年账面存货与往年相比,库存量非常大,税负也明显下降,存在较大疑点。通过约谈,企业自查,仍不能解释评估所发现的疑点,于是将有关信息传递给稽查部门。稽查部门经过分析,认为该公司存在偷税嫌疑,立即组织人员立案检查。

(二) 被查对象基本情况

某市某建筑机械有限公司是一家私营有限责任公司,1991年10月30日成立,于1995年10月批准认定为增值税一般纳税人,经营范围:建筑工程机械加工、组装;销售机电产品(小轿车除外),建筑材料。经营方式为制造。

二、检查方法和发现的问题

(一) 查前分析,拟订检查方案,不打无准备之仗

收到征收部门转来的评估材料后,检查人员并没有贸然进入企业进行检查,

而是对评估部门转来的所有材料进行了详细的分析。征收部门转来的评估信息显示：(1) 该公司2006年税负7.05%，2007年税负5.99%，2008年1~9月税负4.48%，税负逐年下降，且下降幅度较大，从收集到的账面材料上又找不到税负下降的原因。征管部门已就该问题对企业法人、相关人员进行了约谈。约谈后，企业要求自查。企业自查出的问题是，销售废料收入部分未申报缴纳增值税。但未申报部分并不能说明税负下降的原因。(2) 从评估材料中发现的另一个疑点是"减速器"的销售数量。①该公司2007年领用耦合器标牌7866个，减去2007年用于销售的耦合器4700个，剩余3166个标牌用于生产"减速器"的耦合器，则2007年度应生产销售"减速器"约3166个。该公司"减速器"销售价格为2000~7000元不等，以"减速器"平均价格销售价格4000元计算，2007年应实现销售收入12664000元。但该公司2007年申报的销售收入为10194486.91元，两数相差约247万元，相差较大；②通过对该公司装配工的计件工资进行测算，该公司2007年生产装配"减速器"的数量应约为3560台。此数据与该公司领用耦合器标牌数基本吻合。

针对以上信息资料，检查小组知道问题已经比较明确，检查的思路和方法也应该具有很强的针对性和可操作性。另一方面，检查人员根据自身的经验判断到该公司具有一定的行业特点，针对这一特点进行检查，可以达到事半功倍的效果：

(1) 该公司主要是建筑工程机械的生产加工、组装，所生产的产品，属于机械加工产品，需对所生产的产品进行质检，颁发质检合格证，达到有关部门的标准才能销售。那么，从该公司的质检部门取得相应的资料，可以准确地获取该公司生产产品的型号、数量；(2) 该公司所生产的产品都必须领用铭牌（钉在有关机械上），通过对铭牌的领用分析，可大致测算该公司生产产品的数量；(3) 通过对有关账簿进行检查，核对生产工人工资（计件），与产量比对，测算该公司的产量；(4) 对该公司现存产品进行盘点，结合以上测算的产量，估算一段时期产品发出的数量。通过以上分析，检查组拟定了具体的检查方案：

①对该公司的产品进行测算。主要是到质检部门调查，核实该公司经质检的产品有多少。

②对该公司的存货进行全面盘点。通过盘点存货，再与企业的存货明细账核对，查找是否账实不符的问题，再深入检查。

③对该公司的资金往来情况进行稽查。拟定对该公司的基本银行账户以及有关人员的私人存款账户进行检查，落实是否有取得销售收入存入私人账户的情况，以巩固相应的证据链。

④对该公司的相关人员进行询问。如法定代表人、相关人员、主管销售人员、采购员、仓库保管员等，以期从中发现蛛丝马迹。

（二）实地检查，多管齐下，寻找突破口

正式开始进场检查时，检查组没有一股脑地全部涌入财务部门，而是按拟定的方案兵分四路对企业进行全面的检查，不容被查单位有销毁或篡改证据的机会。

（1）第一路人员到生产车间测算产量。查阅车间相关资料，车间产量与送质检部门的登记记录。

（2）第二路和第三路人员分别到仓库进行实地盘点。该公司的产品都是比较大型的机械设备，设备上都有具体的型号等资料。检查员根据嵌贴在设备上铭牌的型号、数码，分类别做好登记。

（3）第四路人员到财务部门、销售部门进行账务检查。检查人员除了对该公司的财务报表、总账、各项明细账、记账凭证、纳税申报表等进行详细检查，还对从销售部门收集到的销售明细表进行分类统计。特别对"有发出数（标明购买方单位、数量、发出日期）尚未开票数"加以关注。

（三）拿准命脉，势如破竹，全战告捷

拿准命脉，多管齐下，势必威力无比。检查组获取多方证据后，立即进行数据的汇总、对比。通过对从财务部门与销售部门收集到的资料进行比对、分析，发现该公司销售明细表上的发出数与会计销售明细账不符，经统计得出销售明细表上共有销售的机械设备 449 台已发给用户，而会计账上未反映此部门销售事实，该公司偷税的尾巴终于露出来了。

检查人员就此问题询问相关人员时，相关人员顾左右而言其他，始终不说出违法事实。但检查人员心里明白，找到突破口后，检查人员立即对企业法定代表人下发了《询问通知书》。看到检查人员收集到的证据，在"账实不符"这个无法辩驳的事实面前，企业法定代表人不得不承认，该公司生产销售的部分机械产品，未签订销售合同，只开具产品出库单，并将产品出库单交给买方作为提货凭据，货物已全部发出。由于货款未收到，又未开具发票，企业就存在侥幸心态，未将此部分收入向主管税务机关申报纳税。

三、违法事实及定性处理决定

（1）该公司 2007 年至 2009 年 4 月采取直接收款方式销售货物 2166700.00

（含税）元，不向主管税务机关申报纳税。违反了《中华人民共和国增值税暂行条例》第一条、第十九条第（一）项、第二十三条第二款，2009年修订的《中华人民共和国增值税暂行条例》第一条、第十九条第（一）项、第二十三条第二款及《中华人民共和国增值税暂行条例实施细则》第三十三条第（一）项，2009年修订的《中华人民共和国增值税暂行条例实施细则》第三十八条第（一）项的规定，造成少缴增值税314819.66元，根据《中华人民共和国税收征收管理法》第六十三条第一款的规定，予以追缴。

（2）根据《中华人民共和国税收征收管理法》第三十二条的规定，对追缴入库的增值税314819.66元，从税款滞纳之日起至税款缴纳入库止每日加收万分之五滞纳金。

（3）根据《中华人民共和国税收征收管理法》第六十三条第一款的规定，该公司上述行为已构成偷税，对该公司的偷税行为处所偷税款百分之五十的罚款，罚款金额为157409.83元。

四、案件点评

（1）本案成功的一个关键因素是案件的来源。目前对稽查部门查办案件的要求已经从"大而全"转变到"精而准"，稽查选案的质量显得尤为重要。该局近年来从开发稽查选案软件，到建立"四位一体"的横向良性互动机制，力求从多方面突破稽查选案的局限，提高的查办案件的质量。建立税收分析、纳税评估、税源监控和税务稽查"四位一体"的横向良性互动机制，稽查部门和其他各部门积极互动，信息共享，相互配合，形成合力，堵塞征管漏洞，加大打击力度。管理和评估部门发挥纳税评估的优势，从日常检查中捕捉税收违法的蛛丝马迹，并及时将线索提供给稽查部门，为稽查部门集中力量打击涉税违法行为提供了准确的方向，查办案件表现出"稳、准、狠"，大大提高了稽查效率和成果。

（2）要善于总结行业特点，创新办案技巧，做好充分的查前分析准备，以提高查办案件的效率。本案的快速有效查结，案源的来源至关重要，但检查小组细心分析案情资料，精心制定检查计划，以及找准行业特点等稽查人员具备的较强的税务稽查职业素质也是功不可没。

（3）从本案可以看出，部分纳税人为了少缴税款，曲意理解税法，认为没有收到货款或开具发票，销售并没有实现，要等收到货款开票后，才申报纳税，造成了税款的滞纳，进而违反了税法的规定。或者存在侥幸心理，认为只要税务人员没来检查，就可以神不知鬼不觉。这一方面是纳税人对税法的理解有偏差，但也说明了税务机关的宣传还存在盲区，说明我们的税收政策宣传力度还不够。建议主管部门有针对性地对纳税人进行宣传、辅导，增强纳税人依法纳税意识。以减少纳税人的损失，提高税法的遵从度。

（4）本案的发生，反映出对纳税人的日常监管还不到位。企业存在的少缴税款的侥幸心理，与我们的日常管理疏漏不无关系。纳税人的心里认为，全市那么多企业，一个稽查局一年也查不了几个，查到了就自认倒霉，查不到就赚了。这种心态不在少数。如何防止这种现象的发生，加强征管力度是一个必不可少的方法。某局已向征管部门发出稽查建议，建议征管部门在日常管理工作中，不仅要对纳税人的书面资料进行审查，还应深入企业，熟悉企业的生产流程和生产经营情况，加强日常征管，以堵塞征管漏洞，防止国家税款的流失。

思考题：

1. 谈谈建立税收稽查"四位一体"的横向良性互动机制的必要性。
2. 如何提高企业自查工作的有效性？

某市某房地产开发有限公司
企业所得税偷税案

一、案件背景情况

（一）案件来源

根据某市税务稽查局专项检查计划，该局派员对某市某房地产开发有限公司2007年1月1日至2007年12月31日企业所得税执行情况进行了专项检查。在确认该公司违法行为后，该局于2009年11月23日对该户企业立案检查。

（二）纳税人基本情况

某市某房地产开发有限公司2003年10月成立，登记注册类型为其他有限责任公司，经营地址为该市环城南二路，经营范围为房地产开发及销售等。法定代表人杨某，财务负责人马某，管理人员和生产人员共22人。主管税务征收机关为某市某区国家税务局，纳税申报方式为自行申报，税款征收方式为查账征收。

二、基本案情

此次专项检查，某市税务稽查局根据房地产行业的特点，采取以下方式方法开展专项检查。

（一）精心组织学习培训，将房地产行业有关政策、检查程序、检查方法贯彻到每位检查员

为了保证案件查处工作做到有条不紊，在检查前，由某市税务稽查局审理股的同志撰写了房地产行业检查的有关讲义，并利用三天时间对某市税务稽查局检

查人员进行讲解，并对房地产行业可能存在的问题和应当采用何种程序和方法对房地产行业进行检查等进行了讨论。通过学习和讨论，使大家对房地产行业的特点、生产经营流程、会计核算和税法之间的差异有了较深的了解，并通过讨论总结出了房地产行业检查的基本思路和程序和相关账务检查方法。

（二）选准目标，推动房地产行业专项检查工作的深入开展

此次房地产行业专项检查能否取得实效，取决于能否选准目标。该局选案部门、审理部门、执行部门、检查部门联合抽调有关人员对辖区内的房地产企业进行了全面的摸底调查，在开展此次专项检查前，按照所制定的选案计划，该局派出有关人员首先从外围展开调查，先后走访了市地税局、市建规委、市房产局等有关部门并到征收某市税务局查阅了涉税房地产公司的纳税申报情况，同时也对相关房地产公司所售楼盘进行了实地核实，经对这些公司的财务报表、纳税申报表、税款缴款书以及在各部门所收集的资料进行分析后，最后选定了世纪房地产公司、某房地产公司等五家房地产公司作为此次专项检查的重点对象，其中某房地产开发有限公司作为此次检查的重中之重。

（三）精心挑选检查人员，认真进行查前分析，拟订相关检查计划和检查思路，进场开展检查

为保证此次专项检查的质量，该局对检查人选进行了集体讨论，确定了由局长任组长，副局长任副组长，由检查股副股长任检查小组组长，带领四个检查小组和审理股、选案股抽调人员组成两个检查大组，特别对某房地产有限公司专门挑选某市税务局的精英力量进行检查。

在开展检查前，某税案专案检查组一起对所查公司进行了认真的查前分析，并根据案前分析，拟订了检查的基本思路：按照税收政策规定判断房地产企业开发项目是否完工，合理区分已完工项目和未完工项目，最后确定重点检查方向。从立项、开发、竣工、销售四个环节入手，全面调取销控台账、销售合同、行政审批文书和证书、招投标合同、施工预决算书、监理记录等资料，运用建筑安装成本分析、利润率分析、实际投资额与概算差额控制、大额资金支付控制等方法找准疑点，采用实地检查和询问调查相结合、账内检查和外调核查相结合的方法，全面审核项目的收入和成本费用支出的真实性和准确性。

（四）根据检查思路循序检查，对重点项目进行重点检查

根据检查思路，某局检查小组对某公司的售楼处、财务部门和项目实地进行

了全面的检查：

(1) 售楼处的检查：①实地查看，了解楼盘销售情况，核对房源销售平面图，调查、询问阁楼、停车位、地下室是否单独作价销售、有无折扣和赠送，掌握住宅、阁楼、停车位、地下室的销售状况；②查看售楼场所公示的商品房预售面积、测绘技术报告书、共用面积分摊情况、建筑面积分摊内容、房屋销控表、销售合同统计数据等材料，并将销控表的已售楼盘与房屋交易网商品房预售项目逐一核对。

(2) 财务部门的检查：要求提供以下资料：①发票领购本（包括收据）和所有发票；②销控台账、销售合同等纸质资料以及预售房款统计数据、售房发票记录等资料；③成本构成及结转明细表；④房地产企业与中介签订的代理合同、协议，根据计提的销售佣金金额和比例反向计算销售额，与申报的预售收入和销售收入比对，寻找差异；⑤企业会计报表、审计报告等资料。

(3) 项目实地检查：①到楼盘所在地实地观察，看是否有变更容积率、增加可售面积的情况；②车库和人防工程的是否出租或销售的核查；③取得房源表到项目工地实地核查，与物业公司提供的入住情况进行核对，看是否有已售未转收入的房屋；④调取出租物业明细表，实地检查出租物业的情况，查找未入账的租赁收入。

对该公司的财务账进行全面检查，对收入、成本、费用进行重点检查：

(1) 收入的检查要点：①未完工开发主营业务收入是否预缴税款；②完工开发主营业务收入确认是否及时，收取的价款和价外费用是否按规定入账，有无隐匿收入等；③出租收入反映是否完整，是否按时申报，价格有无存在关联交易的情况；④视同销售是否及时申报，价格是否公允。

(2) 开发成本的检查要点：①检查土地使用及拆迁补偿费、前期工程费、建筑安装费、基础设施费、公共配套设施费、开发间接费等项目的入账是否真实、准确；②检查开发企业是否准确区分期间费用和成本、开发产品建造成本和销售成本的界限；是否有序列、多列、重列成本的情况；③土地征用及拆迁补偿费、公共设施配套费是否按照成本对象进行归集；是否将成本对象完工后实际发生的费用全部计入当期销售成本；④多个开发项目的成本核算划分是否清楚，有无混淆成本核算对象；是否按照配比原则结转产品成本；销售成本结转是否正确；⑤关注票据的合法性，检查是否有白条、自制收据等不合法凭证入账。

(3) 费用的检查要点：①检查是否有合法凭据；②检查董事会和股东决议是否在符合规定范围开支；③检查其真实性；④严格区分广告费支出与赞助支出；⑤检查销售佣金支出是否符合规定；⑥开发产品完工之前借款利息是否计入开发

成本，不应计入期间费用；⑦借款费用属于不同成本对象共同负担的，按照直接成本法或预算造价法进行分配；⑧利息是否合理，是否超过银行利率。

（五）检查中发现的问题

通过上述检查，发现某房地产有限公司主要存在以下一些问题：

（1）达到分期竣工结算标准未进行竣工结算，造成少缴税款；

（2）未按照规划占地面积分配土地开发成本，未按照规划建筑面积分配建筑安装成本，导致将后期开发成本挤入前期成本，导致多列成本；

（3）取得不符合规定票据和无发票列支成本费用，导致多列成本费用；

（4）开发成本对应成本对象不准确，导致成本分摊不准确，多列成本；

（5）超标准列支工资、福利费、教育经费、广告费、宣传费、业务招待费等费用，导致多列费用；

（6）开办费一次性列支，导致多列费用。

三、案件处理结果

通过上述检查，最终查明该公司未按时结算综合楼造成 2007 年度少缴企业所得税 1906438.18 元，取得 A、B 预售收入少预缴 2007 年度企业所得税 206581.02 元，某局依据《国家税务总局关于房地产开发业务征收企业所得税问题的通知》第二条第（二）项及《中华人民共和国税收征收管理法》第三十二条、第六十三条第一款的规定，对该公司综合楼未按时进行结算造成 2007 年度少缴企业所得税 1906438.18 元予以追缴，按规定加收滞纳金，并处以所偷税款百分之五十的罚款，罚款金额为 953219.09 元；对少预缴 2007 年度企业所得税依据《中华人民共和国企业所得税暂行条例》第十五条和《国家税务总局关于房地产开发业务征收企业所得税问题的通知》第一条，及《中华人民共和国税收征收管理法》第三十二条的规定，依法追缴该公司 2007 年度少预缴的企业所得税 206581.02 元，并按照规定加收滞纳金。

四、案件点评

（1）领导重视是查办案件的关键。从此案进场检查开始，某市税务稽查局领导极为重视案件进度情况，多次参加案情分析会，共同研究案情，为案件查办指明方向。领导的支持，减少了办案过程中遇到的阻力，有效地整合了各方面的关

系,形成强大合力,更有效的查处案件;

(2)部门配合是查办案件的重要前提,对于查处某税案,某市税务局动用了选案部门、审理部门、检查部门的精英力量,通过这些部门的通力合作,确保案件质量;

(3)政策把握是查办案件的重要保证。此次检查,对于遇到的疑难问题,能够第一时间向有关业务部门咨询、请示,有关业务部门也能在第一时间内进行答复,保证了案件顺利查处;

(4)与企业间的及时沟通是查办案件的重要环节。在查处案件过程中,及时与企业沟通,摆事实、讲法律、法规,讲道理,使企业能心服口服的接受事实,并使企业摆正位置,积极配合检查工作。

(5)房地产开发成本的核实工作量大,计算过程复杂,需要扎实的业务功底和熟练的检查技巧。虽然这些税案的偷税手段不复杂,其违法手段主要是多计成本费用、少计收入,但是检查、计算过程却较为复杂,尤其是遇到房产公司开发地域广、楼栋多、期数滚动进行等复杂楼盘,如何准确划分、核算当期主营业务成本,不仅工作量大,而且政策上、技术上都对检查员业务水平提出了较高的要求。

因此,在涉案检查过程中,要根据企业实际情况,可以聘请专业中介机构参与核算,通过税务部门与中介机构的共同核算,其结果更容易被企业所接受,更容易与企业进行沟通。

(6)房地产行业涉及核算项目较多,通常运用各种手段在各环节进行偷税,尤其是隐蔽工程,此时,检查经验起到了至关重要的作用。在本案中,可以看到所查企业主要运用混淆各期成本(提前结转成本)、加大单位负担成本、利用不同科目重复计算开发成本等各种手段来达到减少当期应纳税所得额的目的。

因此,在稽查过程中首先要对被查对象的建设流程熟悉,从各个流程中判断可能会出现问题的环节,对该环节涉及的有关事项进行重点检查;其次,税务稽查人员要加强业务学习和办案技巧学习,努力提高业务知识,提高业务技能,增强独立查账能力,吸收好的办案经验,以便以后能更好地适应新的稽查环境。

思考题:

1. 房地产行业涉及核算项目有哪些?
2. 从本案的查处给你有哪些启示?

某市某家私制造有限公司
账外账隐瞒收入偷税案

一、案件背景

(一) 案件来源

2006年11月6日,某市国税局接到市稽查分局转来的一份纳税评估报告,根据评估分析,某市某家私制造有限公司有重大的偷税嫌疑。鉴于评估内容翔实确凿,稽查局深感案情重大,不容拖延,立即对该公司生产地点进行了摸底调查。并对该公司的税法执行情况进行了突击检查。

(二) 企业基本情况

某市某家私制造有限公司,经济类型:有限公司,1993年12月开业,一般纳税人,征收方式:查账征收,经营地址:民主路5号,经营范围:制造、销售木制家私等,经营方式:生产制造。该公司在2005年度向某市某区国家税务局正常申报销售收入1397507.98元,销项税金237576.54元,进项税金181008.32元,已缴税金59343.41元,留抵税金2775.78元。该公司在2006年1月至10月向某市某区国家税务局正常申报销售收入3337240.31元,销项税金567330.85元,进项税金243807.45元,上期留抵税金2775.78元,应缴税金317698.26元,已缴税金317698.26元。2005年度在国税、地税机关已缴税金为91557.96元。

二、检查方法和发现的主要问题

某市某家私制造有限公司的销售门面位于该市市中心繁华地段,属前店后厂的经营模式,主要生产销售樟木家具。该公司自开业以来有13年的历史,产品远销各省、市，参加过许多家具博览会。但主管国税机关发现，该公司近年来规模不断扩大，成本不断增加，但申报的税收收入却并未增加，存在账外经营，偷逃税款的嫌疑，经评估分析决定移交稽查部门查处。

（一）领导重视，反应敏锐

接到案情反馈后，市稽查局研究部署检查方案。根据案情，决定先对生产场地进行摸底调查，为快速查结此案奠定了坚实基础。2006年11月7日税务人员乔装到该公司（位于原市绢纺厂内）的家具生产场地进行摸底调查，发现该公司的生产场地较大，生产工人达一两百人，其生产规模与上报税务部门的财务报表和纳税申报情况有较大差异，经过实际摸底，还发现该公司是采用电脑记账，极有可能存在用电脑记录账外销售的情况。

（二）打破常规，行动神速

根据分析推定，大家形成一个共识："快速行动，突击取证，获取第一手资料。否则就有可能打草惊蛇，让企业隐藏甚至销毁资料，给办案造成困难。"于是决定：①事先不通知纳税人，出其不意，直接进行检查；②根据该企业的生产地点、销售地点相隔较远的情况，为了全面获取第一手资料，决定全员行动，全面出击；③考虑到该企业使用电脑记账，一旦有关人员负隅顽抗，不提供密码或破坏系统，就会功亏一篑，领导小组特别申请市局信息中心调派人员协助检查。

领导亲自挂帅部署具体检查方案。分三个突击检查小组，分别检查成品车间，生产车间、销售部门。检查人员在局领导的统一指挥下，以迅雷不及掩耳之势扑向该公司经营地点和生产场地，迅速控制了电脑和财务室，令该公司负责人措手不及。

（三）周全考虑，全面获胜

果然不出所料，一开始，该公司负责人百般狡辩，声称电脑只是摆设，拒不承认其电脑记账功能。但一切尽在我们的掌握之中。为了能获得第一手资料，检查员寸步不离该公司负责人，一方面信息中心人员着手破解密码，另一方面，检查员耐心地对企业负责人宣传税收法律，表明利害关系，迫使该负责人不得不提供出密码。检查员立即从电脑中获得了该公司从开业以来部分的销售记录。该公司的法定负责人的防线全面崩溃，连称："没想到你们的行动如此迅速，产、供、销都给你们控制了，我想作假都难。"

时间已到了晚上8点，检查人员并未就此放松，在信息中心人员的协助下，连夜分工对该公司的账簿进行了检查和统计分析,通过大家的努力,终于取完了该公司利用电脑账外账隐匿销售收入的全部证据。打铁趁热,取得了有关证据后,趁该公司法定代表人和相关人员还没有缓过神来,经验老到的检查员们立即采取实地询问手段,对该公司有关人员进行政策攻心,进一步固定了证据。经过对所有证据的整理统计,在铁的证据面前,该公司法定代表人无话可说,只好乖乖的签字认可,承认了所有税收违法事实。

三、案件处理

(1) 对该公司的违法事实,根据《中华人民共和国增值税暂行条例》第一条、第二条第一款、第五条、第十九条第(一)项和《中华人民共和国增值税暂行条例实施细则》第三条的规定,该公司已造成少缴的增值税税额1374745.04元,依据《中华人民共和国税收征收管理法》第六十三条第一款的规定,应予以补缴。

(2) 对该公司的违法事实,依据《中华人民共和国税收征收管理法》第三十二条的规定对应补缴的增值税1374745.04元,从滞纳税款之日起至缴纳税款之日止每日加收万分之五的滞纳金。应加收滞纳金219378.11元。

(3) 上述违法事实,应补缴入库税款为1374745.04元。依据《中华人民共和国税收征收管理法》第六十三条第一款的规定,已构成偷税,偷税金额1374745.04元,处所偷税款百分之五十的罚款,罚款金额为687372.52元。

(4) 该公司2005年度向主管税务机关申报缴纳各税种总额为91557.96元,经检查调整后,各税种应纳税总额为730151.58元。现偷税金额为638593.62元,占各税种应纳税总额87.46%,已达移送标准,应移送公安机关处理。2006年1~6月未达到一个纳税年度,暂未计算。

该公司的应补税款、罚款、滞纳金共计2281495.67元已全部缴纳入库。为国家挽回了巨大的经济损失。

四、案件分析点评

对此案的查处,给我们以下启示

(1) 该案件是征收部门通过纳税评估筛选出来的,由此可以看到税收管理员的日常检查工作对提高征管质量,堵塞税收漏洞的重要性。主管税务机关对重点税源户应进行有效地日常监督,充分了解企业的实际经营情况。对经营变化情况和税负变动要做到心中有数。对有事实表明具有偷税嫌疑的应立即移送稽查部门查处。

（2）税务人员要全面提高职业素质，对案情要有敏锐的反应能力。这看似简单的一个案件，能够迅速查结，却是多个环节密切配合，精心布置的结果。该案的成功查处，一个很重要的环节，就是各级领导高度负责，果断决策，对案件判断准确，措施得当，考虑周全，不打无准备之账。

（3）如今社会上的偷税手段越来越隐蔽，而税务部门的征管、稽查力量还很薄弱，一些纳税人普遍存在一种侥幸心态：查到了就补缴，查不到就是自己的。因此偷逃税现象还大量存在。因此，稽查部门必须根据情况，开拓思路，灵活变通，积极探寻多种查账手段和方法。该案的迅速查破就是一个很好的例证。

（4）本案为典型家庭、个体式经营偷税案例，企业负责人事后坦言："自己只知道搞好产品的设计和销售，不重视财务会计制度和税收法律法规，不知道偷逃税款，违反税法的严重性。这次的教训对自己是一个大大的警醒"。因此，要加强税法宣传，特别是对那些个体性质的企业，要经常深入到企业详细了解生产经营情况，不能只在纳税申报期与相关人员打交道，还要与企业负责人多沟通，多宣传，进一步提高纳税人的依法纳税意识，杜绝此类偷税情况的发生。

思考题：

1. 如何加强对典型家庭、个体式经营纳税人宣传税收政策？
2. 账外账案例给你什么启示？

某省某空调电器设备有限公司某市分公司账外经营偷税案

一、案件背景情况

（一）案件来源

2007年7月某市国税稽查局接到群众举报，反映某省某空调电器设备有限公司某市分公司有销售空调电器大量偷税的举报材料，接到举报后，选案人员对这户企业的申报情况、经营状况进行全面了解，经过选案人员的了解，该公司申报情况和经营状况与举报内容相差巨大。

（二）纳税人基本情况

某省某空调电器设备有限公司某市分公司，经济类型为私营有限责任公司，一般纳税人。经营地址某市××路，经营范围有空调、家用电器、五金等。经营方式为销售。2004年11月开业，职工人数共13人，法定代表人曾某，财务负责人农某。

（三）检查过程及采取的稽查方法和手段

检查小组在接到检查任务后，开始了对该案的检查，在检查中，检查小组充分发扬了办理大案要案的吃苦耐劳的战斗精神，最终成功破获了该起大案要案，现将此起大案要案的检查过程和采取的稽查方法和手段简介如下：

1. 明察暗访，初识庐山真面目

检查小组在接到检查任务后，专门召开了小组会议对该案的举报内容进行了详细分析，通过分析，组员们认为对此户不能直接下户检查，应当根据举报人提供的有关线索对该公司的经营场所和仓库进行摸底调查，于是检查小组四人兵分两路,分别到该公司的经营场所(门面)和仓库进行了调查,调查中发现,该公司仓库每天提货人员非常多,且量也较大,偷税的可能性非常大,同时也观察了门面和仓库的电脑所在地,通过侧面也了解到了该公司的电脑服务器在某市。虽然该检查小组有检查多起大要案的经验,但对电脑服务器在异地的情况还是第一次遇到,如果检查过程中,犯罪嫌疑人通知某市,销毁电脑数据怎么办?检查小组及时将查前调查情况进行分析,并召集有关人员专门对此户召开了案情分析会,认为该案如仅靠税务机关的侦查手段,是不能完全了解该公司的经营模式和资金流向的,应当提请公安机关提前介入,行使公安机关特有的侦查权,彻底了解该公司的经营状况和经营方式。

在市局领导的协调下,某市税务稽查分局与某市公安局经侦支队取得了联系,得到了某市公安局经侦支队的大力支持,经侦支队派出警员与某局检查小组成员一道到银行了解了犯罪嫌疑人的资金情况,经过了解,该公司犯罪嫌疑人的私人存折在2004~2007年期间进入账户的资金有近8000万元,而该公司2004~2007年间每年向主管税务机关申报销售收入才400多万元(而且这些收入都存入了公司的对公账户),该公司存在重大偷税嫌疑!根据检查小组介绍的犯罪嫌疑人的情况,经侦支队与检查员一道到某市了解到了犯罪嫌疑人的住处后并立即派人对犯罪嫌疑人进行了监控。在所有的查前工作都准备充分了后,某局和经侦支队决定联合办案,联合出击。

2. 税警联袂,雷霆出击

经某局和经侦支队对该案的研究后,制订了一套行动方案,某市税务局也召开了案前动员会,决定倾全局之力查办此案,并向市局申请了信息中心的援助。2007年7月26日,按照行动方案,联合办案小组兵分三路,一路到某市控制犯罪嫌疑人,如行动成功,立即将其及团伙成员带回某市突审;一路到该公司经营场所检查,主要控制相关人员、业务经理和公司所有的电脑,搜查相关的涉税资料;一路到该公司的仓库进行搜查,查找出、入库的原始单据,控制仓库保管员。检查工作在同一时间同时进行,经过大家近7个小时的搜查,扣缴了该公司大量的电脑销售月报、收据、书面合同、仓库出、入库单等账外经营资料。

3. 连续作战,锁定证据

在经侦支队的同志的协助下,联合办案小组将有关涉案人员和涉税资料全部带到了经侦支队,并及时通知在某市的同志们将犯罪主要嫌疑人从某市带回某市。当晚,在所有的涉案人员全部到齐后,联合办案人员发扬吃苦耐劳的精神,按照制定的计划分成三组人员开始了工作,一组人员分别对法人、业务经理、主管人员、仓库保管人员、相关人员以及其他犯罪嫌疑人进行询问,一组人员对仓库保管账和出、入库单进行汇总、核对、计算等工作,一组人员对门面搜出的合同、销售报表等资料进行整理、收集,并对电脑数据进行核对确认。

不知不觉,紧张的一夜过去了,通过这一夜对犯罪资料的整理以及对犯罪嫌疑人的突审,初步确定,该公司涉嫌偷税几百万元,是一起偷税大案,税务机关和公安机关同时对该公司立案,税务案件编号为×××0×00××0×00025,拘留了有关犯罪嫌疑人,由于时间有限,资料众多,为了能尽快查清违法事实,在局长的号召下,联合办案小组人员又开始了数据的统计工作,又经过了一天一夜的连续作战,终于理清了所有的违法事实和相关的证据。在将有关犯罪证据交给犯罪嫌疑人核对时,犯罪嫌疑人提出了有某市开票,某市销售的情况,根据这一情况,办案人员又立即到微笑堂、百货大楼等单位进行外调取证,通过上述调查,终于查清该公司2004年11月至2007年6月在某市(含各县)销售空调电器等商品,采取购进不抵扣进项,销售不开具发票,进行账外经营偷税的情况。通过十几天的紧张办案,在联合办案人员的努力下,该案成功查结。

二、违法事实、作案手段及定性处理

该公司2004年11月至2007年6月销售空调电器等商品,取得销售收入(含税)75324548.95元,其中由某市总公司开票纳税收入(含税)26249090.78元,应向某市税务机关申报不含税销售收入42242327.29元,实际已在某市税务机关申报纳税销售收入8855236.74元(不含税),少计销售收入(不含税)33387090.55元,未向某市某区国家税务局申报纳税,造成少缴增值税5329861.89元,少缴企业所得税1930.23元(其中2004年11月~2005年3月属于小规模纳税人,税率为4%,销售收入为2784518.00元,不含税收入2677421.15元,已在某市税务机关申报16317.31元。少缴增值税106444.15元)。某市国家税务局依据《中华人民共和国税收征收管理法》第六十三条第一款、第三十二条的规定,依程序以《税务处理决定书》和《税务行政处罚决定书》对该公司上述违法事实分别处以补征增值税5329861.89元、企业所得税1930.23元,处偷税罚款2665896.06元,按规定加收滞纳金进行处理。某市某空调电器设备有限公司某市分公司未提出行政复议和行政诉讼,所有税款、罚款、滞纳金已于2008年4月29日前执行入库。

根据《中华人民共和国税收征收管理法》第六十三条第一款、《中华人民共和国刑法》第二百零一条的规定,该公司已涉嫌犯罪,根据《中华人民共和国税收征收管理法》第七十七条的规定,已将此案移送公安机关,依法追究某市某空调电器设备有限公司某市分公司的刑事责任。

三、案件点评分析

该案采取的是账外经营偷税手段，其进销均不入账，这是目前大多数民营、私人企业、个体经营户普遍采用的偷税手段，偷税后果严重，监管和稽查难度大，在稽查取证上更多地需要依靠知情者的举报和与公安经警部门的联合办案。从该案可以反映出目前征管部门对纳税人的资金流及物流监管严重缺失。

（1）征管部门加强对纳税人资金流及物流进行监督，加强日常财务、经营分析和调查；

（2）开展行业经营相关调查，建立科学的行业监控模型；

（3）完善案件举报制度，畅通举报途径，加强举报案件分析，建立举报案件突袭检查和与公安经警部门联合办案制度。

思考题：

1. 你了解纳税人账外经营偷税手法吗？你从本案中得到了哪些启示？
2. 从本案件中税务、公安联合办案有什么可取之处？

某市某玻璃有限责任公司账外经营偷税案

一、案件背景情况

(一) 案件来源

2008年7月某市税务稽查局接到相关部门转来反映某市某玻璃有限公司私设小金库偷税的材料，接到材料后，某稽查分局决定采用联合办案的方式对该户立案检查。

(二) 纳税人基本情况

某市某玻璃有限公司，经济类型为有限责任公司，1994年被认定为一般纳税人。经营地址某市××路×号，经营范围日用玻璃制品、机械制造等。经营方式为生产制造。职工人数共920人。

二、检查过程及采取的稽查方法

(一) 相互沟通，积极交流

检查小组在接到检查任务后，立即与办理小金库的有关部门联系，并就案情向该部门积极请教，并对案件所产生的结果也及时地进行了沟通交流，并就联合办案工作进行了具体分工。

(二) 梳理材料，掌握证据

联合办案小组根据各自的分工，对该公司1998年7月1日至2008年4月30日期间的小金库账和银行对账单与财务账进行逐笔梳理，经过近一个月时间加班加点的努力，将该公司所涉及人员的全部银行对账单和小金库资料与财务账簿资料全部核实完毕。

（三）取证询问，查清案情

材料核实完毕后，某局检查人员又加班加点的对相关证据进行取证，并就相关证据和有关人员进行了询问调查，在有利的证据面前，该公司承认了一切偷税事实。

三、违法事实、作案手段及定性处理

该公司1998年7月1日至2008年4月30日期间出售废煤渣、废钢铁、废麻袋等物品，共计收取销售款3820615.83元，未在账上作销售收入，未向主管税务机关申报纳税，违反了《中华人民共和国增值税暂行条例》第一条、第十九条第（一）项、第二十三条第二款和《中华人民共和国增值税暂行条例实施细则》第三十三条第（一）项的规定，造成少缴增值税555132.21元。对该公司上述行为某市国家税务局依据《中华人民共和国税收征收管理法》第六十三条第一款、第三十二条的规定，依程序下《税务处理决定书》和《税务行政处罚决定书》对该公司处以追缴增值税555132.21元，处偷税罚款277568.11元，按规定加收滞纳金进行处理。某市某玻璃有限责任公司未提出行政复议和行政诉讼。

四、案件点评分析

该案采取的是账外经营方式偷税手段，其所偷税款均为生产制造过程中遗留下来的废旧商品，这部分商品的处理该公司只在账上列了一些对付税务机关的账目，其他的全部通过账外操作。生产制造厂家废旧物资在税务稽查工作中通常被作为必须稽查的一项项目，但为什么这么多年来对该公司该项目没有稽查人员进行深查呢，该户的稽查从其业务量和产耗率和废品率完全可以判断出该公司应当少申报了废品收入的情况，但为什么没有进行分析判断呢。从该案可以反映出目前部分税务稽查人员责任心不强，业务素质有待进一步提高。

(1) 检查人员在稽查过程中首先对被查对象的操作流程进行熟悉，从各个业务流程中判断可能会出现问题的环节，对该环节涉及的有关事项进行重点检查；

(2) 建立相关制度对所有检查的案件，包括结论户进行层层把关，发现问题及时与检查员沟通，督促检查员对有疑问项目进行进一步调查，并就所调查项目

进行书面说明检查手段；

（3）加强业务学习，努力提高业务知识，提高业务技能，增强独立查账能力，对努力学习取得各项学习荣誉的应给予相应的奖励。

思考题：
1. 对生产制造过程中遗留下来的废旧商品，纳税检查你有哪些建议？
2. 如何正确处理生产制造过程中遗留下来的废旧商品的纳税？

某市刃具厂接受虚开发票抵扣进项税偷漏税案

一、案件来源

根据某市税务稽查局检查计划,对某市刃具厂2004年增值税专用发票取得情况进行了检查,采取实地检查法和详查法,经对该公司提供的2004年度财务报表、总账、明细账、记账凭证进行检查,发现某市量具刃具厂存在5个方面违反税收法律、法规的问题。

二、企业基本情况

某市刃具厂,纳税人识别号为××0×00×××××016,经济类型为国有企业,于1994年1月批准为一般纳税人,经营地址某市××路×号,经营范围量具、刃具、磨料磨具,经营方式为制造,2003年度税负11%,资产规模3793万元,员工人数890人。2004年销售收入58012234.17元,销项税金9862079.68元,进项税金4016483.11元,应缴税金5845596.57元,已缴税金5845596.57元。

三、违法事实

(1) 根据上海市嘉定区国家税务局的"已确定虚开发票证明"和检查小组的实地调查,某市刃具厂从上海火热经贸有限公司取得的代码:××000××40,号码×××××01-24,共24份增值税专用发票。该24份发票上所记载的货物都是从浙江省台州市椒江精大五金量具配件厂购进,发票从上海火热经贸有限公司取得,货款支付浙江省台州市椒江精大五金量具配件厂,货物、发票、货款均不一致。24份增值税专用发票属虚开。某市刃具厂取得代码:××000××40,

号码×××××01-06共6份发票后于2004年7月7日向某市国家税务局南区某市税务局申报抵扣了进项税金8316.55元。取得代码：××000××40，号码×××××07-24共18份发票后于2004年9月6日向某市国家税务局南区某市税务局申报抵扣了进项税金30586.46元。共少缴增值税款38903.01元。

（2）根据第一点的违法事实，检查小组对并账支付货款浙江省台州市椒江精大五金量具配件厂的关联企业进行了进一步的检查，从获得的有关资料和询问笔录及上网协查的回复，发现某市刃具厂从上海曼迪机电设备有限公司取得的代码：××000××40，号码×××237-247，共11份增值税专用发票。该11份发票上所记载的货物实际都是从浙江省台州市椒江精大五金量具配件厂购进，发票从上海曼迪机电设备有限公司取得，货款支付浙江省台州市椒江精大五金量具配件厂，货物、发票、货款均不一致。回复函说明上海曼迪机电设备有限公司2004年7月走企业，2004年11月为非正常纳税户。该11份增值税专用发票属虚开。其中某市量具刃具厂取得代码：××000××40，号码×××240-243、××××237共5份发票后于2004年6月8日向某市国家税务局南区某市税务局申报抵扣了进项税金8224.38元。取得代码：××000××40，号码×××238-239、×××244-247共6份发票后于2004年7月7日向某市国家税务局南区某市税务局申报抵扣了进项税金9788.22元。共少缴增值税款18012.60元。

（3）根据第一点的违法事实，检查小组对并账支付货款浙江省台州市椒江精大五金量具配件厂的关联企业进行了进一步的检查，从获得的有关资料和询问笔录及上网协查的回复，发现某市刃具厂从上海肯岳商贸有限公司取得的代码：××000××40，号码×××860-877、×××751-762，共30份增值税专用发票。该30份发票上所记载的货物实际都是从浙江省台州市椒江精大五金量具配件厂购进，发票从上海肯岳商贸有限公司取得，货款支付浙江省台州市椒江精大五金量具配件厂，货物、发票、货款均不一致。回复函说明上海肯岳商贸有限公司2004年为走企业。该30份增值税专用发票属虚开。其中某市刃具厂取得代码：××000××40，号码×××751-761共11份发票后于2004年3月4日向某市国家税务局南区某市税务局申报抵扣了进项税金18440.29元。取得代码：××000××40，号码×××1860-1877、××××762共19份发票后于2004年2月7日向某市国家税务局南区某市税务局申报抵扣了进项税金30964.64元。共少缴增值税款49404.93元。

（4）根据第一点的违法事实，检查小组对并账支付货款浙江省台州市椒江精大五金量具配件厂的关联企业进行了进一步的检查，从获得的有关资料和询问笔录及上网协查的回复,发现某市刃具厂从台州市椒江鑫鑫五金仪表厂取得的代码:××000××× 40,号码×××934-935、×××174-175,共4份增值税专用发票。该4份发票上所记载的货物实际都是从浙江省台州市椒江精大五金量具配件厂购进,发票从台州市椒江鑫鑫五金仪表厂取得,货款支付浙江省台州市椒江精大五金量具配件厂,而回复函显示台州市椒江鑫鑫五金仪表厂收到现金货款,货物、发票、货款均不一致。该4份增值税专用发票属虚开。其中某市量具刃具厂取得代码:××000××× 40,号码×××174-175共2份发票后于2004年11月3日向某市国家税务局南区某市税务局申报抵扣了进项税金27748.79元。取得代码:××000××× 40,号码×××934-935共2份发票后于2004年12月4日向某市国家税务局南区某市税务局申报抵扣了进项税金25687.45元。共少缴增值税款53436.24元。

四、处理意见及依据

(1)对该厂上述4点违法事实行为根据《增值税专用发票使用规定》第八条第(一)款、第九条第(一)款和《国家税务局关于纳税人取得虚开的增值税专用发票处理问题的通知》及其补充通知的规定,不得抵扣增值税进项税金。依据《中华人民共和国税收征收管理法》第六十三条第一款的规定,予以补缴;应补缴增值税税额159756.78元。

(2)上述应予补缴的增值税,根据《增值税日常稽查办法》附件2《增值税检查调账办法》第二条"若余额在贷方,且'应交税费——应交增值税'账户无余额,按贷方余额数,借记本科目,贷记'应交税费——未交增值税'科目"的有关规定,经增值税检查账务调整,应入库增值税159756.78元。

(3)对该厂上述违法事实,依据《中华人民共和国税收征收管理法》第三十二条的规定对应补缴入库的增值税159756.78元,从滞纳税款之日起每日加收万分之五的滞纳金,现暂按至2005年10月18日止,加收滞纳金36053.05元,以后应加收的滞纳金在税款解缴入库时计征。

(4)上述违法事实,应补缴入库税款为159756.78元。依据《中华人民共和国税收征收管理法》第六十三条第一款的规定,已构成偷税,偷税金额159756.78元,建议处以所偷税款的一倍罚款,罚款金额为159756.78元。

(5)该厂2004年1~12月向主管税务征收机关申报纳税各税种总额为5963867.67元,经检查调整后,各税种应纳税总额为6123624.45元。现偷税金额为159756.78元,占各税种应纳税总额2.61%,未达到移送标准,以前年度未有行政处罚。

以上应补缴增值税 159756.78 元，滞纳金 36053.05 元，建议罚款 159756.78 元，合计 355566.61 元。

五、案件点评

近年来，接受虚开发票抵扣进项税偷漏税案频频发生，并有不断上升的趋势，除企业纳税人法律意识淡薄，在发票的管理上存在一些问题：

（1）认证人员与管理人员不是同一个人，认证人员只管发票能通过验证就可以抵扣；管理人员因为企业往往是货先到而票后至，造成无法及时进行货票核对。

（2）企业相关人员对取得的发票没有严格把关，不分青红皂白，有符合规定的发票都给予入账，不管是否货票相符。

（3）管理人员要深入企业对大宗货物要跟踪管理，及时核对。

（4）税务管理部门加强对生产企业的税收监控和管理，特别是对生产企业五金配件原材料进货渠道的重点监控，定期进行评估分析，参照同行业的生产消耗水平，对其产、销、存进行投入与产出的配比分析，加强发票来源渠道的监控管理，及时发现异常现象，移交稽查部门立案查处。

思考题：

1. 如何认定接受虚开增值税发票抵扣进项税偷漏税？
2. 对增值税发票的认证工作你有何好的建议？

某市某摩托车公司偷税案

一、案件来源

某市国税局南区稽查局接到群众举报，反映某市某摩托车公司有重大偷税嫌疑，立即组织4名稽查人员组成专案组于2003年7月9日至2004年6月30日到某摩托车公司，就举报反映的偷税问题对该公司2000年1月1日至2002年12月31日纳税情况进行检查。

二、企业基本情况

某摩托车公司某市公司（下简称某摩托车公司）成立于1986年4月，全民性质，为增值税一般纳税人，注册资金531万元，经营地址：××路4号，主要经营摩托车、汽车等机电产品。

三、基本案情

检查员对该公司检查中，由于涉及近几年的纳税情况，账簿、凭证较多，根据《征管法》的有关规定，有效突破该公司设置的障碍，顺利将其有关会计资料全部调回进行检查，保证了下一步办案质量和效率。因为与此同时，某摩托车公司作为有影响的中央企业正和某市国税局在省高级人民法院打税收官司，所以该公司极不配合，而且气焰嚣张，同时从账上看，账务极为混乱，检查难度极大。但由于调账期限只有3个月以及上述原因，要求专案组必须对举报的问题尽快核准，因此检查员在检查中仔细分析，制定详细的检查计划：经对该公司进行初步检查时，发现该公司各类一百多种库存商品出现大量红字，而且计价十分混乱，有可能大量存在多结转商品销售成本的问题，因而把核算该公司的库存商品和商品销售成本作为这次企业所得税检查的重中之重,决定将主要精力放在库存商品账目检查上,同时具体分工,分人分年分项目进行检查。根据上述制定的计划,此次检查采用了全查法、核对法、查询法及比较法。

1. 全面核算该公司的库存商品和商品销售成本

经调查了解,某摩托车公司在某省有许多分公司,经营由某摩托车公司统一进货,再分销到各分公司,由各分公司在各地销售。进一步检查发现该公司因全区统一进货,隔一段时间会从全国不同的厂家取得大量红字折扣、折让发票,而某摩托车公司没有这些折扣、折让按实际分摊到相应的商品,而是故意统一摊入几类商品;同时销售商品后却按原先没发生折扣、折让前的进价结转,结转商品销售成本表面上采取先进先出的方法结转,实际上却经常随意改变结转顺序、单价甚至无正当理由多结转成本。同时某摩托车公司利用上一年与下一年的商品品种划分不一致,上一年与下一年的库存商品成本无法对应的手段,增加了检查的难度。经对凭证、账簿及库存商品分类分品种的仔细核对,查出某摩托车公司2000年多结转商品销售成本1400779.65元,2001年多结转商品销售成本79896.55元,2002年多结转商品销售成本61569.76元,根据《中华人民共和国企业所得税暂行条例》第六条第二款、《中华人民共和国企业所得税暂行条例实施细则》第八条第二款、第三十五条的规定,造成少缴纳企业所得税376166.82元。

2. 仔细核算该公司发生的各种收入和费用

在检查中发现该公司有时在列支广告费时,只有垫付证明却无正式发票,不符合所得税税前扣除条件,虚减了所得税应税所得额22500元,根据《中华人民共和国发票管理办法》第二十二条、《中华人民共和国发票管理办法实施细则》第四十八条第十一项、《中华人民共和国企业所得税暂行条例》第六条第二款、《中华人民共和国企业所得税暂行条例实施细则》第八条第二款的规定,造成少缴纳企业所得税7425元。

3. 认真审核某摩托车公司的财务报表

在对某摩托车公司调账时,检查员发现了该公司除有一份每月报送税务机关的报表的会计报表外,还有一份公司自用的报表,其中两表有些数据截然不同,经进一步检查,更证实某摩托车公司多结转商品销售成本,同时彻底弄清该公司应调增的所得税应税所得额。

4. 进行艰苦的取证工作

首先核算某摩托车公司的库存商品和商品销售成本要先落实该公司核算库存的方法,否则后面只能是白费工夫,根本无法确定该公司多结转商品销售成本的具体数字,为落实这个问题,检查员采用巧妙的方法取得了该公司的说明,证明了该公司核算库存的方法是采用先进先出法；某摩托车公司的库存商品品种多，业务量大，核算混乱，不要说查清问题，有时对一些账上的业务问题，该公司会计都搞不清，为此检查员就花了大量时间分类分品种一项项仔细核对，为做到证据确凿，同时对几方面取证："库存商品"、"商品销售成本"的账页、结转凭证以及购货发票，复印这些证据就一千多页，同时还要求某摩托车公司在上面签字盖章，凡有红字都要该公司盖章并作说明，并仔细核对该公司的纳税申报情况，期间该公司极不配合，采取拖延战术，连退还账簿时该公司都百般刁难，账页、凭证要一页页点，直到退账当天晚上11点钟才结束退账手续。在这样的情况下，检查员严格执法，耐心细致对每一个问题进行仔细核对，为做到铁证如山做了大量的努力，经过一年多的时间，终于查清该公司问题并结案。

四、查处结果

根据《中华人民共和国税收征收管理法》第六十三条第一款规定，追缴某摩托车公司所偷企业所得税383591.82元；根据《中华人民共和国税收征收管理法》第三十二条的规定，加收滞纳金256173.52元；依据《国家税务总局〈贯彻实施中华人民共和国税收征收管理法〉有关问题的通知》1995年2月28日第八届全国人民代表大会常务委员会第十二次会议修正的《中华人民共和国税收征收管理法》第四十条第一款，《中华人民共和国行政处罚法》第二十九条的规定，已构成偷税，但已经超过二年的处罚期限，不再给予行政处罚；应缴纳税款、滞纳金共639765.34元，该案的税款、滞纳金已全部入库。

五、案件点评

某摩托车公司之所以存在以上的违章违法事实，究其原因，除了纳税人的因素外，税务征收部门也存在把关不严现象。具体分析原因如下：

（1）公司财务制度，仓库保管制度不健全，特别是该公司的仓库保管方面存在严重的疏漏，从而导致了部分货物收、发手续不全，甚至有些商品还没无入库、就已出库销售了，直接导致了该公司账上大量红字；商品核算混乱，商品销售成本不严格依法结转，跨年改变核算口径不做说明；由于这种内部管理上的失误造成了该公司多结转商品销售成本。

（2）对税收政策法规不熟悉，或对税收政策的理解仍存在着一些不同的理解甚至可以说是误解。就本案来说，对使用正式发票或合法凭证才能在申报企业所得税前冲减应税所得额等税收知识税务部门都进行了宣传，并有明文规定。然而该公司仍然出现在列支广告费时，只有垫付证明却无正式发票，这只能说明一个问题，就是该公司对税收政策法规的不认真学习、理解和体会才造成了上述违章违法事实。

（3）在此案的查处过程中，我们发现由于在征管方面的力度还不够，在工作中还存在薄弱环节，给不法分子造成可乘之机。主管税务机关对重点税源户缺少有效的日常监督，监控不力，对企业的生产经营情况不了解，以至企业冲减库存，销售多转成本，以达到偷税的目的。

六、案件点评

通过此案反映出的问题，税务机关在今后的工作中，应加大征管力度，督导纳税人按税收政策规范其账务处理，进一步规范和整顿税收秩序：

（1）税务机关应加大税法宣传的力度，督促企业有关人员学习税收政策。对不同行业，根据日常稽核和稽查工作中发现纳税人经常出现的一些违反税收政策的问题，有针对性地举办一些税收知识培训班，进一步增强纳税人依法纳税的意识。或者寓教于乐，举办各种形式的宣传活动。

（2）从此案中也看出目前的征管查工作一些存在问题和漏洞。在日常征管工作中，税务部门如何加强管理，还有大量的工作需进一步完善和改进。税务机关要增强管理意识，特别是加强对重点税源户的管理，要深入企业，加强调查研究，熟悉各行业的经营情况，对经营变化情况和税负变动情况要做到心中有数。

（3）通过此案的查处，看到在新的经济形势下，企业的偷税手段越来越隐蔽、复杂，作为税务稽查人员，要跳出就账查账的稽查方法，既要注意对相关账簿凭证的审核，又要注意账户、凭证之间的内在联系，同时要多深入企业经营场所，掌握第一手资料，从中发现疑点，找准突破口，大力加强征管和稽查工作，通过严格执法，打击涉税犯罪分子，强化公民的纳税意识，有效地打击偷税行为，维护税法的尊严。

（4）加强税务人员的电脑培训，熟悉企业会计应用软件。同时要求企业对本单位的核算情况和会计核算方法报送给税务机关备案。对于未按规定报送的企业，应给予处罚。

思考题：

1. 如何在新的经济形势下，提高税务稽查人员查账的稽查方法？
2. 如何加强征管和稽查工作，强化公民的纳税意识，维护税法的尊严？

某市某食品有限公司偷税案

一、案件来源

根据某市税务稽查局稽查工作计划，组成了检查组于 2005 年 3 月 1 日至 2005 年 4 月 18 日，持《税务检查通知书》对某市某食品有限公司 2004 年度税法执行情况进行专项检查。

二、企业基本情况

某市某食品有限公司成立于 1999 年 8 月 30 日，至 2004 年 12 月底共有 14 个分店，分布于市区。该公司原在高新区，2003 年 10 月 29 日迁入甲山乡阳江路 937 号，按新办户认定为一般纳税人，统一在某市税务局秀峰分局缴税。公司成立时注册资金 60 万元，随着公司规模扩大，于 2004 年 12 月扩资到 150 万元。发票使用情况专用发票：35 份，开票金额 941349.31 元，普通发票：4743 份，开票金额，3677436.66 元。2004 年销售收入为 6623434.38 元，应缴税金 384265.13 元，已缴税金 384265.13 元。增值税负 5.8％。存货 1753073.77 元。其中原材料 668150.32 元；包装物 694764.35 元；外购自销商品 250607.56 元；低值易耗品 139551.54 元。原材料 3216294.36 元；包装物 626974.83 元；工资及职工福利费 293660.15 元；制造费用 287422.44 元，全年实现利润 7.4 万元。

三、初步检查情况

检查组于 2005 年 3 月 1 日进场后，调查了该公司的生产经营情况，主要自产自销面包、蛋糕、糕点等商品。有十四个门店，商业零售直销，品种多，金额小，数量大。大量现金营业款回笼，很难真实准确核实销售额。在对该公司销售及生产成本核算进行检查的过程中,重点对往来款项核对。通过对五个往来款项对方单位的外围调查,发现四个单位有问题。有坐支现金零售货款冲抵银行存款货款,少记销售偷税嫌疑。

为了深入彻底查清该公司的涉税问题,建议调回2004年度财务账簿和相关资料继续检查。经上级批准,于2005年4月18日调回财务账簿和相关资料检查。

经检查,发现:

(1) 该公司2004年10月1号和11月1号凭证中反映该公司采用应收账款挂账的销售方式销售食品给某市奥群彩印有限公司、中国工商银行某市平山支行等四个企业,应收账款挂账金额为95160元,实际销售金额为96290元(含税)。该公司2004年12月12号凭证用现金存款冲抵应收账款挂账95160元。但该公司2004年9月54号、56凭证、10月1号、10月12号凭证通过银行存款已收回货款96290元。该公司以零售现金销售货款冲抵银行转账销售货款,未在账上列销售收入82299.15元(96290/1.17),也未向所属某市国家税务局秀峰分局申报纳税。

(2) 该公司2004年10月1号凭证中反映该公司采用现金存款销售方式销售食品给中国农业银行某市分行总务部,销售金额为102000元(含税)。但该公司2004年11月18号凭证通过银行存款已收回货款102000元。该公司以零售现金销售货款冲抵银行转账销售货款,未在账上列销售收入87179.49元(102000/1.17),也未向所属某市国家税务局秀峰分局申报纳税。

(3) 该公司2004年10月增值税纳税申报表附列资料反映该公司2004年10月普通发票申报销售额为1025205.3元(不含税)。增值税普通发票使用明细表反映该公司开具普通发票金额1153266.84元(不含税),扣除中国农业银行某市分行总务部普通发票金额87179.49元,未在账上列销售收入40882.05元,也未向所属某市国家税务局秀峰分局申报纳税。

(4) 该公司2004年9月赠送月饼12058元(不含税)给社会福利院。2004年1~12月将过期食品1762.7元(不含税)分给职工。未在账上列销售收入13820.7元,也未向所属某市国家税务局秀峰分局申报纳税。

上述第1至第3条少列销售收入210360.69元。

四、处理意见及依据

(1) 对该公司第1至第3条违法事实,依据《中华人民共和国增值税暂行条例》第一条、第二条第一款第（一）项、第十九条第（一）项，《中华人民共和国增值税暂行条例实施细则》第三十三条第（一）项规定，已造成少缴增值税35761.32元。依据《中华人民共和国税收征收管理法》第六十三条第一款的规定，予以追缴；

（2）对该公司第4条违法事实，依据《中华人民共和国增值税暂行条例》第一条、第二条第一款第（一）项、第十九条第（一）项，《中华人民共和国增值税暂行条例实施细则》第四条第（七）、第（八）项规定，已造成少缴增值税2349.52元。依据《中华人民共和国税收征收管理法》第六十三条第一款的规定，予以追缴；以上合计应追缴增值税38110.84元，滞纳金3091.03元，已处罚款19055.42元。合计60257.29元。

五、案件点评

根据检查情况来看，主要是两类问题。以零售现金销售货款冲抵银行转账销售货款、少记销售额；增值税普通发票申报销售额与增值税普通发票使用明细表缴销金额对比不符，少记销售额。

第一个问题较隐蔽。收回货款挂往来账，再以零售现金销售货款冲抵银行转账销售货款，少记零售现金销售货款的销售额。只要将往来账与购销业务进行对比，还是可以检查出问题的。但这只能控制正规企业通过银行转账的购销业务，有些集团消费没有通过银行转账，这些购销业务就成为不法分子偷税的黑洞。

第二个问题是征管上有漏洞。纳税申报已用计算机管理，发票缴销也用计算机管理。但二者没有进行数字对比。如果进行数字对比，就可及时发现企业纳税申报的差异，不论企业是有意还是无意，征管上的这个纳税申报漏洞就不存在了。

思考题：
1. 对零售业纳税稽查方法你有什么好的建议？
2. 如何加强对零售业纳税的征管？

某市某木业加工厂偷税案

一、案件来源

某市税务稽查局2005年2月28日接到群众举报,反映某市某木业加工厂有偷税嫌疑,立即组织稽查人员组成专案组于2005年3月4日至2005年5月20日到某市某区小发木业加工厂,就举报反映的偷税问题对该厂纳税情况进行检查。

二、基本案情

某市某木业加工厂,个体户,小规模纳税人,法人代表:陈某,经营地址:某市××路××号,主要经营松杂木单片,经营方式为零售,2004年税负为6%。

检查员对该厂检查中,由于该厂2004年3月才办税证,无工商执照,又是个体户,某市税务局只对其刨木片这个经营项目月定额为7000元,并没有举报中的销售刨片机的定额项目,并且该厂生意往来无账簿记录,无任何单据,属一手交钱一手交货的生意,其所生产的刨片机又无任何标志特征,经对纳税人初步了解,纳税人态度恶劣,极不配合,给办案带来了很大的困难。一时间,该案的办理处于停滞状态,无从入手,为了能顺利办结此案,某局对如何办理此案组织有关人员进行了讨论,并制定详细的检查计划,确定了办案方向和办案思路:针对该厂上述情况,决定兵分两路,一路直接对纳税人进行实地检查(盘点,问话),一路积极与公安机关配合,并与举报人联系,由举报人带路,从外围展开调查。对该厂展开全面检查和艰苦的取证工作;通过两方面的调查,在大量强有力的证据前面,纳税人不得不承认了自己的偷税事实。

三、查处结果

经过检查落实,该厂在2003年9月1日至2005年4月30日期间,销售刨片机 12 台，取得销售收入 219000 元（含税），其不含税销售收入 206603.77 元，应纳增值税 12396.22 元，扣除 2005 年 4～5 月已申报缴纳的增值税 1980 元，实际应纳增值税 10416.22 元。未向某市国家税务局南区分局申报纳税。

对该厂上述违法事实，依据《中华人民共和国增值税暂行条例》第一条、第十二条第一款、第十三条第一款、第十九条第（一）项和《中华人民共和国增值税暂行条例实施细则》第三十三条第（一）项的规定，已造成少缴增值税 10416.22 元。依据《中华人民共和国税收征收管理法》第六十三条第一款的规定，予以追缴。

对该厂上述违法事实，依据《中华人民共和国税收征收管理法》第三十二条的规定对应补缴的增值税 10416.22 元，从滞纳税款之日起每日加收万分之五的滞纳金，现暂按至 2005 年 3 月 4 日（下达检查通知书时间）止，加收滞纳金 1070.91 元，以后应加收的滞纳金在税款解缴入库时计征。

对该厂上述违法事实，依据《中华人民共和国税收征收管理法》第六十三条第一款的规定，已构成偷税，偷税金额为 10416.22 元。对该厂上述违法事实处以所偷税款一倍的罚款，罚款金额为 10416.22 元。

四、案件点评

某市某木业加工厂之所以存在以上的违章违法事实，究其原因，除了纳税人的因素外，税务征收部门也存在把关不严现象。

（1）现在个体户的偷税手段越来越隐蔽，特别是在不建账的情况下，更给了偷税分子进行偷税提供了有利的机会，有利的环境，在本案中，当事人就是利用定额的保护下，销售其他产品（不在税务登记经营范围内的产品）不申报纳税，且不开发票，给案件的查处带来很大的困难。

（2）纳税人主动纳税意识不强，在检查过程中，纳税人反复提到的是，"税务机关都给我定了税的，我都交了，为什么还要交"。这说明我们的税法宣传还有待于加强。

（3）在此案的查处过程中，发现由于在征管方面的力度还不够，在工作中还存在薄弱环节，给不法分子造成可乘之机。主管税务机关对这些个体户缺少有效的日常监督，监控不力，对企业的生产经营情况不了解，以至企业增加经营项目，销售其他经营项目而不申报纳税，以达到偷税的目的。

五、建议

通过此案反映出的问题，税务机关在今后的工作中，应加大征管力度，督导纳税人按税收政策规范其账务处理，进一步规范和整顿税收秩序：

（1）税务机关应加大税法宣传的力度，督促企业有关人员学习税收政策。应当可以借鉴一下交通警察的一些做法，就是对违法的纳税人，除了补税、罚款、加收滞纳金外，还要强制其学习相关法律、法规，并记录在案，以便如果以后再犯，从重处罚。

（2）从此案中也看出征管查工作一些存在问题和漏洞。在日常征管工作中，税务部门如何加强管理，还有大量的工作须进一步完善和改进。税务机关要增强管理意识，特别是加强对重点税源户的管理，要深入企业，加强调查研究，熟悉各行业的经营情况，对经营变化情况和税负变动情况要做到心中有数。

（3）通过此案的查处，看到在新的经济形势下，企业的偷税手段越来越隐蔽、复杂，作为税务稽查人员，要跳出就账查账的稽查方法，既要注意对相关账簿凭证的审核，又要注意账户、凭证之间的内在联系，同时要多深入企业经营场所，掌握第一手资料，从中发现疑点，找准突破口，大力加强征管和稽查工作，通过严格执法，打击涉税犯罪分子，强化公民的纳税意识，有效地打击偷税行为，维护税法的尊严。

思考题：

1. 税收管理越精细，对纳税人越有利吗？
2. 如何加强对定税小规模纳税企业的征收管理。

某市某科技发展有限公司"体外循环"不申报偷税案

一、案件来源

2000年6月,检查员对某市某科技发展有限公司进行日常检查,在检查中,发现该单位有重大偷税嫌疑,于是将稽查期间追溯至该公司成立之初即1997年10月。

二、企业基本情况

某市某科技发展有限公司成立于1997年10月,有限责任公司,注册资本1840万元,1997年11月被认定为增值税一般纳税人,经营地址:某市高新开发区×号,主要生产CD、VCD光盘。

三、基本案情

经调查了解,某市某科技发展有限公司成立之初,是通过租赁某公司的资产和生产线进行经营(包括一条LD生产线和两条CD生产线,称为老线),某市某科技发展有限公司的生产经营由出租公司进行监督和参与分配所得利润,并要定期向出租方报送财务报表和生产情况表,以便出租方掌握和了解其生产及利润情况。1999年8月,该公司的三个股东——某省×××音像出版社、某市某新闻实业有限公司、某市某投资有限公司又投资上了两条VCD生产线(称为新线),与老线分开会计核算,但统一由某市某科技发展有限公司向税务机关申报纳税。

检查员对该公司检查中,由于涉及近几年的纳税情况,账簿、凭证较多,根据《征管法》的有关规定,遂将其有关会计资料全部调回进行检查。在检查中,采用了全查法、核对法、查询法及比较法，主要从以下几方面进行检查：

（1）核算该公司的生产成本。检查员在检查中，一方面对该公司的生产规模与申报的销售收入进行了仔细的分析。根据企业的现有规模一般来说，该公司一条生产线每月生产量可达40万片，两条生产线就是80万片，扣除损耗也应有70万片，按平均单价1.6元/片（不含税）计算，月销售收入应在110万元左右（月底库存一般很少），这样估算全年销售收入应在1300万元左右。而老线1997年10月至12月申报销售额只有112万元，1998年申报销售额仅为774万元，1999年申报销售额也只有830万元。另一方面对企业的材料耗用情况进行了分析，在查账中还发现，该公司生产的CD、VCD光盘，实际重量在16克左右，也就是说生产每张光盘要耗用主要原料PC料16克左右，而该公司在会计账上反映每片重量达35克，即耗用PC料35克。成本的加大，意味着隐瞒了产量。

（2）检查该公司的银行账户。检查员于2000年6月21日到人民银行某市分行查询了该公司的银行开户情况，发现该公司自成立以来，共在银行和非金融机构开设了九个银行账号。通过到各个银行调查了解，确认某市某科技发展有限公司（包括老线和新线）1997年10月至2000年5月期间银行存款进款扣除非销售收入项目后，总额为57663379.65元，而同期申报销售收入为27091165.31元，两者相差3000多万元即为未申报纳税的销售收入（含税，且不包括现金收款未入账部分）。

（3）审核该公司的财务报表。在对某出租公司外调的检查中，检查员发现了某市某科技发展有限公司每月报送给某出租公司的会计报表（仅指老线），这份报表与某市某科技发展有限公司报送税务机关的报表数据截然不同。经了解，证实报送给出租公司财务报表这些数据才是真实的，并按这份报表上反映的利润进行分配。

通过以上几方面的检查，终于发现某市某科技发展有限公司存在以下问题：

（1）自成立以来至今，某市某科技发展有限公司在老线的销售收入采取隐匿的手段隐瞒销售收入28315754.26元；造成少缴增值税4761905.58元，属于偷税行为。

（2）某市某科技发展有限公司（新线）比照老线的生产情况，按投料产出法计算核实其实际销售收入，确认新线1999年8月至2000年5月共隐瞒销售收入4424078.59元，偷增值税752093.37元。

（3）该公司1997年11月非正常损失原材料，未作进项转出处理，少缴增值税164622.90元。

以上合计补税5678621.85元，按规定应加收滞纳金1356312.49元。

四、查处结果

在检查中，该公司主动自查补报增值税 919467.67 元，并能积极配合、主动承认错误和协助检查人员落实违法事实，根据《中华人民共和国税收征收管理法》第四十条第一款规定，除责令其限期补缴所偷税款 5513998.95 元以及转出进项税金 164622.90 元外，对所偷税款扣除主动自查补报增值税部分处以 459453.13 元的罚款；根据《中华人民共和国税收征收管理法》第二十条第二款的规定，加收滞纳金 1356312.49 元；应缴纳税款、滞纳金、罚款共 7494387.47 元，该案的税款、罚款已全部入库，同时已移送公安机关立案查处。

五、案件点评

（1）个别企业不能正确处理国家利益与企业自身利益的关系。他们不是通过合法经营、科学管理来盈利，而是想方设法偷逃税款来牟取暴利，企业作案的手段较隐蔽，单从企业提供的资料很难发现企业私设"账外账"的问题，必须结合"外调"。

（2）税务机关在征管方面的力度还不够，在工作中还存在薄弱环节，给不法分子造成可乘之机。对重点税源户缺少有效的日常监督，对企业的生产经营情况不了解，以至企业加大单位成本，少报产量，以达到偷税的目的。税务机关要加强调查研究，熟悉各行业的经营情况，对经营变化情况和税负变动情况要做到心中有数。

（3）税务与银行之间的联系较少，对于企业设立银行账户的情况不了解，形成企业设立多个银行户头隐瞒销售收入的现象。应加强银行与税务之间的联系，落实企业开户的账号登录在税务登记证上的工作，加强税源监控手段。

思考题：
1. 如何加强银行与税务机关的日常工作联系？
2. 如何加强对科技行业的纳税管理？

某市某电动自行车经销部偷税案

一、案件来源

某市国税局某区稽查局接到群众举报，反映某市某电动自行车经销部有重大偷税嫌疑，立即组织2名稽查人员组成专案组于2005年1月11日至2005年3月8日到某市某电动自行车经销部，就举报反映的偷税问题对该单位2004年2月1日至2004年12月31日纳税情况进行检查。

二、企业基本情况

某市某电动自行车经销部纳税人识别号为××××××××××1291，经济类型为个体，小规模纳税人。经营地址某市××路×号，经营范围电动自行车及配件。经营方式为零售。2004年2~12月销售收入97831.74元。

三、基本案情

检查员在对该案进行检查前进行了案前研讨，经过讨论分析，考虑到该单位为个体户，一致认为从外围开始检查，重点是到发放电动自行车牌照的部门（市公安局交警支队非机动车管理所）去外调协查，通过外调协查发现该单位上牌照的车辆数远远大于其申报的车辆数，存在重大的偷税嫌疑，于是某局决定立即对该单位进行突击检查，在大量的证明、事实面前，老板不得不拿出了他的现金日记账（流水账），通过询问、实地检查等手段检查发现该经销部在2004年2月至2004年12月销售货物取得销售收入1509944.23元（不含税价），而该经销部在2004年4月至12月向某市国家税务局南区分局申报纳税的销售额为97831.74元，少申报销售收入1412112.49元，造成少缴增值税56484.50元，应向某市国家税务局南区分局补缴纳税。

四、查处结果

(1) 对该经销部上述第1项违法事实,依据《中华人民共和国增值税暂行条例》第一条、第十二条第一款、第二款、第十三条第一款、第十九条第(一)项和《中华人民共和国增值税暂行条例实施细则》第三十三条第(一)项的规定和《财政部、国家税务总局关于贯彻国务院有关完善小规模纳税人商业企业增值税政策的决定的通知》第一条的规定,已造成少缴增值税 56484.50 元。依据《中华人民共和国税收征收管理法》第六十三条第一款的规定,予以补缴。

(2) 上述应予补缴的增值税,根据国家税务总局《增值税日常稽查办法》,经增值税检查账务调整,应入库增值税 56484.50 元。

(3) 对该经销部上述违法事实,依据《中华人民共和国税收征收管理法》第三十二条的规定对应补缴的增值税 56484.50 元,从滞纳税款之日起每日加收万分之五的滞纳金,现暂按至 2005 年 1 月 21 日 (下达检查通知书时间) 止,加收滞纳金 3968.85 元,以后应加收的滞纳金在税款解缴入库时计征。

(4) 对该经销部上述的违法事实,依据《中华人民共和国税收征收管理法》第六十三条第一款的规定,已构成偷税,对偷税的行政处罚另行文处理。

(5) 对该经销部应缴纳的增值税 56484.50 元,应加收的滞纳金 3968.85 元,限你经销部自接到本决定书之日起十五日内向某市国家税务局南区分局清缴入库,同时补缴 2005 年 1 月 22 日起至税款清缴入库之日止的滞纳金,并对财务核算作相应调整,否则根据《中华人民共和国税收征收管理法》第四十条、第六十八条的规定处理。该案的税款、罚款、滞纳金由于纳税人已逃跑,某局已经移送公安机关,目前税款、罚款、滞纳金尚未入库。

五、案件点评

某市某电动自行车经销部举报案件,是一起典型的销售不开发票、少开发票,不报、少报、隐匿销售收入的偷税案件。通过对案件的查处,有几点值得思考:

(1) 加强对电动自行车销售行业的税收征管。电动自行车是一种新兴的节能、环保交通工具,深受广大市民喜爱。销售量大、销售额高,每台售价在 1300 元以上,是一个新的税收增长点。因此,在税收征管过程中应加大力度,深入调查、掌握情况，提高税收的准确性。

（2）加强与相关部门的沟通。电动自行车属非机动车，目前，非机动车的牌证都是由销售者直接到交警非机动车管理所领取，为客户在销售现场办理。多数购买者上牌后，没有索取发票或者销售者不给开发票。现场上牌虽然给购买者带来了方便，但却给销售者留下了不开发票、少开发票、隐匿销售收入偷税的可乘之机。因此，我们应加强与交警支队非机动车管理所的联系，取得非机动车管理所的支持，堵塞电动自行车销售行业的偷税漏洞。

（3）加强税收管理人员的责任感。从查处这起举报案件的情况来看，该经销部月平均销售额在18.8万元左右，但该户每月仅申报纳税销售额8000~11000元，虽然责任不在税收管理人员，但说明我们的税收管理人员没有做深入、细致的调查，业户销售情况不明，税额严重失实，工作责任心有待提高。

（4）开展一次全面的行业大检查，严厉打击电动自行车销售行业的偷税现象。组织对辖区电动自行车销售行业进行全面排查，了解牌证领取、车辆上牌等情况，核查销售收入和申报纳税额，找出问题，堵塞住电动自行车行业的偷税漏洞。实现税收新的增长点。

思考题：
1. 如何加强税收管理人员的责任感？
2. 你对建立税收管理人员奖励制度有何建议？

某市某计算机科技有限公司发票违法案

一、案件来源

某市稽查局从 2012 年 6 月 25 日起对某省某市某计算机科技有限公司发票违法一案进行审理，对提交的《某省某市某计算机科技有限公司发票违法案稽查报告》及相关证据材料进行了审核。

二、企业基本情况

被查对象基本情况：某省某市某计算机科技有限公司，经济类型：其他有限责任公司，所属行业：批发零售业。成立时间：2002 年 10 月 15 日，2004 年 1 月正式认定为增值税一般纳税人。经营地址：某市××路×号，经营范围：计算机软、硬件销售，办公自动化设备销售。纳税申报方式为自行申报，税款征收方式为查账征收。

三、案件基本情况

该公司 2009 年度企业所得税申报情况如下：

2009 年度该公司申报营业收入 20937955.47 元，营业成本 19137834.52 元，营业税金及附加 31960.30 元，营业费用 1481661.69 元，管理费用 415801.68 元，财务费用 93014.81 元，营业利润 -222317.53 元，营业外收入 0 元，营业外支出 63358 元，利润总额 -26789.74 元，应纳税所得额 -26789.74 元。

检查组于 2012 年 5 月 8 日持《税务检查通知书》对某省某市某计算机科技有限公司 2009 年 1 月 1 日至 2009 年 12 月 31 日期间取得的发票进行专项检查，采用了外部调查、实地检查法等稽查方式，发现该公司存在取得不符合规定发票的问题。

1. 调查取证情况

在对该公司已计入成本费用的发票进行专项检查中，将该公司2009年取得发票的信息与中国税收征管信息系统（CTAIS）的发票信息进行比对，发现两份疑问发票：（1）一份由某市国展商城百货有限公司开具的某市货物销售统一发票（百元版），发票代码××××××××3，发票号码×××××××6，开票日期：2009年3月13日，货物名称：饮水机，发票金额780元；（2）一份由某市国展商城百货有限公司开具的某市货物销售统一发票（千元版），发票代码××××××××4，发票号码×××××××2，开票日期：2009年4月6日，货物名称：饮水机，发票金额1290元；经与系统比对，发现这两份发票分别是发售给某市南城百货有限公司、某市星达贸易有限公司的。

为查清这两份发票的真实情况，检查组分别去了某市高新区国家税务局和某市秀峰区国家税务局进行外调取证。

某市高新区国家税务局复函证实：发票代码××××××××3、发票号码×××××××6的某市货物销售统一发票（百元版），是发售给某市南城百货有限公司，已在2008年7月2日验旧。

某市××区国家税务局复函证实：发票代码××××××××4、发票号码×××××××2的某市货物销售统一发票（千元版），是发售给某市星达贸易有限公司的，为裁剪发票，已在2008年6月5日验旧。

2. 违法事实

经外调核实，该公司取得的上述两份某市货物销售统一发票开票单位与购票单位不一致、发票类别不一致、开票日期晚于验旧日期，这两份发票为不符合规定的发票。

该公司上述取得不符合规定发票的行为违反了《中华人民共和国发票管理办法》第二十二条、《中华人民共和国发票管理办法实施细则》第三十二条的规定。

经检查，该公司于2009年5月20日将购买饮水机取得上述两份不符合规定的发票，合计发票金额2070元，记入"经营费用——其他"科目（2009年5月第8号会计凭证），在2009年度企业所得税申报扣除，但该公司在2011年度企业所得税申报中已就此作纳税调增应纳税所得额2070元，故不再纳税调整。

3. 审理认定的事实及相关证据

经对检查二股移送的《某省某市某计算机科技有限公司发票违法案稽查报告》及相关证据材料和被查对象书面陈述材料及相关资料、其他资料等进行审理，认定该公司存在以下违法事实：

经检查组外调核实,该公司取得的上述两份某市货物销售统一发票开票单位与购票单位不一致、发票类别不一致、开票日期晚于验旧日期,这两份发票为不符合规定的发票。

该公司上述取得不符合规定发票的行为违反了《中华人民共和国发票管理办法》第二十二条、《中华人民共和国发票管理办法实施细则》第三十二条的规定。

四、税务处理、处罚意见及依据

1. 法规依据

《中华人民共和国发票管理办法》第二十二条、第三十六条第一款第(四)项、第二款。

《中华人民共和国发票管理办法实施细则》第三十二条、第四十九条第(二)项。

2. 处理意见

对该公司上述违法事实,依据《中华人民共和国发票管理办法》第三十六条第一款第(四)项、第二款和《中华人民共和国发票管理办法实施细则》第四十九条第(二)项的规定,责令该公司限期改正,建议处以600元的罚款。

五、案件点评

第一,货物销售普通发票的管理,由于其客户持有联不再经过税务机关相关档案管理,相对来说比增值税专用发票的管理难度更大,纳税人采取分联填开、大头小尾填开偷税的问题,目前可以说征收管理部门在日常税收征管中很难监控,只能通过社会进行群众监督,而社会监督,必须建立在人民群众普遍具有高度自觉纳税、纳税监督意识的社会基础之上才能取得良好的效果。因此,必须加强对普通发票的相关管理:一是借助于相关技术,使发票的记账联或存根联与发票联在开具内容上形成无法分割的关联;二是借鉴增值税专用发票的认证管理,对普通发票的管理体制进行改革,开辟新思路,将发票联纳入税务机关发票管理网络;

第二,纳税人采取账外经营手法进行偷税已是屡见不鲜。对于增值税一般纳税人来说,无外乎两种情况,一是:购进不要发票或要普通发票,销售不开具发票或大头小尾、分联填开发票;二是购进货物取得专用发票不申报抵扣,销售不开具发票或大头小尾、分联填开发票。该案纳税人账外经营采取的应是第二种手法，这种情况的发现只要借助金税工程网即可实现：增值税专用发票的管理实行双向认证制度，即对申报抵扣进行认证，对开具亦实施认证。而对第二种手法，就目前管理水平则难以监控，必须借助于普通发票管理水平的提高、国家对现金流量的有效控制和国家对纳税人货币流量高水平的电子化网络化管理的建立。

第三，加强与检察机关的联合办案的力度，齐抓共管，建立财政资源共享和信息共享，防范偷税漏税案件的发生。

思考题：
1. 如何加快信息化手段加强对普通发票的管理工作？
2. 如何加强与检察机关的联合办案的力度？

某市某贸易有限责任公司偷税案

一、案件来源

按照稽查工作的布置，于2011年6月1日对某市某贸易有限责任公司2009年1月1日至2010年12月31日的涉税情况进行检查，采取了实地检查法，重点对该企业的出口情况、收款情况和成本、费用的支出进行了检查后发现该企业有偷漏税行为。

二、企业基本情况

某市某贸易有限责任公司，公司成立于2002年1月，经济类型：私营有限责任公司，所属行业：商业，征收方式：查账征收，经营地址：某市××路××号，经营范围：自营和代理各类商品和技术的进出口（国家限定公司经营或禁止进出口的商品和技术除外）；批零兼营、代购代销日用百货、农副土特产品、五金交电、化工产品、（危险品及易制毒化学品除外）、建筑材料、塑料制品、机电设备、汽车及摩托车零配件，商品信息咨询。

该公司2008~2010年12月期间增值税纳税申报情况如下：

2008年1月至2008年12月该公司销售收入合计93388455.61元（适用税率17%）销项税额17079.09元，上期留抵3275.34元，进项税额16618元，本期留抵2814.25元，应纳税额0元，已纳税额0元。

2009年1月至2009年12月该公司销售收入合计56180023.31元（适用税率17%）销项税额33875.05元，上期留抵2814.25元，进项税额29189.10元，应纳税额0元，已纳税额1871.69元。

2010年1月至2010年12月该公司销售收入合计62709141.04元（适用税率17%）销项税额16631.04元，进项税额15517.36元，应纳税额1113.68

元，已纳税额1113.68元。该公司2008~2010年度企业所得税申报情况如下：

2008年度该公司申报营业收入93388455.61元，营业成本84885736.16元，主营业务税金及附加0元，销售费用8366293.30元，管理费用416773.40元，财务费用52045.42元，投资收益287623.63元，营业利润-44769.04元，加营业外收入17000.00元，利润总额-27769.04元，纳税调整增加额97866.00元，纳税调整后所得70096.96元，弥补以前年度亏损70096.96元，应纳税所得额0元，应纳所得税额0元。可结转次年弥补的亏损额为211574.96元。

2009年度该公司申报营业收入56180023.31元，营业成本49359920.08元，营业税金及附加205.89元，销售费用6642194.42元，管理费用385799.59元，财务费用10021.73元，营业利润-218118.40元，加营业外收入193418.16元，利润总额-24700.24元，纳税调整增加额72299.98元，纳税调整后所得47599.74元，弥补以前年度亏损47599.74元，应纳税所得额0元，应纳所得税额0元。本年累计实际已预缴的所得税额19104.78元。本年应缴的所得税额0元。

2010年度该公司申报销售收入62709141.04元，营业成本54465461.55元，营业税金及附加122.51元，销售费用7283149.71元，管理费用370818.94元，财务费用439720.08元，营业利润149868.25元，加营业外收入32693.19元，利润总额182561.43元，纳税调整增加额82319.36元，纳税调整后所得264880.79元，弥补以前年度亏损163975.元，应纳税所得额100905.57元，应纳所得税额25226.39元，减免所得税额5045.28元，应纳税额20181.11元。本年累计实际已预缴的所得税额1077.84元，以前年度多缴的所得税额在本年抵减额19103.27元。

三、事实及相关证据

该公司于2008年6月与KESPER公司签订货款为199475.20美元的合同，约定收款时间为购买方在收到运输单据副本后，凭运输单据副本支付50%货款，余下50%在收到正本提单后凭验货报告付剩余货款。经调查该公司出口报关单、运输单据等资料，该公司2008年12月25日报关出口，2009年1月6日将提单副本汇于购买方，2009年1月9日收到合同金额50%的第一笔货款99690.10美元。该公司自述，购买方收货后因检测发现邻苯二甲酸酯、壬基酚及重金属镉的含量超标，要求退回部分货物，该公司同意退货，退货金额为52988.00美元，货物于2009年4月21日退回中国海关；该公司将扣除退货的进项税额于2012

年3月申报退税。购买方直接从应退货款总额中扣除退货运输费、货物挑选费、违约金等后未再支付剩余货款。经调查，购买方除扣的各项费用，该公司无法提供合法票据和相关资料。该公司对此笔业务仅申报收入99690.10美元，少申报销售收入46797.10美元（199475.20－52988.00－99690.10）。

综上所述，认定该公司存在以下违法事实：

（1）2009年1月以分期收款的方式出口货物199475.20美元，收到货款99690.10美元，在购买方检测货物后将不合格货物退回，于2009年4月21日退回货物52988.00美元。该公司对该笔业务仅申报收入99690.10美元，少申报收入46797.10美元（199475.20－52988.00－99690.10）。根据《中华人民共和国企业所得税法》第一条第一款、第六条第（一）项和《中华人民共和国企业所得税法实施条例》第二十三条第（一）项、第一百三十条第二款的规定，应调增该公司2009年度应纳税所得额296483.03元（46797.10美元，2012年5月最后一日汇率中间价6.3355）。根据《中华人民共和国企业所得税法》第五条和《中华人民共和国企业所得税法实施条例》第二十八条第一款、第九十二条第二款的规定，该公司申报2009年应纳税所得额0元，经检查核实该公司2009年纳税调整所得额应为344082.77元，弥补以前年度亏损211574.96元，则2009年度应纳税所得额为132507.81元，应缴2009年度企业所得税26501.56元（132507.81×20%），该公司已缴2009年企业所得税19104.78元，少缴2009年企业所得税7396.78元。

（2）该公司申报2010年度企业所得税时，申报弥补了以前年度亏损163975.22元，因2009年经调整后已不再有亏损，则应调增2010年应纳税所得额163975.22元，根据《中华人民共和国企业所得税法》第五条、第二十八条第一款和《中华人民共和国企业所得税法实施条例》第九十二条第二款的规定，核实该公司2010年度应纳税所得额应为264880.79元，本年已缴企业所得税1077.84元，无以前年度多缴税金，则2010年度应纳企业所得税51898.32元（264880.79×20%－1077.84）。

四、审理认定的事实及相关证据

1. 违法事实

经对检查一股移送的《某市某贸易有限责任公司偷税案稽查报告》及相关证据材料（合同、出口报关单、运输单据和申报资料等）、被查对象书面陈述材料和相关资料、其他资料等进行审理，认定该公司存在以下违法事实：

(1) 2009 年 1 月以分期收款的方式出口货物 199475.20 美元，收到货款 99690.10 美元，在购买方检测货物后将不合格货物退回，于 2009 年 4 月 21 日退回货物 52988.00 美元。该公司对该笔业务仅申报收入 99690.10 美元，少申报收入 46797.10 美元。根据《中华人民共和国企业所得税法》第一条第一款、第六条第（一）项和《中华人民共和国企业所得税法实施条例》第二十三条第（一）项、第一百三十条第二款的规定，应调增该公司 2009 年度应纳税所得额 296483.03 元（46797.10 美元，2012 年 5 月最后一日汇率中间价 6.3355）。根据《中华人民共和国企业所得税法》第五条和《中华人民共和国企业所得税法实施条例》第二十八条第一款、第九十二条第二款的规定，该公司申报 2009 年应纳税所得额 0 元，经检查核实该公司 2009 年纳税调整所得额应为 344082.77 元，弥补以前年度亏损 211574.96 元，则 2009 年度应纳税所得额为 132507.81 元，应缴 2009 年度企业所得税 26501.56 元（132507.81×20%），该公司已缴 2009 年企业所得税 19104.78 元，少缴 2009 年企业所得税 7396.78 元。

(2) 该公司申报 2010 年度企业所得税时，申报弥补了以前年度亏损 163975.22 元，因 2009 年经调整后已不再有亏损，则应调增 2010 年应纳税所得额 163975.22 元，根据《中华人民共和国企业所得税法》第五条、第二十八条第一款和《中华人民共和国企业所得税法实施条例》第九十二条第二款的规定，核实该公司 2010 年度应纳税所得额应为 264880.79 元，本年已缴企业所得税 1077.84 元，无以前年度多缴税金，则 2010 年度应纳企业所得税 51898.32 元（264880.79×20% – 1077.84）。

2. 税务处理、处罚意见及依据

(1) 该公司上述违法事实，依据《中华人民共和国税收征收管理法》第六十三条第一款的规定，依法追缴 2009 年企业所得税 7396.78 元、2010 年企业所得税 51898.32 元，合计 59295.10 元。

(2) 依据《中华人民共和国税收征收管理法》第三十二条的规定，对应补缴的企业所得税 59295.10 元（2009 年 7396.78 元、2010 年 51898.32 元），从税款滞纳之日起至 2011 年 6 月 1 日（税务检查通知书送达之日）每日加收税款万分之五的滞纳金，共计 1379.56 元，具体见《滞纳金计算表》，以后应加收的滞纳金在解缴税款入库时计征。

(3) 该公司上述违法事实，少缴 2009 年企业所得税 7396.78 元、2010 年企业所得税 51898.32 元，依据《中华人民共和国税收征收管理法》第六十三条第一款的规定，已构成偷税，合计偷税金额 59295.10 元，建议处所偷税款百分之五十的罚款，罚款金额为 29647.55 元（2009 年 3698.39 元，2010 年 25949.16 元）。

（4）该公司2009年度向主管税务征收机关申报纳税各税种总额为56343.24元，经检查调整后，各税种应纳税总额为63740.02元，现偷税金额为7396.78元，占各税种应纳税总额11.60%。该公司2010年度向主管税务征收机关申报纳税各税种总额为42209.46元，经检查调整后，各税种应纳税总额为94107.77元。现偷税金额为51898.32元，占各税种应纳税总额55.15%，根据《中华人民共和国刑法》第二百零一条第一款、《中华人民共和国税收征收管理法》第七十七条的规定，建议移送公安部门。

五、案件点评

（1）根据《国家税务总局关于查增应纳税所得额弥补以前年度亏损处理问题的公告》规定："税务机关对企业以前年度纳税情况进行检查时调增的应纳税所得额，凡企业以前年度发生亏损，且该亏损属于企业所得税法规定允许弥补的，应允许调增的应纳税所得额弥补该亏损。弥补该亏损后仍有余额的，按照企业所得税法规定计算缴纳企业所得税。"

（2）内外资企业所得税政策规定，企业故意虚报亏损，在行为当年或相关年度造成不缴或少缴应纳税款的，按偷税处理；企业依法享受免征企业所得税优惠年度或处于亏损年度发生虚报亏损行为，在行为当年或相关年度未造成不缴或少缴应纳税款的，按规定处以5万元以下罚款。

（3）①出口货物因故退运（关），若已办理了增值税或消费税出口退税，应返纳所退税款；②出口货物在生产过程中，如果使用了海关保税监管的免税国外原材料，因成品成为废品因故不能出口或出口后退回成为废品，此部分成品所耗用的免税料件应补征进口环节的关税、增值税或消费税；③废料处理过程中的收入如发生销售应计征增值税或消费税；④发生的销售退回，不论何时销售的，皆应在收到退回货物时冲减当期销售收入，其成为废料产生的损失、收入应计入当期损益，增加或减少当期计征所得税的应纳税所得额。上述税收处理可见现行的增值税、消费税条例、外商投资企业所得税法、出口货物退（免）税管理办法、进出口关税条例等税收法规文件。

思考题：
1. 对出口退回商品应当如何进行纳税处理？
2. 什么是企业虚报亏损？

某市某车业有限公司偷税案

某市某国家税务局从 2012 年 8 月 10 日对某市某车业有限公司偷税案进行审理，对提交的《某市某车业有限公司偷税案稽查报告》及相关证据材料进行了审核。

一、基本情况

某市某车业有限公司，公司成立于 2005 年 11 月 15 日，经济类型：有限责任公司，经营地址在某市某区××路 1 号 3 栋。经营范围主营：汽车美容、护理服务；二类小型车维修，汽车零配件、轮胎、润滑油零售、批发。现有员工 20 人。主管税务征收机关为某市某区国家税务局，小规模纳税人，纳税申报方式为自行申报，税款征收方式为查账征收。检查所属年度之前未有因偷税被税务机关处罚的情况。

该公司 2008 年 1 月至 2010 年 12 月期间增值税纳税申报情况如下：

2008 年 1 月至 2008 年 12 月该公司增值税销售收入合计 229883.75 元（适用征收率 4%），应纳税额 9195.35 元，已纳税额 9195.35 元，增值税税负 4%。

2009 年 1 月至 2009 年 12 月该公司增值税销售收入合计 177281.01 元（适用征收率 3%），应纳税额 5318.43 元，已纳税额 5318.43 元，增值税税负 3%。

2010 年 1 月至 2010 年 12 月该公司增值税销售收入合计 257947.67 元（适用征收率 3%），应纳税额 7738.43 元，已纳税额 7738.43 元，增值税税负 3%。

该公司 2008~2010 年度企业所得税申报情况如下：

2008 年度该公司申报营业收入 332930.15 元，营业成本 86031.62 元，主营业务税金及附加 6771.13 元，销售费用 0 元，管理费用 304934.16 元，财务费用 96.64 元，投资收益 0 元，营业利润 -64903.40 元，营业外支出 2000.00 元，利润总额 -66903.40 元，纳税调整增加额 2836.00 元，纳税调整后所得 -64067.40 元，应纳税所得额 -64067.4 元。

2009年度该公司申报营业收入271324.33元，营业成本111968.73元，营业税金及附加6492.12元，销售费用0元，管理费用189906.92元，财务费用103.44元，营业利润-37146.88元，利润总额-37146.88元，纳税调整增加额2963.38元，纳税调整后所得-34183.5元，应纳税所得额-34183.5元。

2010年度该公司申报营业收入331444.56元，营业成本167938.29元，营业税金及附加6214.67元，销售费用0元，管理费用177121.00元，财务费用0元，营业利润-19829.40元，利润总额-19829.40元，纳税调整增加额22512.78元，纳税调整后所得2683.38元，弥补以前年度亏损2683.38元，应纳税所得额0元。

二、违法事实

接某市国家税务局税务违法案件举报，检查小组于2011年12月14日对某市英马车业有限公司进行突击检查，在收银台查获了该公司用于记录实际收入的收银管理系统。报经批准，检查人员将稽查手段与电子查账技术有效结合，从收银管理系统中导出了该公司的营业明细记录以及收入汇总表等涉税资料，并对查处的电子涉税资料进行了备份。经检查，该公司无法提供2009年和以前年度的账簿等资料，自述是因被洪水冲走所以无法提供。该公司从2010年3月开始使用收银管理系统，该系统完整的、真实的反映该公司经营期间的销售收入情况，未在财务账上如实反映销售收入，也未如实申报纳税。通过询问该公司相关负责人和相关人员，查明该公司财务账只是反映了该公司的部分销售收入以及成本、费用的支出情况，不能真实反映实际经营情况，收银管理系统电脑数据详细统计了每月各项收入数据，分为各类耗材、商品销售、汽车美容和代垫款项，涉及增值税和营业税应税收入，核实如下：2010年3~12月电脑记录实际增值税应税收入1171552.42元、营业税应税收入118061元；2011年1~10月电脑记录实际增值税应税收入1124979.22元、营业税应税收入157201.00元。上述电脑记录数据大于该公司2010年3月至2011年10月增值税、营业税已申报数。（详见电脑经营数据统计表）。

同时对举报信提及的某市青狮潭水库管理处、某市水务局自来水公司、某市财政局、某市政府采购管理办公室等单位进行了调查取证。某市青狮潭水库管理处和某市财政局均提供了某市英马车业有限公司的结算发票复印件，证实与该公司的业务往来；某市水务局自来水公司书面证明未与该公司发生业务往来。经外调某市政府采购管理办公室备案资料，取得该公司2010年4月至2011年12月报送政府采购办汽车定点维修发票盖章明细表（月报），该表反映了该公司2010年4月至12月开具发票金额为946718.10元，2011年1月至10月开具发票金额为1252653.50元。2011年1月至10月维修开票数大于电脑记录数。

上述发票开具数、电脑记录实际增值税销售收入数与增值税已申报数比对，核实该公司2010年3月至12月实际增值税销售收入1171552.42元，已申报增值税销售收入242089.33元，已纳增值税7262.68元，少申报增值税销售收入929463.09元；2011年1~10月实际增值税销售收入1216168.46元，已申报销售收入497252.02元，已纳增值税14917.56元，少申报增值税销售收入718916.44元。根据《中华人民共和国增值税暂行条例》（国务院令第538号）第一条、第十二条、第十九条第一款第（一）项和《中华人民共和国增值税暂行条例实施细则》第三十八条第（一）项的规定，该公司上述行为造成少缴增值税49451.36元（2010年3~12月27883.89元，2011年1~10月21567.47元）（详见应补增值税计算表）。

该公司上述少报收入的违法行为，根据《中华人民共和国企业所得税法》第一条，《国家税务总局关于印发〈企业所得税核定征收办法〉的通知》第三条第（四）项、第四条第（一）项、第六条及《地方税务局、国家税务局转发国家税务总局关于印发〈企业所得税核定征收办法〉（试行）的通知》第一条的规定，对该公司2010年度企业所得税采取核定征收方法，核定该公司2010年度应纳所得税额为1318163.76×10%×25%=32954.09（元）（详见2010年应纳所得税收入核实表、应补企业所得税计算表）。

该公司无法提供2009年和以前年度的账簿，未按规定的保管期限妥善保管，违反了《中华人民共和国税收征收管理法》第二十四条、《中华人民共和国税收征收管理法实施细则》第二十九条的规定。

三、事实及相关证据

经对检查一股移送的《某市某车业有限公司偷税案稽查报告》及相关证据材料、被查对象书面陈述材料和其他资料等进行审理，认定该公司存在以下违法事实：

第一，上述发票开具数、电脑记录实际增值税销售收入数与增值税已申报数比对，核实该公司2010年3月至12月实际增值税销售收入1171552.42元，已申报增值税销售收入242089.33元，已纳增值税7262.68元，少申报增值税销售收入929463.09元；2011年1~10月实际增值税销售收入1216168.46元，已申报销售收入 497252.02 元，已纳增值税 14917.56 元，少申报增值税销售收入 718916.44 元。根据《中华人民共和国增值税暂行条例》第一条、第十二条、第十九条第一款第（一）项和《中华人民共和国增值税暂行条例实施细则》第三十八条第（一）项的规定，该公司上述行为造成少缴增值税 49451.36 元（2010 年 3~12 月 27883.89 元，2011 年 1~10 月 21567.47 元）。（详见应补增值税计算表）。

第二，该公司上述少报收入的违法行为，根据《中华人民共和国企业所得税法》第一条，《国家税务总局关于印发〈企业所得税核定征收办法〉的通知》第三条第（四）项、第四条第（一）项、第六条及《自治区地方税务局、自治区国家税务局转发国家税务总局关于印发〈企业所得税核定征收办法〉（试行）的通知》第一条的规定，对该公司 2010 年度企业所得税采取核定征收方法，核定该公司 2010 年度应纳所得税额为 1318163.76×10%×25%=32954.09（元）（详见 2010 年应纳所得税收入核实表、应补企业所得税计算表）。

第三，该公司无法提供 2009 年和以前年度的账簿，未按规定的保管期限妥善保管，违反了《中华人民共和国税收征收管理法》第二十四条、《中华人民共和国税收征收管理法实施细则》第二十九条的规定。

四、税务处理、处罚意见及依据

第一，对该公司的第 1 点违法事实，依据《中华人民共和国税收征收管理法》第六十三条第一款的规定，依法追缴 2010 年 3 月至 2011 年 10 月增值税 49451.36 元（2010 年 3~12 月 27883.89 元，2011 年 1~10 月 21567.47 元）。

第二，对该公司的第 2 点违法事实，核定 2010 年企业所得税 32954.09 元，根据《中华人民共和国企业所得税法》第一条的规定依法补缴。

第三，对该公司的第 3 点违法事实，依据《中华人民共和国税收征收管理法》第六十条第一款第（二）项的规定，责令该公司限期改正，建议罚款 1000 元。

第四，对该公司的第 1、2 点违法事实，依据《中华人民共和国税收征收管理法》第三十二条的规定对应补缴的增值税 49451.36 元，企业所得税 32954.09 元，从税款滞纳之日起至 2011 年 12 月 14 日（下达税务检查通知书之日）每日加收税款万分之五的滞纳金共计 11403.87 元，具体见《滞纳金计算表》，以后应加收的滞纳金在解缴税款入库时计征。

第五，对该公司的第 1 点违法事实，造成少缴增值税 49451.36 元（2010 年

3~12月27883.89元，2011年1~10月21567.47（元）），依据《中华人民共和国税收征收管理法》第六十三条第一款的规定，已构成偷税，偷税金额49451.36元，建议处所偷税款百分之五十的罚款，罚款金额为24725.72元。

第六，该公司2010年度向主管税务征收机关申报纳税各税种总额为13942.08元，经检查调整后，各税种应纳税总额为74780.06元。现偷税金额为27883.89元，占各税种应纳税总额37.29%。根据《中华人民共和国税收征收管理法》第七十七条第一款的规定，已达移送标准，建议移送公安机关处理。

五、案件点评

1. 改革开放以后人民的生活水平大大提高，汽车作为代步工具已经进入平常百家庭，由此，汽车销售、维修、美容等行业应运而生，但行业管理水平相对低下，相关管理人员纳税意识淡薄，偷税漏税现象较为严重。从本案看，偷税手段并不高明，"掩耳盗铃"即少开发票，申报纳税采取少报的方式。

2. 加强对该行业的管理，尤其是纳税申报加事后的检查相结合，加强税法的普法宣传，定期或不定期的针对行业进行纳税辅导，提高财务人员和管理人员的纳税意识。

思考题：

1. 对加强汽车销售、维修、美容等行业的纳税宣传工作你有何高招？
2. 谈谈你对这个行业的征管方式有何新办法？

某市某房地产开发有限公司
企业所得税偷税案

一、案件来源

某市税务稽查分局根据年度计划,对某市某房地产开发有限公司偷税案进行了检查。检查组于 2011 年 7 月 6 日至 2012 年 8 月 28 日对某市某房地产开发有限公司 2009 年 1 月 1 日至 2010 年 12 月 31 日期间纳税义务履行情况进行了专项检查,采取了详查法和实地检查法,发出《调取账簿通知书》,调取该公司 2009~2010 年的账簿资料,对该公司的财务报表、总账、各项明细账、记账凭证、纳税申报表等资料进行了认真检查,重点检查了经营收入、经营成本和经营费用等会计账簿,发现该公司存在有违反税收法律、法规的问题。

二、企业基本情况

某市某房地产开发有限公司成立于 2003 年 1 月 2 日,经济类型:私营有限责任公司,所属行业:房地产,征收方式:查账征收,经营地址:某市西风路桂湖花园 23 栋 2 楼,经营范围:房地产开发、销售、建筑工程咨询,纳税申报方式为自行申报,税款征收方式为查账征收。

2008 年度申报营业收入 4019882.4 元,营业成本 2118176.22 元,营业税金及附加 256532.24 元,销售费用 33276.13 元,管理费用 1769296.05 元,财务费用 -8998.67 元营业外收入 114207.84 元,营业外支出 55716.57 元,利润总额 -89908.30 元,纳税调整增加额 109548.83 元,纳税调整减少额 3976.40 元,纳税调整后所得 15664.13 元,应纳所得税额 3916.03 元,已预缴所得税 163936.77 元,本年应补(退)-160020.74 元。

2009 年度申报营业收入 24495453.80 元,营业成本 20420119.16 元,营业税金及附加 2116822.74 元，销售费用 13842.03 元，管理费用 1748013.70 元，财务费用 -7328.99 元营业外收入 4687.41 元，营业外支出 2000 元，利润总额 206672.57 元，纳税调整增加额 1145928.46 元，纳税调整减少额 1443603.24 元，纳税调整后所得 -91002.21 元，应纳所得税额 0 元，已预缴所得税 0 元，本年应补（退）0 元。

2010 年度申报营业收入 13273777.37 元，营业成本 8415367.50 元，营业税金及附加 1145429.44 元，销售费用 1092.5 元，管理费用 2108437.44 元，财务费用 621189.47 元营业外收入 10080 元，营业外支出 1415.96 元，利润总额 990925.06 元，纳税调整增加额 707440.76 元，纳税调整减少额 511205.52 元，纳税调整后所得 1187160.30 元，应纳所得税额 296790.08 元。

三、违法事实及相关证据

该公司从 2005 年开始开发汇泽园项目，该项目地址在某市平山北路南侧，该项目土地使用面积 10363.09 平方米，根据某市房地产测绘中心进行测量后出具的测绘报告显示，该项目总建筑面积 21108 平方米。

在调查过程中，发现该公司存在以下违法行为：

第一，该公司 2009 年多申报扣除销售成本和职工福利费、多申报纳税调整增加额，具体如下：

（1）该公司汇泽园项目 2#-4#楼 2009 年度完工交付，可售建筑面积合计 10984.35 平方米，已销建筑面积 10707.09 平方米，取得销售收入 22595886 元，账面结转并申报 2#-4#楼销售成本 19536477.63 元。经核实，该公司 2009 年发生 2#-4#楼总开发成本 18947480.75 元，每平方米单位成本 1724.95 元，可结转销售成本应为 18469194.90 元（1724.95×10707.09）。该公司多申报扣除销售成本 1067282.73 元。依据《中华人民共和国企业所得税法》第八条和《中华人民共和国企业所得税法实施条例》第二十七条的规定，应调增 2009 年度应纳税所得额 1067282.73 元（详见汇泽苑 2#3#4#楼开发成本核算表）。

（2）该公司 2009 年度申报扣除职工福利费 130362.9 元，2009 年度该公司工资薪金总额 718029.12 元，职工福利费扣除标准为 100524.08 元（718029.12×14%），该公司多申报扣除职工福利费 29838.82 元。根据《中华人民共和国企业所得税法实施条例》第四十条的规定，该公司多申报扣除职工福利费 29838.82 元，应调增 2009 年度应纳税所得额 29838.82 元。

（3）2009 年度该公司申报纳税调整增加额 1145928.46 元，经核实，纳税调整增加额应为 557071.46 元，应调减该公司 2009 年度应纳税所得额 588857 元。具体情况如下：

在 2009 年企业所得税年度申报表中，该公司 2009 年申报"房地产企业预售收入计算的预计利润"调增金额为 1100062.52 元。经核实，该公司 2009 年末预售账款余额 12941912 元，扣除相关税费，应调增预计利润 511205.52 元，多调增了预计利润 588857 元，应调减该公司 2009 年度应纳税所得额 588857 元。

(2)、(3) 两项合计纳税调整增加额应调减 559018.18 元。

该公司 2009 年度企业所得税申报应纳税所得额为 -91002.21 元，经本次检查，该公司 2009 年调整后应纳税所得额实际为 417262.34 元，应纳所得税额应为 104315.59 元，抵减以前年度多缴的企业所得税 160020.74 元，抵减 2010 年补缴 2009 年度所得税 11589.19 元，2009 年实际应补企业所得税 -67294.34 元（详见 2009 年度所得税查补汇总表）。

第二，该公司 2010 年存在企业所得税年度申报填报错误、多申报扣除成本费用，少申报纳税调整减少额，具体情况如下：

(1) 经核实，该公司在 2010 年度申报时填写错误，将已转入经营成本的财务费用仍计入财务费用申报扣除，导致经营成本申报扣除少计 611896.88 元，财务费用多扣除 611896.88 元。因此，2010 年应调增经营成本 611896.88 元，应调减财务费用 611896.88 元。

(2) 该公司 2010 年 2#楼多结转并申报扣除销售成本 31900.62 元，应调增 2010 年度应纳税所得额 31900.62 元。

2010 年，该公司销售汇泽园项目 2#楼住宅一套，已售建筑面积 95.64 平方米，取得销售收入 351624 元，申报扣除销售成本 196874.84 元。经核实，2#楼每平方米单位成本为 1724.95 元，可结转销售成本应为 164974.22 元（95.64 × 1724.95），多申报扣除销售成本 31900.62 元。依据《中华人民共和国企业所得税法》第八条和《中华人民共和国企业所得税法实施条例》第二十七条的规定，应调增 2010 年度应纳税所得额 31900.62 元。

(3) 该公司汇泽园项目 9#楼 2010 年度完工交付，可售建筑面积 4977.46 平方米，已售建筑面积 4800.82 平方米。取得销售收入 12725754 元，申报扣除销售成本 8784880.27 元。经核实，2010 年发生 9#楼总开发成本 8531925.99 元，每平方米单位成本 1714.11 元，可结转销售成本应为 8229133.57 元（4800.82 × 1714.11）。该公司多申报扣除销售成本 555746.7 元（详见汇泽苑项目 9#楼开发成本核算表）。依据《中华人民共和国企业所得税法》第八条和《中华人民共和国企业所得税法实施条例》第二十七条的规定，应调增 2010 年度应纳税所得额

555746.7元。

2010年，该公司少申报营业成本611896.88元；多申报结转2#楼销售成本31900.62元；多申报结转9#楼销售成本555746.70元，依据《中华人民共和国企业所得税法》第八条和《中华人民共和国企业所得税法实施条例》第二十七条的规定，合计应调减2010年度应纳税所得额24249.56元。

（31900.62＋555746.7－611896.88＝24249.56）

（4）2010年度该公司申报纳税调整增加额707440.76元，经核实，纳税调整增加额应为733604.57元，应调增该公司2010年度应纳税所得额25535.91元。具体情况如下：

①该公司2010年度销售未完工开发产品取得预售收入7873244元，依据《关于印发房地产开发经营业务企业所得税处理办法的通知》（国税发〔2009〕31号）第八条第（二）项的规定，该公司8#楼2010年3月31日前取得预售收入4630529元（按10%预缴），2010年4月1日后取得预售收入3242715元（按25%预缴），合计7873244元，应申报纳税调整增加额647808.75元。2010年度该公司纳税申报时调增了623060.90元，还应调增应纳税所得额24747.85元。

4630529×10%＋3242715×25%－7873244×（5.65%＋2.3%）＝647808.75（元）

5%营业税＋5%营业税×（1＋7%城建税＋3%教育费附加＋1%地方教育费附加）＋1‰预售收入防洪费＝5.65%；2.3%为土地增值税。

②2010年度该公司发生营业外支出缴纳的税收滞纳金788.06元在年度所得税申报扣除，依据《中华人民共和国企业所得税法》第十条第（三）项的规定，不得在税前扣除，应调增应纳税所得额788.06元。

①②两项合计应调增应纳税所得额25535.91元。

（5）该公司2010年度申报纳税调整减少额511205.52元。经核实，纳税调整减少额应为767864.16元，应调减2010年度应纳税所得额256658.64元。具体情况如下：

2010年已缴土地增值税737075.95元，只申报扣除土地增值税480417.31元，少申报扣除土地增值税256658.64元，应调减2010年度应纳税所得额256658.64元。

综上所述，2010年合计应调增应纳税所得额356524.59元。该公司2010年度企业所得税申报应纳税所得额为1187160.30元。经本次检查，该公司2010年调整后应纳税所得额应为1543684.89元，应纳所得税额385921.22元，抵减上年多缴的企业所得税67294.34元，抵减本年实际已缴的企业所得税136769.36

元，2010年实际应补缴企业所得税181857.54元。

第三，该公司2009年10月购买办公用品，取得某市南城百货有限公司开具的发票代码145030821224，发票号码00897418，发票金额1166.00元的某市货物销售统一发票（千元）一份，该份发票未按规定填写开票日期，并已税前申报扣除（记账凭证2010年10月10日12#）。违反了《中华人民共和国发票管理办法》第二十二条、《中华人民共和国发票管理办法实施细则》第三十二条的规定。

四、认定的事实及相关证据

经对检查移送的《某市某房地产开发有限公司偷税案稽查报告》及相关证据材料（公司账簿和凭证资料、定点规划图文、销售备案表、测绘报告、各类合同和申报资料等）、被查对象书面陈述材料和其他资料等进行审理，认定该公司存在以下违法事实：

第一，该公司2009年度企业所得税申报应纳税所得额为-91002.21元，经本次检查，该公司2009年调整后应纳税所得额实际为417262.34元，应纳所得税额应为104315.59元，抵减以前年度多缴的企业所得税160020.74元，抵减2010年补缴2009年度所得税11589.19元，2009年实际应补企业所得税-67294.34元（详见2009年度所得税查补汇总表），具体如下：

（1）该公司汇泽园项目2#-4#楼2009年度完工交付，账面结转并申报2#-4#楼销售成本19536477.63元。经核实，2#-4#楼每平方米单位成本1724.95元，可结转销售成本应为18469194.90元（1724.95×已售面积10707.09）。该公司多申报扣除销售成本1067282.73元。依据《中华人民共和国企业所得税法》第八条和《中华人民共和国企业所得税法实施条例》第二十七条的规定，应调增2009年度应纳税所得额1067282.73元（详见汇泽苑2#3#4#楼开发成本核算表）。

（2）该公司2009年度申报扣除职工福利费130362.9元，2009年度该公司工资薪金总额718029.12元，职工福利费扣除标准为100524.08元（718029.12×14%），该公司多申报扣除职工福利费29838.82元。根据《中华人民共和国企业所得税法实施条例》第四十条的规定，该公司多申报扣除职工福利费29838.82元，应调增2009年度应纳税所得额29838.82元。

（3）该公司2009年申报"房地产企业预售收入计算的预计利润"调增金额为1100062.52元。经核实，该公司2009年末预售账款余额12941912元，扣除期间费用和税金，应调增预计利润511205.52元，多调增了预计利润588857元，应调减该公司2009年度应纳税所得额588857元。

第二，该公司2010年度企业所得税申报应纳税所得额为1187160.30元。经本次检查，该公司2010年调整后应纳税所得额应为1543684.89元，应纳所得税额385921.22元，抵减上年多缴的企业所得税67294.34元，抵减本年实际已缴的企业所得税136769.36元，2010年实际应补缴企业所得税181857.54元。具体情况如下：

（1）经核实，该公司在2010年度申报时填写错误，将已转入经营成本的财务费用仍计入财务费用申报扣除，导致经营成本申报扣除少计611896.88元，财务费用多扣除611896.88元。因此，2010年应调增经营成本611896.88元，应调减财务费用611896.88元。

（2）该公司2010年2#楼多结转并申报扣除销售成本31900.62元；该公司申报扣除9#楼销售成本8784880.27元，9#楼每平方米单位成本经核实应为1714.11元，可结转销售成本应为8229133.57元（已售面积4800.82×1714.11），该公司多申报扣除9#楼销售成本555746.7元（详见汇泽苑项目9#楼开发成本核算表）。依据《中华人民共和国企业所得税法》第八条和《中华人民共和国企业所得税法实施条例》第二十七条的规定，应调增2010年度应纳税所得额587647.32元。

（3）2010年度该公司申报纳税调整增加额707440.76元，经核实，纳税调整增加额应为733604.57元，应调增该公司2010年度应纳税所得额25535.91元。具体情况如下：

①该公司2010年度销售未完工开发产品取得预售收入7873244元，应申报纳税调整增加额647808.75元。2010年度该公司纳税申报时调增了623060.90元，还应调增应纳税所得额24747.85元。

4630529×10%＋3242715×25%－7873244×（5.65%＋2.3%）＝647808.75（元）

②2010年度该公司发生营业外支出缴纳的税收滞纳金788.06元在年度所得税申报扣除，依据《中华人民共和国企业所得税法》第十条第（三）项的规定，不得在税前扣除，应调增应纳税所得额788.06元。

（4）该公司2010年度申报纳税调整减少额511205.52元，经核实，该公司2010年已缴土地增值税737075.95元，只申报扣除土地增值税480417.31元，少申报扣除9#楼土地增值税256658.64元，应调减2010年度应纳税所得额256658.64元。

综上所述，2010年合计应调增应纳税所得额356524.59元。

第三，该公司2009年度10月购买办公用品1166.00元，取得某市南城百货有限公司开具的发票代码×××××××××××，发票号码00×××××8，发票金额1166.00元的某市货物销售统一发票（千元）一份，该份发票未按规定填写开票日期，并已税前申报扣除（记账凭证2010年10月10日12#）。违反了《中华人民共和国发票管理办法》第二十二条、《中华人民共和国发票管理办法实施细则》第三十二条的规定。

五、处罚意见及依据

第一，该公司上述第1、2点违法事实，造成少缴2010年度企业所得税181857.54元，依据《中华人民共和国税收征收管理法》第六十三条第一款的规定，依法予以追缴。

第二，对该公司上述第1、2点违法事实，依据《中华人民共和国税收征收管理法》第三十二条的规定，对应补缴的2010年度企业所得税181857.54元，从滞纳税款之日起至《税务检查通知书》送达之日止每日加收万分之五的滞纳金3273.44元（详见滞纳金计算表），以后应加收的滞纳金在解缴税款入库时计征。

第三，该公司上述第1、2点违法事实，应补缴入库税款为181857.54元。依据《中华人民共和国税收征收管理法》第六十三条第一款的规定，已构成偷税，建议处以应补税款百分之五十的罚款，罚款90928.77元。

第四，该公司上述第3点违法事实，根据《中华人民共和国发票管理办法》第三十六条第一款第（四）项、第二款和《中华人民共和国发票管理办法实施细则》第四十九条第（二）项的规定，责令该公司限期改正，建议处400元罚款。

第五，2010年度，该公司向主管税务征收机关申报纳税各税种总额为1774833.94元，经检查调整后，各税种应纳税总额为1956691.48元。现偷税金额为181857.54元，占各税种应纳税总额的9.29%。根据《中华人民共和国刑法》第二百零一条、《中华人民共和国税收征收管理法》第七十七条第一款的规定，未达到移送标准。

六、案件分析

1. 要重视发票真实性的检查

本案中，该房地产开发企业通过取得大量不合法发票的手段虚增供料金额，达到偷逃国家税款的目的，因此，税务检查人员应加强对发票的辨别和审核能力。本案中也正是源于检查人员对不合法发票的准确核实，才找到了该纳税人虚增供料金额的违法事实。

2. 要善于运用逻辑分析方法检查

税务检查工作离不开科学性分析，税务检查人员要善于运用科学、合理的分析方法，及早发现企业存在的偷漏税嫌疑，使检查工作做到有的放矢，提高检查质量。

3. 税务检查工作切忌就账查账

在本案中，针对甲方供材的检查，如果单从账面上看发票，不进行全面分析，不进行实地落实和了解情况，就很难发现问题。因此，在具体的稽查工作中，既要重账，又不能唯账，只有从账面到实际，从实际到账面的多次反复，才是办案的要诀。

七、案件点评

1. 加强专业知识培训

目前，部分房地产开发企业认为税务人员不太精通建筑业和房地产业的专业知识，因而编造一些虚假的纳税资料，尤其是编造一些虚假的建筑合同、工程预决算书等资料来达到偷逃国家税收的目的。针对这种现状，税务机构应加强这方面的培训，学习房地产和建筑专业知识，提高检查人员的专业查账能力。同时也可有针对性地制定一些行业警戒线指标，使税务人员在日常检查和管理过程中起到借鉴作用，便于更好地开展工作。

2. 进一步搞好社会综合治税工作

在对房地产开发企业的检查过程中，经常会对一些房地产开发项目的成本费用的真实性进行核实，有时单从房地产开发企业方面落实难度很大，因此税务机关要加强与建委、国土资源局等相关单位的工作协调及配合，获取相关涉税资料，实现资料共享。

3. 做好纳税宣传辅导

房地产行业发展迅速，税收政策相应变化也比较快，因此，征收管理部门应加强对房地产开发企业的税收政策宣传和纳税辅导，强化日常监控，防患于未然。

4. 建立发票查询平台

在对本案的检查中涉及对异地开具发票的审查认定工作，但从目前情况看，有些地区发票领购等信息都能通过网络平台查询，而有的地区这方面却显得相对滞后，给发票查询造成很多不便。有关部门应出台相的应发票网络管理措施，畅通全国发票网络查询功能,使对异地发票的审查认定工作不再成为难点。

思考题:

1. 税务人员应该掌握哪些房地产开发企业成本核算技能?

2. 征收管理部门应加强对房地产开发企业的哪些方面的税收政策宣传以及纳税辅导?

某市某酒业有限公司偷税案

一、案件来源

根据某市税务稽查分局年度稽查计划，检查组2012年5月9日对某市某酒业有限公司2010年1月1日至2012年2月29日的涉税情况进行检查，采取了突击检查法、实地检查法和详查法，对该公司的财务报表、总账、各项明细账、记账凭证、纳税申报表等资料进行了检查。

经检查发现某市某酒业有限公司有偷税行为。

二、企业基本情况

某市某酒业有限公司纳税人识别号××××××××××××××，该公司2008年10月30日成立，公司类型为私人有限责任公司，2009年9月认定为增值税一般纳税人，经营地址：某市某区××路×号。经营范围：批发、零售定型包装食品、办公用品，酒类零售。（凡涉及许可证的项目凭许可证在有效期限内经营）。法定代表人梁某；财务负责人：雷某。纳税申报方式为自行申报，税款征收方式为查账征收。

该公司2009~2012年2月增值税申报情况如下：

2009年1~8月为小规模纳税人，申报销售收入1206099.12元，应缴增值税36182.98元，已缴增值税36182.98元；9~12月为增值税一般纳税人，申报销售收入为779596.60元，销项税金132531.44元，进项税金128300.32元，应缴增值税4231.12元，已缴增值税4231.12元，增值税税负0.54%。

2010年申报销售收入3754124.66元，销项税金638201.18元，进项税金574602.95元，应缴增值税63598.23元，已缴增值税63598.23元，增值税税负1.69%。

2011年申报销售收入9711755.85元，销项税金1650998.34元，进项税金1550398.93元，应缴增值税税金100599.41元，已缴增值税100599.41元，增值税税负1.04%。

2012年1~2月申报销售收入1481870.30元，销项税金251917.83元，进项税金236921.14元，应缴增值税税金14996.69元，已缴增值税14996.69元，增值税税负1.01%。

该公司2009~2010年度企业所得税申报情况如下：

2009年度申报营业收入2385604.41元，营业成本2043993.16元，营业税金及附加7471.28元，销售费用249966.90元，管理费用191159.98元，财务费用1433.28元，利润总额-108420.19元，纳税调整增加额20808.68元，纳税调整后所得-87611.51元，应纳税所得额-87611.51元，应纳所得税额0元。

2010年度申报营业收入3754124.66元，营业成本3292027.24元，营业税金及附加6995.81元，销售费用669497.36元，管理费用122925.08元，财务费用6376.50元，营业利润-343697.33元，营业外收入735元，营业外支出906.29元，利润总额-343868.62元，纳税调整增加额16650.88元，纳税调整后所得-327217.74元，应纳税所得额-327217.74元，应纳所得税额0元。

三、查明的事实及相关证据

1. 调查取证情况

在检查中取得了该公司2012年1~2月开具的一些销售清单，该部分销售清单反映该公司2012年1月2日~2012年2月28日销售烟酒，实现含税销售收入693350元，即不含税销售收入592606.84元（其中1月275223.93元、2月317382.91元）。该公司在情况说明中承认了以上销售清单反映的销售烟酒行为未入账、未申报增值税、货款以现金方式收取的事实。

因在检查中发现该公司2012年1~2月开具销售清单，实现不含税销售收入592606.84元，未入账、未申报纳税的事实，经上报批准后将检查期限由2010年1月1日至2011年12月31日扩展至2012年2月29日。同时，检查组对该公司2010年1月1日至2012年2月29日的财务报表、总账、各项明细账、记账凭证、纳税申报表等资料进行了检查。

2. 违法事实

经对上述销售清单开具数与增值税已申报数比对，核实该公司2012年1~2月实际增值税销售收入2074477.14元，已申报增值税销售收入1481870.30元，已缴增值税 14996.69 元，少申报增值税销售收入 592606.84 元。

根据《中华人民共和国增值税暂行条例》第一条、第二条第（一）项、第十九条第一款第（一）项、《中华人民共和国增值税暂行条例实施细则》第三十八条第（一）项的规定，该公司上述行为造成少缴 2012 年 1~2 月增值税 100743.16 元（2012 年 1 月 46788.07 元、2 月 53955.09 元）。

四、审理认定的事实及相关证据

经对检查移送的《某市某酒业有限公司偷税案稽查报告》及相关证据材料、被查对象书面陈述材料和其他资料等进行审理，认定该公司存在以下违法事实：

经对上述销售清单开具数与增值税已申报数比对，核实该公司 2012 年 1~2 月实际增值税销售收入 2074477.14 元，已申报增值税销售收入 1481870.30 元，已缴增值税 14996.69 元，少申报增值税销售收入 592606.84 元。

根据《中华人民共和国增值税暂行条例》第一条、第二条第（一）项、第十九条第一款第（一）项、《中华人民共和国增值税暂行条例实施细则》第三十八条第（一）项的规定，该公司上述行为造成少缴 2012 年 1~2 月增值税 100743.16 元（2012 年 1 月 46788.07 元、2 月 53955.09 元）。

五、税务处理意见及依据

（1）该公司上述违法事实，造成少缴 2012 年 1~2 月增值税 100743.16 元（2012 年 1 月 46788.07 元、2 月 53955.09 元），根据《中华人民共和国税收征收管理法》第六十三条第一款的规定，依法予以追缴。

（2）该公司上述违法事实，造成少缴 2012 年 1~2 月增值税 100743.16 元（2012 年 1 月 46788.07 元、2 月 53955.09 元），根据《中华人民共和国税收征收管理法》第六十三条第一款的规定，已构成偷税，偷税金额 100743.16 元，建议处所偷税款百分之五十的罚款，罚款金额 50371.58 元。

（3）对该公司上述违法事实，根据《中华人民共和国税收征收管理法》第三十二条的规定，对应补缴的增值税 100743.16 元（2012 年 1 月 46788.07 元、2 月 53955.09 元），从滞纳税款之日起每日加收税款万分之五的滞纳金。

（4）该公司 2012 年 1~2 月偷税金额 100743.16 元，但因经营期限未满一年，暂不计算偷税比例。

六、案件点评

第一,新办企业纳税意识不强,对相关的税收法律制度不熟悉,存在侥幸心理,对银行转账的客户或需要开票的客户就计收入,对收现金的客户或无开票需要的客户的这一部分收入,就不列入收入纳税。实际上税务人员在检查时很容易从进销货差,以及查对商品库存即使可查获偷税漏税的证据。

第二,加强对新办企业纳税宣传,提高企业管理者的自觉纳税意识,对新办企业的财务人员进行相关税法的培训,同时加强征管查的力度,可以有效地防止偷漏税行为的发生。

思考题

1. 如何从查对库存商品账户中找到偷税漏税的蛛丝马迹?
2. 如何从商品进销账户检查中找到偷税漏税的蛛丝马迹?

某市某融资性担保有限公司偷税案

一、案件来源

根据某市税务稽查局年度稽查计划，检查组于 2011 年 10 月 28 日持《税务检查通知书》对某市某融资性担保有限公司 2007 年 7 月 10 日至 2010 年 12 月 31 日期间企业所得税的申报纳税情况进行了检查，经实地检查法和详查法等稽查方法检查后，该公司涉嫌偷税。

二、企业基本情况

某市某融资性担保有限公司（原名某市某投资担保有限公司，2011 年 5 月变更）成立于 2007 年 7 月 10 日，纳税人识别号：××××××××××××××；经营地址在某市秀峰区滨江路 18 号滨江大厦 4 楼，经营范围：为企业和个人提供非融资性担保、以自有资金投资、对房地产、交通道路、高新技术等产业及企业进行投资和管理咨询。经济类型为私营有限责任公司，所属行业为金融，法定代表人刘某，相关人员唐某，职工人数 5 人，资产总额为 20000000.00 元。主管税务征收机关为某市秀峰区国家税务局，纳税申报方式为自行申报，税款征收方式为查账征收，检查所属年度之前未有因偷税被税务机关处罚的情况。

该公司 2007~2010 年企业所得税申报情况如下：

2007 年度营业收入 0 元，营业成本 0 元，利润总额 0 元，应纳税所得额 0 元。

2008 年度营业收入 0 元，营业成本 0 元，利润总额 0 元，应纳税所得额 0 元。

2009 年度营业收入 142674.00 元，营业成本 92783.74 元，营业税金及附加 13264.50 元，营业费用 0 元，营业利润 36625.76 元，利润总额 36625.76 元，应纳税所得额 36625.76 元，应纳所得税额 9156.44 元，已纳所得税额 9156.44 元。

2010 年度营业收入 396616.00 元，营业成本 59311.97 元，营业税金及附加 26673.30 元，管理费用 540893.87 元，财务费用 -354832.94 元，营业利润 124569.80 元，利润总额 124569.80 元，应纳税所得额 124569.80 元，应纳所得税额 31142.45 元，已纳所得税额 31142.45 元。

三、查明的事实及相关证据

1. 调查取证情况

经检查，发现该公司从事的经济业务中，除了为企业、个人提供非融资性担保业务外，还存在借款给一些公司和个人的业务，有的借款最早发生在 2007 年，故报经批准，检查向前延伸至 2007 年。

在检查中发现 2007 年 10 月 17 日永福顺达房地产开发有限公司与该公司签订一份借款合同，向该公司借款 10000000.00 元，借款期限为一年，利息按银行一年期贷款利率上浮 10% 计算，约定于 2008 年 10 月 16 日支付利息，详见 2007 年 10 月 17 日 1 号记账凭证，借："应收账款——永福顺达房地产开发公司" 10000000.00 元、贷："应收账款——申三连" 10000000.00 元，详细借款过程见企业说明。

2007 年 11 月 17 日永福顺达房地产开发有限公司与该公司签订第二份借款合同，向该公司借款 10000000.00 元，借款期限为一年，利息按银行一年期贷款利率上浮 10% 计算，约定于 2008 年 11 月 16 日支付利息，详见 2007 年 11 月 17 日 1 号凭证，借："应收账款——永福顺达房地产开发公司" 10000000.00 元、贷："应收账款——周某" 10000000.00 元，详细借款过程见企业说明。

按照合同约定的利率（合同签订时，中国人民银行公布的一年期贷款利率为 7.29%）上浮 10% 即 8.02% 计算，上述借款利息收入合计为 1608394.52 万元（详见利息计算表），该公司没有在 2008 年企业所得税申报中计算申报以上利息的收入；该公司解释未收到约定的利息，本金于 2009 年 3~7 月分批收回。经到永福县国税局调查，永福顺达房地产开发公司已于 2010 年 12 月 9 日注销。

2. 违法事实

综上所述，某市某融资性担保有限公司借款给永福顺达房地产开发有限公司约定的利息未按合同约定时间申报收入。根据《中华人民共和国企业所得税法》第一条、第六条第（五）项、《中华人民共和国企业所得税法实施条例》第十八条第二款的规定，某市某融资性担保有限公司应该在 2008 年企业所得税申报中申报利息收入 1608394.52 元，而某市某融资性担保有限公司在 2008 年度企业所得税申报中收入为零，少申报收入1608394.52元，应调增该公司2008年度应纳税所得额1608394.52元，该公司申报2008年度应纳税所得额为0，造成少缴2008年企业所得税402098.63元。

四、审理认定的事实及相关证据

经对检查移送的《某市某融资性担保有限公司偷税案稽查报告》及相关证据材料、被查对象书面陈述材料和其他资料等进行审理，认定该公司存在以下违法事实：

经检查发现：该公司2007年10月17日与永福顺达房地产开发有限公司签订《借款协议》，借款1000万元给永福顺达房地产开发有限公司用于房地产开发，借期一年，约定借款利息按银行同期贷款利率上浮10%计算，永福顺达房地产开发有限公司应于2008年10月16日支付借款利息。协议签订以后，该公司于2007年10月17日将1000万元借款转入永福顺达房地产开发有限公司账户。

2007年11月17日，该公司再次与永福顺达房地产开发有限公司签订《借款协议》，借款1000万元给永福顺达房地产开发有限公司用于房地产开发，借期一年，约定借款利息按银行同期贷款利率上浮10%计算，永福顺达房地产开发有限公司应于2008年11月16日支付借款利息。协议签订以后，该公司于2007年11月17日将1000万元借款转入永福顺达房地产开发有限公司账户。

根据《中华人民共和国企业所得税法实施条例》第十八条的规定，该公司应在借款协议约定的应付利息的日期确认利息收入的实现，但该公司以未实际收到利息为由，既未根据上述规定确认利息收入在2008年度实现，也未将其并入2008年度收入总额申报纳税，违反了《中华人民共和国企业所得税法》第五条的规定，造成少申报利息收入1608394.52元，少缴2008年度企业所得税402098.63元。

五、税务处理、处罚意见及依据

第一，该公司2008年度少缴的企业所得税402098.63元，根据《中华人民共和国税收征收管理法》第六十三条第一款的规定，依法予以追缴。

第二，根据《中华人民共和国税收征收管理法》第三十二条的规定，对该公司应追缴入库的企业所得税402098.63元，从税款滞纳之日起至税款入库之日止，按日加收滞纳税款万分之五的滞纳金。

第三，根据《中华人民共和国税收征收管理法》第六十三条第一款的规定，该公司 2008 年少缴企业所得税 402098.63 元的行为已构成偷税，偷税金额为 402098.63 元，建议处所偷税一倍的罚款，罚款金额为 402098.63 元。

第四，该公司 2008 年度向主管税务征收机关申报纳税各税种总额为 0 元，经检查调整后，年度各税种总额为 402098.63 元，占各税种应纳税总额 100%。根据《中华人民共和国刑法》第二百零一条第一款的规定，该公司的偷税行为已涉嫌犯罪，根据《中华人民共和国税收征收管理法》第七十七条的规定，应依法移送公安机关查处，追究刑事责任。

六、案件点评

第一，担保企业虽适用金融企业会计制度，但其取得的收入是按"服务业"税目征税。根据我国《营业税暂行条例》第十二条"收讫款项或者取得索取款项凭据的当天。"明确了担保行业收入发生入账的时间。《营业税暂行条例实施细则》第二十四条规定"条例第十二所称收讫营业收入款项同，是指纳税人应税行为发生过程中或者完成后收取的款项同。条例第十二条所称取得索取营业收入款项凭据的当天，为书面合同确定的付款日期的当天。未签订书面合同或者书面合同未能确定付款日期的，为应税行为完成的当天。"

第二，从案例来看，双方协议签订以后，该公司于 2007 年 11 月 17 日将 1000 万元借款转入永福顺达房地产开发有限公司账户，合同成立。

第三，根据《中华人民共和国企业所得税法实施条例》第十八条的规定，该公司应在借款协议约定的应付利息的日期确认利息收入的实现，但该公司以未实际收到利息为由，既未根据上述规定确认利息收入在 2008 年度实现，也未将其并入 2008 年度收入总额申报纳税，已经构成偷税。

思考题：

1. 担保行业的收入入账时间如何确定？
2. 未签订书面合同或者书面合同未能确定付款日期的，应税行为如何确定？

某市 C 实业有限责任公司补税案

一、案件来源

根据某市税务稽查局年度稽查计划，检查组于 2011 年 7 月 6 日对某市 C 实业有限责任公司 2007 年 1 月 1 日至 2010 年 12 月 31 日期间企业所得税的缴纳情况进行了检查，采用了实地检查法和详查法等稽查方式，发现该公司存在取得转让股权收入未申报纳税的问题。

二、企业基本情况

某市 C 实业有限责任公司，成立于 2006 年 12 月 12 日，纳税人识别号××××××××××××××，位于某市某路××号，注册资本 3132.7 万元，法人代表为徐某，财务负责人为黄某，经营范围：电力项目、房地产开发、建筑安装工程、消防工程、通讯工程、交通运输、旅游服务、餐饮业的投资；物业管理，主管税务征收机关为某市某区国家税务局，纳税申报方式为自行申报，税款征收方式为查账征收。检查所属年度之前未有因偷税被税务机关处罚的情况。

某市 C 实业有限责任公司 2006~2010 年企业所得税纳税申报情况如下：

2006 年度该公司申报营业收入 0 元，营业成本 0 元，营业税金及附加 0 元，期间费用 193.74 元，纳税调整前所得 -193.74 元，纳税调整后所得 -193.74 元。

2007 年度 C 公司申报营业收入 0 元，营业成本 0 元，投资收益 4908887.08 元，营业税金及附加 0 元，收入总额合计 4908887.08 元，期间费用 22989.30 元，扣除项目合计 22989.30 元，纳税调整前所得 4885897.78 元，纳税调整后所得 4885897.78 元，免税所得 4885897.78 元，应纳税所得额 0 元，实际应纳所得税额 0 元。

2008年度C公司申报营业收入682470.67元，营业成本648347.14元，营业税金及附加1136.32元，管理费用31595.30元，财务费用-36717.89元，投资收益9003655.48元，资营业利润9041765.28元，营业外收入0元，营业外支出0元，利润总额9041765.28元，纳税调整减少额9003655.48元，其中免税收入9003655.48元，纳税调整后所得38109.80元，弥补以前年度亏损193.74元，应纳税所得额37916.06元，应纳所得税额9479.02元，减免所得税额1895.80元，应纳税额7583.22元，已缴税额7583.22元。

2009年度C公司申报营业收入0元，营业成本0元，营业税金及附加0元，管理费用122251.32元，财务费用-10589.59元，投资收益34647441.92元，营业利润34535780.19元，营业外收入10000元，营业外支出0元，利润总额34545780.19元，纳税调整减少额34506645.24元，其中免税收入34506645.24元，纳税调整后所得39134.95元，应纳税所得额39134.95元，应纳税额9783.74元，应纳税额9783.74元，已预缴所得税35199.17元，当年多缴所得税25415.43元。

2010年度C公司申报营业收入0元，营业成本0元，营业税金及附加0元，管理费用57642.60元，财务费用-9465.45元，投资收益10090487.09元，营业利润10042309.94元，营业外收入7700元，营业外支出7700元，利润总额10042309.94元，纳税调整增加额652964.53元，纳税调整减少额10743451.62元，其中免税收入5960600.00元，纳税调整后所得-48177.15元，已预缴所得税1486.03元，当年多缴所得税1486.23元。

三、查明的事实及相关证据

1. 调查取证过程

2007年某市C实业有限责任公司账上反映新增"长期投资——×××电站"1401.6万元。2007年1月至2010年11月，C公司从某市A电力开发投资有限责任公司收款2047.41万元，其中：直接冲减"长期投资——×××电站"1401.6万元；剩余账上摘要为"收A公司×××投资收益款"，确认为"投资收益"645.81万元（2010年确认投资收益545.81万元，2011年确认投资收益100万元），在企业所得税申报时作为免税收入进行申报。

经进一步检查和外部调查，发现：

2007年1月5日某公司分别与B公司、某电气工程公司签订协议，协议约定C公司购买两公司委托A公司投向××县×××水电公司的35.04%股权，购买价款分别为 880 万元、521.6 万元。上述款项某公司通过多笔付款的方式合计支付 1401.6 万元。2007 年 1 月 6 日某公司与 A 公司签订协议，协议约定 C 公司购买 B 公司、某电气工程公司两公司的×××水电公司 35.04% 股权继续由 A 公司代为管理。2007 年 1 月 C 公司间接持有×××水电公司 35.04% 股权后，原 2006 年 8 月 A 公司与××县×××水电公司股东唐某签订的以 2368 万元转让 40% 股权的协议开始执行，从 2007 年到 2010 年陆续付款给 A 公司，实际共计付款 2552 万元。

在账上，A 公司于 2009 年确认投资收益 830 万元，扣除收款费用 22.95 万元，实现转让收益 807.05 万元，扣除上缴企业所得税 201.76 万元（807.05×25%）后余额为 605.29 万元，应付 C 公司 555.69 万元（挂"应付股利"）、应付电气工程公司 49.6 万元；2010 年确认投资收益 122 万元，扣除收款费用 1.83 万元，实现转让收益 120.17 万元，扣除上缴企业所得税 30.05 万元（120.17×25%）后余额为 90.12 万元，应付 C 公司 90.12 万元（挂"应付股利"）；A 公司在股权转让收益分配凭证中注明原××县×××水电公司的股权投资为受托投资。

2. 违法事实

C 公司 2007 年 1 月以 14016000 元价购买了×××水电公司 35.04% 股权，A 公司为其投资代理人（C 公司不是 A 公司股东）；丰源公司将艾家湾水电公司 40% 股权（含上述 35.04% 股权，4.96% 股权为电气工程公司所有）以 23680000 元转让给唐某，并签订补充协议加收 1840000 元，共计 25520000 元，至 2010 年年底止共实际收取股权转让款 25520000 元；根据《中华人民共和国企业所得税法》第一条第一款、第六条第（三）项、第八条、和《中华人民共和国企业所得税法实施条例》第九条、第十六条、第二十七条、《国家税务总局关于贯彻落实企业所得税法若干税收问题的通知》第三条的规定，2010 年 A 公司作为 C 公司、某电气工程公司的投资代理人与唐某已成功实现了×××水电公司 40% 股权转让，C 公司作为独立核算的纳税主体，2010 年应确认×××水电公司 35.04% 股权转让所得并申报缴纳企业所得税；而 C 公司却就此部分股权转让所得申报为企业所得税的免税收入，故 C 公司 2010 年应补缴相应的企业所得税。具体如下：

（1）因 2007 年该公司实际的可弥补以前年度亏损为 193.74 元，而 2007 年度该公司企业所得税申报未弥补以前年度亏损，根据《中华人民共和国企业所得税法》第五条的规定，应弥补以前年度亏损 193.74 元，则当年免税所得由 4885897.78 元调整为 4885704.04 元，可结转以后年度亏损为 0（详见 2007 年所得税纳税计算表）；

（2）2008年度该公司企业所得税申报弥补以前年度亏损为193.74元，实际以前年度亏损余额在2007年弥补完毕后为0；该公司2008年度企业所得税申报应纳税所得额37916.06元，经检查核实2008年度应纳税所得额38109.80元（该公司2008年度资产总额超过1000万元，不符合小型微利企业），应纳所得税额9527.45元，已缴所得税额7583.22元，2008年应补缴所得税额1944.23元（详见2008年所得税纳税计算表）；

（3）2009年度该公司申报应纳所得税额9783.74元，已预缴所得税35199.17元，2009年多缴所得税额25415.43元；扣除上述2008年应补缴所得税额1944.23元，2009年实际多缴所得税额23471.2元（详见2009年所得税纳税计算表）；

（4）C公司2010年应确认股权转让所得（投资收益）8339520（25520000×35.04%/40%－14016000）元；而该公司在2010年企业所得税申报中确认了此部分投资收益5458100元，却全部作为免税收入做了纳税调减，根据《中华人民共和国企业所得税法》第一条、第六条第（三）项、第八条的规定，应调增该公司2010年应纳税所得额8339520元。该公司2010年申报应纳税所得额为－48177.15元，根据《中华人民共和国企业所得税法》第五条的规定，经检查调整后该公司2010年应纳税所得额实际为8291342.85元，2010年应纳所得税额为2072835.71元，当年已缴企业所得税1486.03元，以前年度多缴企业所得税23471.2元，该公司少缴2010年企业所得税2047878.48元。

四、审理认定的事实及相关证据

经对检查移送的《某市C实业有限责任公司补税案稽查报告》及相关证据材料、被查对象书面陈述材料和其他资料等进行审理，认定该公司存在以下违法事实：

第一，因2007年C公司实际的可弥补以前年度亏损为193.74元，而2007年度该公司企业所得税申报未弥补以前年度亏损，根据《中华人民共和国企业所得税法》第五条的规定，应弥补以前年度亏损193.74元，则当年免税所得由4885897.78元调整为4885704.04元，可结转以后年度亏损为0。

第二，2008年度C公司企业所得税申报弥补以前年度亏损为193.74元，实际以前年度亏损余额在2007年弥补完毕后为0；该公司2008年度企业所得税申报应纳税所得额37916.06元，经检查核实2008年度应纳税所得额38109.80元

（该公司 2008 年度资产总额超过 1000 万元，不符合小型微利企业），应纳所得税额 9527.45 元，已缴所得税额 7583.22 元，2008 年应补缴所得税额 1944.23 元。

第三，2009 年度 C 公司申报应纳所得税额 9783.74 元，已预缴所得税 35199.17 元，2009 年多缴所得税额 25415.43 元；扣除上述 2008 年应补缴所得税额 1944.23 元，2009 年实际多缴所得税额 23471.2 元。

第四，C 公司 2007 年将 14016000 元购买的×××股权（对应 35.04% 股权，投资代理人某市 A 电力开发投资有限责任公司）转让给×××股东之一唐延绪，约定于全额支付转让价款之日起生效。2010 年唐某支付完所有的股权受让款项合计 25520000 元（对应 40% 股权），股权转让实现，该公司应确认股权转让所得（投资收益）8339520（25520000×35.04%/40%－14016000）元。投资代理人某市 A 电力开发投资有限责任公司收到上述款项以后，就 C 公司享有的股权转让收益以某市 A 电力开发投资有限责任公司为纳税人错误向地方税务机关履行了纳税义务（从该公司收益中扣款），违反了《中华人民共和国企业所得税法》第一条的规定。在某市 A 电力开发投资有限责任公司错误申报后，该公司在 2010 年企业所得税申报中将上述收益作为免税收入做了纳税调减，根据《中华人民共和国企业所得税法》第一条、第六条第（三）项、第八条的规定，应调增该公司 2010 年应纳税所得额 8339520 元。该公司 2010 年申报应纳税所得额为－48177.15 元，根据《中华人民共和国企业所得税法》第五条的规定，经检查调整后该公司 2010 年应纳税所得额实际为 8291342.85 元，2010 年应纳所得税额为 2072835.71 元，当年已缴企业所得税 1486.03 元，以前年度多缴企业所得税 23471.2 元，该公司少缴 2010 年企业所得税 2047878.48 元。

五、税务处理、处罚意见及依据

根据《中华人民共和国企业所得税法》第一条第一款、第五条的规定，该公司的上述违法行为造成少缴 2010 年企业所得税 2047878.48 元，依法予以追缴。

六、案件点评

第一，小水电前几年在各地尤其是在水源丰富的山区，由民营资本投资建设得比较多，管理也比较差，经过几年的整治目前已经较为规范。本案例是一个产权转让过程涉及以前年度弥补亏损和企业所得税清缴以及划分交纳义务人的案例。根据《中华人民共和国企业所得税法》第五条"企业每一纳税年度的收入总额，减除不征税收入、免税收入、各项扣除以及允许弥补的以前年度亏损后的余额，为应纳税所得额。"因此，在产权转让并购过程中，一定要按照税法的原则，划分清缴应交的企事业所得税，对漏税及时补交。

第二，税务机关应当对企业所得税年度汇算清缴情况加强检查，通过检查促进纳税人提高自觉纳税的意识和对税法的敬畏心，加强普法的宣传。

思考题：
1. 简述企业所得税年度汇算清缴的意义和作用。
2. 企业以前年度弥补亏损如何计算？

某市商业银行少缴所得税案

一、案件来源

根据某市税务稽查局年度稽查计划，检查组于 2003 年 10 月 28 日至 2003 年 11 月 24 日，持《税务检查通知书》对某市商业银行 2002 年度所得税执行情况进行了检查，对金融债券收取的利息这个问题追溯 2001 年、2000 年。采取顺查法和抽查法，经对该行提供的 2002 度账本、记账凭证等其他资料进行检查，发现该行存在着两方面违反税收法律、法规的问题。

二、企业的基本情况

某市商业银行经营地址为××路××号，主要经营金融存款、货款、结算等。2002 年收入合计 74194196.36 元，利润总额 7461643.69 元，企业申报调整后应纳税所得额 10842535.46 元，应上缴所得税 3578036.70 元，经核实后实际上缴所得税 3628687.14 元。

三、检查方法及查实的违法事实

检查小组对该户采取实地检查，对账簿采取详查法。经对该行的记账凭证、账簿、发票存根、会计报表、纳税申报表等原始资料进行检查，发现该单位存在以下违法事实。

经查：该行 2002 年度在"营业费用——安全防范费"中列支保安人员工资 750055.60 元，但未列入工资总额进行纳税调整。该行为违反了《中华人民共和国企业所得税暂行条例》第六条第二款第（二）项、《国家税务总局关于印发〈企业所得税税前扣除办法〉的通知》第十七条、第二十条及《自治区财政厅、区国家税务局、区地方税务局转发财政部国家税务总局关于调整计税工资扣除限额等有关问题的通知》的规定，造成税前多列支出 750055.60 元，少缴企业所得税 247518.35 元。

该行 2000 年、2001 年、2002 年三年将购买的金融债券所获利息收入 1942200 元（每年 647400 元）计入了"免税所得——国债利息收入"中。该行为违反了《中华人民共和国企业所得税暂行条例》第五条第（三）项和《中华人民共和国企业所得税暂行条例实施细则》第七条第三款的规定，造成少列收入 1942200 元，少缴企业所得税 640926 元。

四、处理依据及意见

某市国家税务局依据《中华人民共和国税收征收管理法》第六十三条第一款、《国家税务总局关于印发〈加强汇总纳税企业所得税征收管理暂行办法〉的通知》第四条、第七条及《国家税务总局关于企业所得税若干问题的通知》第一条第（一）项的规定，对该行上述两项违法行为，依法调增应纳税所得额 2692255.60 元，追缴少缴的企业所得税 888444.35 元，因该行在申报预缴 2002 年度企业所得税时，多缴 50650.44 元（不含本次检查核增税额），实际应追缴企业所得税 837793.91 元。根据《中华人民共和国税收征收管理法》第三十二条的规定，对追缴入库的企业所得税 837793.91 元，从滞纳之日起，每日加收万分之五滞纳金，现暂按到 2003 年 10 月 28 日（下达税务检查通知书之日）止计算加收滞纳金，加收滞纳金为 192789.35 元，以后应加收的滞纳金在解缴税款入库时计征。并于 2004 年 3 月 16 日下达税务处理决定书。该行已于 2004 年 3 月 23 日清缴入库。

该行上述行为未构成偷税，未达到移送司法机关追究责任的标准。

五、案件点评

第一，国有商业银行股份制改革的推进，要求我们加强纳税申报的管理。一方面，可供投资者分配的税后利润，在一定程度上反映了商业银行的资本回报水平和资产盈利能力，另一方面，外部投资者不仅关注账面利润，更关注税后净利润，因为只有净利润才是最终可用于分配，为投资者带来利益的利润。近几年来，商业银行在纳税申报工作方面做了大量工作，也取得了初步成效，但是管理粗放，随意调整纳税所得额的现象在各分支机构普遍存在，当前加强所得税纳税管理显得异常迫切。

第二，加强对商业银行税务管理问题。

根据国家税务总局《城市合作银行税收、财务管理若干问题的处理规定》，要加强对市商业银行的税务管理，进一步完善各项税务审核、审批制度，保证所得税税基的完整。

有关部门从会计核算、财务管理角度出发，批准的一些费用列支及制定的费用列支标准，不能作为企业所得税税前扣除费用的依据。对所得税的征收管理，要改变原来过分依附于财务规定的观念，严格按照所得税法规定征收所得税。

第三，加强税务对城市商业银行的所得税检查问题。

市商业银行所得税的检查，按照《关于汇总纳税企业所得税征收管理办法》进行。根据商业银行财务核算的具体情况，计税工资及"三项费用"、"业务宣传费"、"业务招待费"、"社会福利性捐赠"的调整，应注意几点，即各支行在其财务报表明确反映，如实填列上述内容，在计算标准和衡量比例时由市行统一调整。有隐瞒、虚列、转移到其他科目核算的或不符合所得税扣除规定的，就地补税。

思考题：

1. 对银行所得税的检查要注意哪几个事项？

2. 国家税务总局《城市合作银行税收、财务管理若干问题的处理规定》文件，对税收、财务管理问题做了哪些具体规定？